Comment ça marche .net

NQUE

Tout sur les Réseaux sans fil

DUNOD

Illustration de couverture : Rachid Maraï
Maquette de couverture : MATEO
Mise en pages : ARCLEMAX

ISBN 978-2-10-052569-0

Table
des matières

Avant-propos

Le développement conjoint d'Internet, de l'informatique familiale et des technologies fait que les réseaux personnels sont aujourd'hui de plus en plus fréquents chez les particuliers. Les ventes d'ordinateurs portables ont connu un essor extraordinaire, au point de dépasser désormais celles des ventes d'appareils de bureau. Ces modèles sont désormais pratiquement systématiquement équipés d'une carte WiFi, tandis que les principaux fournisseurs d'accès Internet proposent des modems-routeurs (dénommés **boîte** ou **box**) dotés de capacités WiFi.

Dès lors, il devenait possible de s'affranchir des contraintes d'un réseau filaire pour créer facilement un réseau personnel WiFi et partager des fichiers, des ressources réseaux et accéder à Internet depuis son ordinateur portable.

Le but de cet ouvrage est d'entrer un peu plus dans le détail de la configuration et du fonctionnement de tels réseaux, afin de pouvoir résoudre les possibles (et presque inévitables) problèmes susceptibles de se poser. Il présente les différentes technologies disponibles, indépendamment du système d'exploitation employé.

Soyons honnêtes toutefois : d'après les dernières statistiques, plus de 90 % des internautes employaient des systèmes Windows (dont plus des deux tiers Windows XP), environ 6 % des systèmes Macintosh et moins de 2 % des systèmes Linux. Une place prépondérante sera donc faite aux procédures et manipulations sous Windows.

Introduction au WiFi

Le WiFi (prononcé /wifi/) est une technique de réseau informatique sans fil mise en place pour fonctionner en réseau interne et, depuis, devenue un moyen d'accès à haut débit à Internet. Cette technique est fondée sur la norme IEEE 802.11 (ISO/CEI 8802-11).

Le WiFi permet de créer des réseaux locaux sans fil à haut débit : en pratique, de relier des ordinateurs (portables ou non), des assistants électroniques personnels (PDA), des objets tels que divers périphériques comme des imprimantes, des caméras et des disques durs communicants *via* une liaison haut débit (de 11 Mbit/ s théoriques ou 6 Mbit/s réels en 802.11b à 300 Mbit/s théoriques pour le 802.11n, sur un rayon compris généralement entre une vingtaine et une cinquantaine de mètres en intérieur). Dans un environnement ouvert, la portée peut atteindre plusieurs centaines de mètres voire dans des conditions optimales plusieurs dizaines de kilomètres (pour la variante WiMAX ou avec des antennes directionnelles).

Ainsi, des fournisseurs d'accès à Internet commencent à irriguer des zones à forte concentration d'utilisateurs (gares, aéroports, hôtels, trains...) avec des réseaux sans fil connectés à l'Internet. Ces zones ou points d'accès sont appelées **bornes WiFi** ou **points d'accès WiFi** (en anglais, ***hot spots***).

Les iBooks d'Apple furent, en 1999, les premiers ordinateurs à proposer un équipement WiFi intégré (sous le nom d'AirPort), bientôt suivis par le reste de la gamme. À partir de 2003, on voit aussi apparaître des modèles de PC portables bâtis autour de la technologie Intel Centrino, qui leur permet une intégration similaire. Les autres modèles de PC doivent encore s'équiper d'une carte d'extension adaptée (PCMCIA, USB, Compact Flash, SD, PCI, MiniPCI, etc.).

« Wi-Fi » et « WiFi »

Faut-il dire et écrire Wi-Fi ou WiFi ? C'est un débat classique, les deux termes possédant en réalité chacun une signification propre : un réseau ou un matériel WiFi répond à la norme 802.11, un matériel Wi-Fi répond aux exigences de la certification du même nom.

Le terme « Wi-Fi » est généralement considéré comme étant la contraction de *Wireless Fidelity*. Mais selon les propres termes de Phil Belanger, un des fondateurs de la WECA commanditaire de cette dénomination, cette explication est toutefois erronée.

Le groupe avait effectivement demandé à une agence de publicité de lui proposer un nom plus facile à utiliser que « IEEE 802.11b *Direct Sequence Spread Spectrum* ». L'agence leur a proposé une dizaine de noms, parmi lesquels la WECA choisit celui de Wi-Fi qui sonnait un peu comme Hi-Fi. Ce terme était initialement dépourvu de sens précis. Pour faciliter la compréhension du grand public, la WECA a présenté ce nom associé au slogan : « *The Standard for Wireless Fidelity* » (le standard pour la fidélité sans-fil).

L'idée que Wi-Fi signifie *wireless fidelity* est désormais largement répandue. Ainsi, même si associer « fidélité » à la technique de réseau sans fil est dépourvu de tout sens, le but marketing consistant à créer un terme populaire pour la norme IEEE 802.11b a été atteint.

Certains constructeurs et revendeurs associent toutefois ce terme à des équipements qui ne prennent pas en charge la technologie IEEE 802.11 mais sont compatibles avec une technique de réseau sans fil, comme Bluetooth, infrarouge, ZigBee, HiperLAN, BLR (boucle locale radio), WiMax, GSM, GPRS, UMTS (3G). Nous reviendrons lorsque nécessaire sur ces autres technologies.

De nos jours, le nom de la norme (WiFi) se confond aujourd'hui avec le nom de la certification (Wi-Fi) dans de nombreux pays, dont la France. Dans la suite de cet ouvrage, vous pouvez considérer ces deux dénominations comme équivalentes, sauf précision contraire.

Présentation de l'ouvrage

Ce livre commence par présenter des généralités sur les réseaux sans fil, dont la propagation des ondes radio, au chapitre 1. Il examine les différents réseaux sans fil, depuis les réseaux étendus (WWAN) et les réseaux métropolitains (WMAN) au chapitre 2, les réseaux locaux (WLAN) au chapitre 3 et les réseaux personnels (WPAN) au chapitre 4, en examinant chaque fois les différentes technologies disponibles.

Le chapitre 5 s'intéresse aux notions de base des réseaux : protocole IP, adresses IP, masque de sous-réseau, DHCP, DNS et le matériel fondamental.

Le chapitre 6 est consacré aux spécificités d'un réseau sans fil, dont le matériel réseau propre aux réseaux sans fil : cartes, points d'accès, antennes, etc.

Le chapitre 7 s'intéresse à la conception et à la mise en place pratique d'un réseau local sans fil : modes d'accès (ad hoc, infrastructure), configuration des points d'accès et des ordinateurs, concept de canaux, etc.

La sécurité est une notion primordiale des réseaux sans fil : elle fait l'objet de la totalité du chapitre 8.

Enfin, les deux derniers chapitres s'intéressent au dépannage et à la maintenance d'un réseau sans fil. Le chapitre 9 présente les outils adéquats, tandis que le chapitre 10 détaille les étapes de dépannage à suivre selon les différentes catégories de problèmes rencontrés.

En annexe un glossaire explique les principaux termes employés.

Initiation aux réseaux sans fil

Concepts

Un **réseau sans fil** (en anglais *wireless network*) est, comme son nom l'indique, un réseau dans lequel au moins deux périphériques (ordinateur, PDA, imprimante, routeur, etc.) peuvent communiquer sans liaison filaire.

À savoir

C'est cette absence de fil qui fait d'un réseau sans fil un cas particulier des réseaux informatiques : il pourrait être utile, pour en savoir plus, de consulter *Tout sur les réseaux et Internet*, de Jean-François Pillou, dans la même collection.

Les réseaux sans fil ont recours à des ondes radioélectriques (radio et infrarouges) en lieu et place des câbles habituels. Il existe plusieurs technologies se distinguant d'une part par la fréquence d'émission utilisée ainsi que le débit et la portée des transmissions, comme nous le verrons plus loin.

Intérêts

Grâce aux réseaux sans fil, un utilisateur a la possibilité de rester connecté tout en se déplaçant dans un périmètre géographique plus ou moins étendu, notion généralement évoquée par le terme **mobilité** ou **itinérance**.

Les réseaux sans fil permettent de relier très facilement des équipements distants d'une dizaine de mètres à quelques kilomètres. De plus, l'installation de tels réseaux ne demande pas de lourds aménagements des infrastructures existantes, comme c'est le cas avec les réseaux filaires (creusement de tranchées pour acheminer les câbles, équipements des bâtiments en câblage, goulottes et connecteurs). Cela a valu un développement rapide de ce type de technologies.

Les transmissions radioélectriques sont toutefois soumises à une réglementation stricte. En effet, celles-ci servent à un grand nombre d'applications (militaires, scientifiques, amateurs, etc.), mais sont sensibles aux interférences. Il existe ainsi une réglementation propre à chaque pays qui définit les plages de fréquence et les puissances auxquelles il est possible d'émettre pour chaque catégorie d'utilisation.

En outre, il est difficile de confiner des ondes hertziennes dans une surface géographique restreinte : un pirate peut donc facilement « écouter » le réseau si les informations circulent en clair (c'est le cas par défaut). Il est donc impératif de mettre en place les dispositions nécessaires de manière à assurer la confidentialité des données circulant sur les réseaux sans fil.

Propagation des ondes radio

Il est nécessaire de disposer d'une culture minimale sur la propagation des ondes hertziennes afin de pouvoir mettre en place une architecture réseau sans fil, et notamment de disposer les bornes d'accès (point d'accès, en pratique votre modem-routeur WiFi) de telle façon à obtenir une portée optimale.

Les **ondes radio** (notées RF pour *Radio Frequency*) se propagent en ligne droite dans plusieurs directions. La vitesse de propagation des ondes dans le vide est de 3×10^8 m/s.

L'onde électromagnétique est formée par le couplage de deux champs, électrique et magnétique. La longueur d'onde λ est définie par le rapport entre la célérité *c* et la fréquence *f* :

$$\lambda = c/f$$

où λ est exprimée en m, *c* en m/s et *f* en Hz.

Le Wi-Fi opérant à une fréquence $f = 2{,}4$ GHz et *c* étant égal à 3×10^8 m/s, la longueur d'onde est donc de 0,122 48 m soit de 12,248 cm.

Dans tout autre milieu, le signal subit un affaiblissement dû à :

- la réflexion,
- la réfraction,
- la diffraction,
- l'absorption.

Calcul de la force d'un signal Wi-Fi

La puissance d'émission d'un système sans fil est estimée en deux points d'un système sans fil. Le premier porte le nom de **radiateur intentionnel** (IR, *intentional radiator*). Celui-ci comprend l'émetteur et tout le câblage et les connecteurs, hormis l'antenne. Le second point est la puissance réellement irradiée par l'antenne, désignée par le terme **PIRE** ou **puissance isotrope rayonnée équivalente** (EIRP, *Equivalent Isotropically Radiated Power*). Pour mesurer à la fois la puissance de l'énergie émise et la sensibilité de réception, il est employé comme unité de mesure les milliwatts (mW) ou les décibels (**dB**), égaux à un dixième de Bel (B).

Les décibels possèdent une relation logarithmique avec les milliwatts :

$$P\ \mathrm{dBm} = 10 \log P\ \mathrm{mW}$$

L'aspect logarithmique des décibels fait que toute modification de 3 dB double ou divise par deux la puissance, tandis qu'une valeur négative reste possible : – 30 dBm = 0,0001 mW.

Le gain de puissance obtenu à l'aide d'antennes et d'amplificateurs ainsi que la perte due à la distance, aux obstacles, à la résistivité électrique des câbles, aux connecteurs, aux prises parafoudre, aux fiches multiples et aux atténuateurs sont mesurés en dBm. Le « m » de **dBm** correspond à la référence à 1 milliwatt : 1 mW = 0 dBm.

Le gain de puissance dû à l'antenne est estimé en **dBi** (le « i » signifiant isotrope), employé de la même façon que le dBm.

La sensibilité de réception de vos périphériques sans fil est évaluée de la même façon. Pour calculer la valeur PIRE d'un ensemble sans fil, additionnez simplement toutes les valeurs dBm des périphériques et connecteurs impliqués. La PIRE est légalement limitée dans la Communauté européenne par l'IENT (Institut européen des Normes de Télécommunication) à un maximum de 100 mW (20 dBm).

Absorption des ondes radio

Lorsqu'une onde radio rencontre un obstacle, une partie de son énergie est absorbée et transformée en énergie, une partie continue à se propager de façon atténuée et une partie peut éventuellement être réfléchie.

L'**atténuation d'un signal** est la réduction de la puissance de celui-ci lors d'une transmission. L'atténuation R est généralement mesurée en décibels (dB) et est égale à 10 fois le logarithme en base 10 de la puissance P_2 à la sortie du support de transmission, divisée par la puissance P_1 à l'entrée. Ainsi, 1 Bel représentant 10 décibels, la formule devient :

$$R\ (\text{dB}) = (10) \times \log\ (P_2/P_1)$$

On parle d'**amplification** lorsque R est positif, d'**atténuation** lorsqu'il est négatif. Dans le cas des transmissions sans fil il s'agit plus particulièrement d'atténuations.

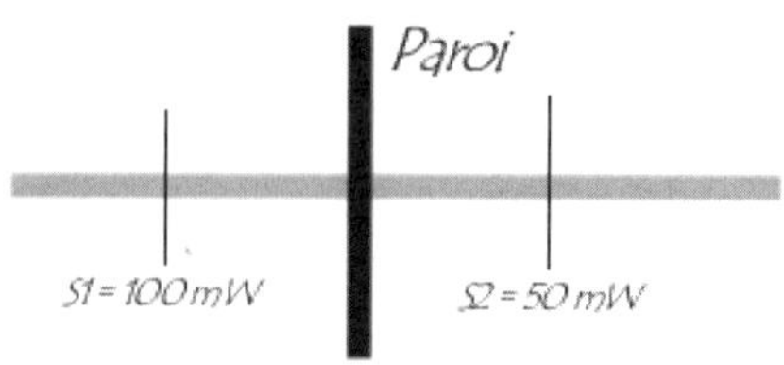

$$R\ (dB) = 10 \log \left(\frac{S2}{S1}\right) = -3\ dB$$

L'atténuation augmente avec l'augmentation de la fréquence ou de la distance. En outre, lors de la collision avec un obstacle, la valeur de l'atténuation dépend fortement du matériau composant l'obstacle. Généralement les obstacles métalliques provoquent une forte réflexion, tandis que l'eau absorbe le signal.

Réflexion des ondes radio

Lorsqu'une onde radio rencontre un obstacle, tout ou partie de l'onde est réfléchie, avec une perte de puissance. La **réflexion** est telle que l'angle d'incidence est égal à l'angle de réflexion, exactement comme pour la lumière.

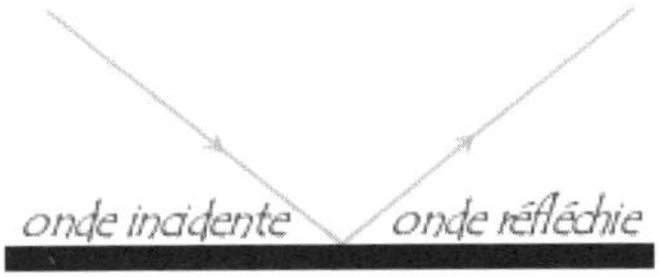

Par définition, une onde radio est susceptible de se propager dans plusieurs directions. Par réflexions successives un signal source peut être amené à atteindre une station ou un point d'accès en empruntant des **chemins multiples** (*multipath*).

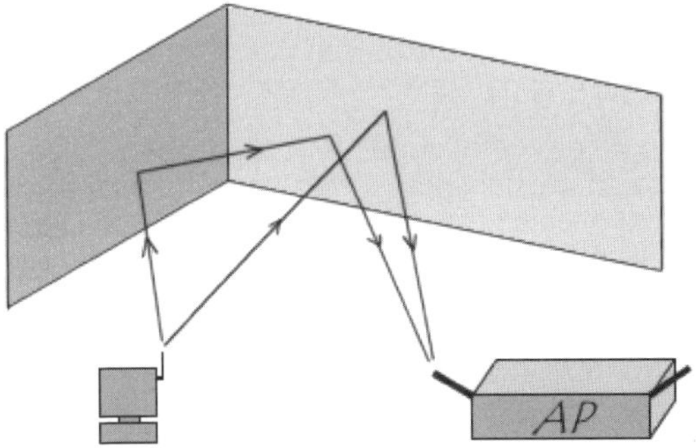

La différence de temps de propagation (appelée **délai de propagation**) entre deux signaux ayant emprunté des chemins différents peut provoquer des interférences au niveau du récepteur, les données reçues se chevauchant.

Ces interférences deviennent de plus en plus importantes avec l'augmentation de la vitesse de transmission, les intervalles de temps entre les données étant de plus en plus courts. Les chemins de propagations multiples limitent ainsi la vitesse de transmission dans les réseaux sans fil.

Pour remédier à ce problème, les cartes et les points d'accès WiFi possèdent souvent deux antennes par émetteur. Ainsi, grâce à l'action de l'**AGC** (*Aquisition Gain Controller*), qui commute immédiatement d'une antenne à l'autre suivant la puissance des signaux, le point d'accès est capable de distinguer deux signaux provenant de la même station. Les signaux reçus par ces deux antennes sont dits **décorrélés** (indépendants) s'ils sont séparés de $\lambda/2$ (6,25 cm à 2,4 GHz).

Interférences

De nombreuses sources peuvent provoquer des **interférences** et dégrader la qualité de votre signal. Il peut s'agir bien évidemment d'autres réseaux sans fil 802.11, 802.15 ou non compatibles 802, mais également de téléphones sans fil 2,4 GHz, d'appareils de surveillances d'enfants, de caméras de surveillance sans fil, de fours à micro-ondes. Il est d'ailleurs assez ironique de constater que le canal 6 802.11b/g (2,437 ± 0,011 GHz) employé par défaut par de nombreux points d'accès recouvre largement une des sources d'interférence les plus fréquentes, les fours à micro-ondes. Le magnétron d'un four à micro-ondes émet théoriquement à 2,445 ± 0,01 GHz, mais possède en pratique un modèle d'irradiation bien plus large.

Un phénomène de **diffraction** peut également être rencontré : c'est une zone d'interférence entre l'onde directe d'une source et l'onde réfléchie par un obstacle. Autrement dit, une interférence de l'onde avec elle-même.

Propriétés des milieux

L'affaiblissement de la puissance du signal est en grande partie dû aux propriétés des milieux traversés par l'onde.

La **perte en espace libre** est normalement la plus grande cause de perte d'énergie sur un réseau sans fil. Elle se produit en raison de l'élargissement du front de l'onde radio et de la dispersion du signal transmis. L'onde électromagnétique qui voyage rencontre des électrons, qu'elle va exciter. Ceux-ci vont émettre à leur tour du rayonnement, ce qui perturbe le signal et donc l'atténue. De ce fait, plus la fréquence est élevée, plus la distance de couverture est faible mais plus la vitesse de transmission des données est forte. La perte en espace libre dépend de la fréquence. Pour un signal de fréquence 2,4 GHz, la formule est :

$$\alpha(dB) = 100 + 20 \times \log [distance(km)]$$

soit 60 dB au bout de 10 m, et 100 au bout de 1 km.

A fortiori, tout obstacle affaiblit de façon significative la force du signal radio, par combinaison d'absorption et de réflexion en proportion variable. Une simple baie vitrée diminue la puissance d'un signal de bande IFM d'environ 2 dBm. En soustrayant la perte en espace libre et les pertes estimées en raison des obstacles de la force de votre signal, vous devriez obtenir la force approximative résultante du signal à un endroit donné.

Le tableau suivant présente les niveaux d'atténuation pour différents matériaux.

Matériaux	Affaiblissement	Exemples
Air	Aucun	Espace ouvert, cour intérieure
Bois	Faible (1 à 2 dBm, 10 à 20 %)	Porte, plancher, cloison
Plastique	Faible (1 à 2 dBm, 10 à 20 %)	Cloison
Verre	Faible (3 dBm, 30 %)	Vitres non teintées
Verre teinté	Moyen (5 à 8 dBm, 50 %)	Vitres teintées
Eau	Moyen (5 à 8 dBm, 50 %)	Aquarium, fontaine
Êtres vivants	Moyen (5 à 8 dBm, 50 %)	Foule, animaux, humains, végétation
Briques	Moyen (5 à 8 dBm, 50 %)	Mur moyen
Plâtre	Moyen (5 à 8 dBm, 50 %)	Cloisons en placoplâtre (la perte peut être plus élevée près des structures métalliques sous-jacentes)
Céramique	Élevé (8 à 10 dBm, 70 %)	Carrelage
Papier	Élevé (8 à 10 dBm, 70 %)	Rouleaux de papier, livres

Matériaux	Affaiblissement	Exemples
Béton	Élevé (15 à 20 dBm, 85 %)	Mur porteur, plancher et plafond, piliers
Verre blindé	Élevé (15 à 20 dBm, 85 %)	Vitres pare-balles, fenêtres à revêtement métallisé
Métal	Très élevé (20 à 25 dBm, 90 %)	Béton armé, miroir, armoire métallique, cage d'ascenseur

Autrement dit, si entre votre point d'accès et le récepteur se trouvent deux murs porteurs, le signal subit deux atténuations successives de 85 % et sa force à l'arrivée ne sera que de 2 % de celle du signal initial, sachant qu'à cela s'ajoute l'atténuation due à la distance.

Pratiquement, toute réduction de la force du signal se traduit d'abord par une réduction de la vitesse de transmission, jusqu'à l'interruption de la connexion lorsque la force du signal est inférieure à la sensibilité de la carte réceptrice.

À savoir : atténuation des ondes Wi-Fi

Le Wi-Fi utilise la gamme de fréquence de 2,4 GHz, qui est comme nous l'avons signalé également celle des fours à micro-onde. Le principe de ceux-ci est que l'onde émise est absorbée par les molécules d'eau contenues dans les aliments, « agitant » celles-ci et générant la chaleur permettant de réchauffer ou cuire les aliments.

De la même façon, suivant le même principe, tout obstacle situé sur une liaison Wi-Fi 2,4 GHz et contenant de l'eau absorbera une partie de la puissance en atténuant plus ou moins cette liaison. Cela comprend bien sûr un aquarium, mais également du papier, des personnes et même des plantes !

Corollaire de ce qui précède, si vous employez une liaison Wi-Fi entre votre point d'accès situé dans votre maison et votre bureau situé dans le jardin, les conditions climatiques peuvent largement influencer la qualité de la liaison : une forte humidité pénalisera déjà la connexion, tandis qu'une pluie soutenue peut entraîner une atténuation allant jusqu'à 50 % !

Astuce

En imaginant que votre signal doive traverser une cloison en plâtre et un mur en béton armé sur dix mètres, et sachant que votre puissance d'émission est légalement limitée à 20 dBm, vous pourriez vous inquiéter de trouver un résultat au maximum égal à (20 – 60 – 5 – 20) = – 85 dBm. Une valeur en dBm n'est jamais l'indication d'une puissance négative, simplement celle d'une puissance très faible, ici environ 0,002 milliardième de milliwatt. Heureusement, comme vous le verrez plus loin, la sensibilité des cartes peut atteindre – 87 dBm pour un débit encore égal à 5,5 Mbit/s.

Catégories de réseaux sans fil

Les réseaux sans fil sont habituellement répartis en plusieurs catégories, selon le périmètre géographique offrant la connectivité (appelé **zone de couverture**) :

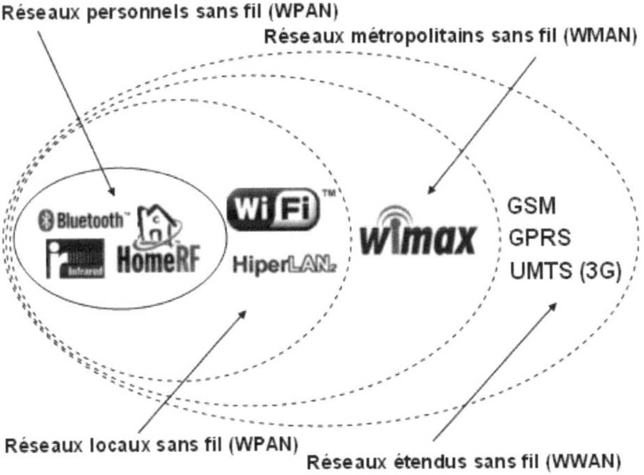

- **WWAN** (*Wireless Wide Area Network*), **réseau étendu sans fil** : également connu sous le nom de **réseau cellulaire mobile**. Il s'agit des réseaux sans fil les plus répandus puisque tous les téléphones mobiles sont connectés à un réseau étendu sans fil. Les principales technologies sont GSM (*Global System for Mobile Communication*, Groupe Spécial Mobile), GPRS (*General Packet Radio Service*) et UMTS (*Universal Mobile Telecommunications System*).

- **WMAN** (*Wireless Metropolitan Area Network*), **réseau métropolitain sans fil** : connu sous le nom de **boucle locale radio** (BLR). Les WMAN sont fondés sur la norme IEEE 802.16. La norme de réseau métropolitain sans fil la plus connue est le WiMAX, permettant d'obtenir des débits de l'ordre de 70 Mbit/s sur un rayon de plusieurs kilomètres.
- **WLAN** (*Wireless Local Area Network*), **réseau local sans fil** : réseau permettant de couvrir l'équivalent d'un réseau local d'entreprise, soit une portée d'environ une centaine de mètres. Il permet de relier entre eux les terminaux présents dans la zone de couverture. Il existe plusieurs technologies concurrentes : le Wi-Fi ou IEEE 802.11 et HiperLAN2 (*HIgh Performance Radio LAN 2.0*).
- **WPAN** (*Wireless Personal Area Network*), **réseau personnel sans fil** : appelé également réseau individuel sans fil ou réseau domestique sans fil, concerne les réseaux sans fil d'une faible portée, de l'ordre de quelques dizaines de mètres. Ce type de réseau a recours aux technologies Bluetooth, HomeRF (*Home Radio Frequency*), ZigBee (aussi connue sous le nom IEEE 802.15.4) et infrarouge.

Chacun de ces types de réseau, et ses technologies apparentées, sont étudiés en détail dans les chapitres suivants, du plus grand au plus petit en termes de distance couverte.

Réseaux étendus sans fil (WWAN) et réseaux métropolitains sans fil (WMAN)

Vous employez probablement un ou les deux de ces deux types de réseaux sans fil sans même le savoir. Autrement dit, ils existent, mais vous ne disposerez de guère de moyens pour agir dessus, autre que de vous en servir.

Réseaux étendus sans fil (WWAN)

Vous vous servez probablement quotidiennement d'un réseau étendu sans fil ou WWAN (*Wireless Wide Area Network*), également nommé **réseau cellulaire étendu**, puisque tous les téléphones mobiles sont connectés à un réseau étendu sans fil. Les principales technologies sont les suivantes :

- **GSM** (*Global System for Mobile Communication*, Groupe Spécial Mobile),
- **GPRS** (*General Packet Radio Service*),
- **UMTS** (*Universal Mobile Telecommunications System*).

Pour mieux comprendre l'avènement de ces technologies, il est nécessaire de se pencher sur l'évolution de la téléphonie mobile.

1G

La première génération de téléphonie mobile (notée 1G) possédait un fonctionnement analogique et était constituée d'appareils relativement volumineux.

Il s'agissait principalement des standards suivants :

- **AMPS** (*Advanced Mobile Phone System*), apparu en 1976 aux États-Unis, constitue le premier standard de réseau cellulaire. Utilisé principalement Outre-Atlantique, en Russie et en Asie, ce réseau analogique de première génération possédait des mécanismes de sécurité faibles rendant possible le piratage de lignes téléphoniques.
- **TACS** (*Total Access Communication System*) est la version européenne du modèle AMPS. Utilisant la bande de fréquence de 900 MHz, ce système fut notamment largement utilisé en Angleterre, puis en Asie (Hong Kong et Japon).
- **ETACS** (*Extended Total Access Communication System*) est une version améliorée du standard TACS développé au Royaume-Uni utilisant un nombre plus important de canaux de communication.

Les réseaux cellulaires de premières générations ont été rendus obsolètes avec l'apparition d'une seconde génération, entièrement numérique.

2G

La seconde génération de réseaux mobiles (notée 2G) a marqué une rupture avec la première génération de téléphones cellulaires grâce au passage de l'analogique vers le numérique.

Les principaux standards de téléphonie mobile 2G sont les suivants :

- **GSM** (*Global System for Mobile Communication*), le standard le plus utilisé en Europe à la fin du XXe siècle, supporté aux États-Unis. Ce standard utilise les bandes de fréquences 0,9 GHz et 1,8 GHz en Europe. Aux États-Unis par contre, la bande de fréquence utilisée est la bande 1,9 GHz. Ainsi, on appelle **tribande** les téléphones portables pouvant fonctionner à la fois en Europe et aux États-Unis.

- **CDMA** (*Code Division Multiple Access*), utilisant une technique d'étalement de spectre permettant de diffuser un signal radio sur une grande gamme de fréquences.
- **TDMA** (*Time Division Multiple Access*), utilisant une technique de découpage temporel des canaux de communication, afin d'augmenter le volume de données transmis simultanément. La technologie TDMA est principalement utilisée sur le continent américain, en Nouvelle Zélande et en Asie du Pacifique.

❑ Norme GSM

Le réseau **GSM** (*Global System for Mobile Communication*) constitue au début du XXIe siècle le standard de téléphonie mobile le plus utilisé en Europe. Il s'agit d'un standard de téléphonie dit **de seconde génération** (2G) car, contrairement à la première génération de téléphones portables, les communications fonctionnent selon un mode entièrement numérique.

Baptisé « Groupe Spécial Mobile » à l'origine de sa normalisation en 1982, il est devenu une norme internationale nommée « *Global System for Mobile Communication* » en 1991.

En Europe, le standard GSM utilise les bandes de fréquence 0,9 GHz et 1,8 GHz. Aux États-Unis par contre, la bande de fréquence utilisée est la bande 1,9 GHz. On appelle **tribande** les téléphones portables pouvant fonctionner en Europe et aux États-Unis, et **bibande** ceux fonctionnant uniquement en Europe.

La norme GSM autorise un débit maximal de 9,6 kbps, ce qui permet de transmettre la voix ainsi que des données numériques de faible volume, par exemple des messages textes (SMS, *Short Message Service*) ou des messages multimédias (MMS, *Multimedia Message Service*).

■ Notion de réseau cellulaire

Les réseaux de téléphonie mobile sont basés sur la notion de cellules, c'est-à-dire des zones circulaires se chevauchant afin de couvrir une zone géographique.

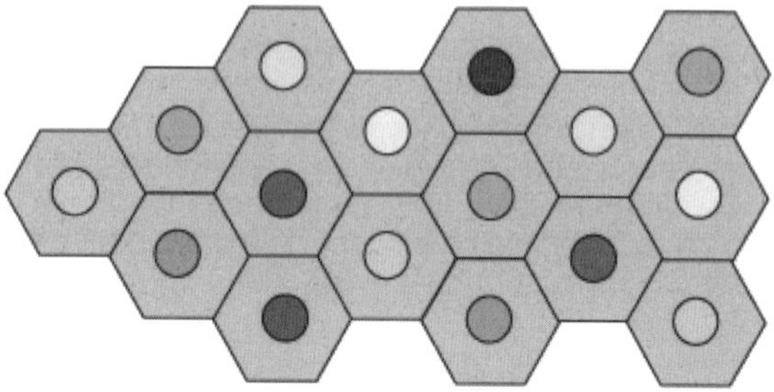

Les réseaux cellulaires reposent sur l'utilisation d'un émetteur-récepteur central au niveau de chaque cellule, appelée **station de base** (BTS, *Base Transceiver Station*).

Plus le rayon d'une cellule est petit, plus la bande passante disponible est élevée. Ainsi, dans les zones urbaines fortement peuplées, des cellules d'une taille pouvant avoisiner quelques centaines mètres seront présentes, tandis que de vastes cellules d'une trentaine de kilomètres permettront de couvrir les zones rurales.

Dans un réseau cellulaire, chaque cellule est entourée de 6 cellules voisines (c'est la raison pour laquelle on représente généralement une cellule par un hexagone). Afin d'éviter les interférences, des cellules adjacentes ne peuvent utiliser la même fréquence. En pratique, deux cellules possédant la même gamme de fréquences doivent être éloignées d'une distance représentant deux à trois fois le diamètre de la cellule.

■ Architecture du réseau GSM

Dans un réseau GSM, le terminal de l'utilisateur est appelé **station mobile**. Une station mobile est composée d'une **carte SIM** (*Subscriber Identity Module*), permettant d'identifier l'usager de façon unique et d'un terminal mobile, c'est-à-dire l'appareil de l'usager (la plupart du temps un téléphone portable).

Les terminaux (appareils) sont identifiés par un numéro d'identification unique de 15 chiffres appelé **IMEI** (*International Mobile Equipment Identity*). Chaque carte SIM possède également un numéro d'identification unique (et secret) appelé **IMSI** (*International Mobile Subscriber Identity*). Ce code peut être protégé à l'aide d'une clé de 4 chiffres appelés **code PIN**.

La carte SIM permet ainsi d'identifier chaque utilisateur, indépendamment du terminal utilisé lors de la communication avec une station de base. La communication entre une station mobile et la station de base se fait par l'intermédiaire d'un lien radio, généralement appelé **interface air** (ou plus rarement interface Um).

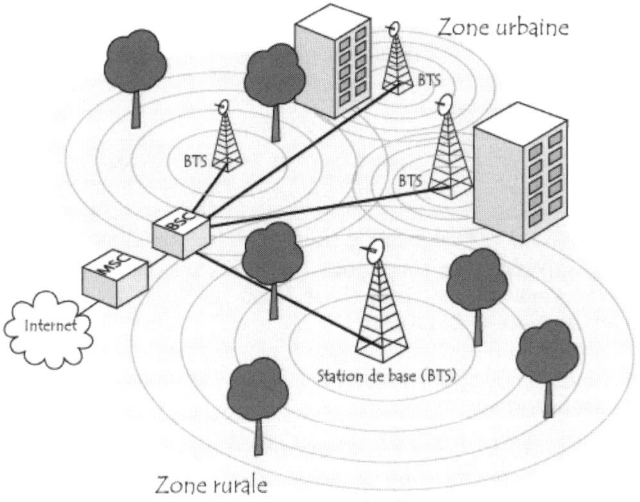

L'ensemble des stations de base d'un réseau cellulaire est relié à un contrôleur de stations (**BSC**, *Base Station Controller*), chargé de gérer la répartition des ressources.

L'ensemble constitué par le contrôleur de station et les stations de base connectées constituent le sous-système radio (**BSS**, *Base Station Subsystem*).

Enfin, les contrôleurs de stations sont eux-mêmes reliés physiquement au centre de commutation du service mobile (**MSC**, *Mobile Switching Center*), géré par l'opérateur téléphonique, qui les relie au réseau téléphonique public et à Internet. Le MSC appartient à un ensemble appelé **sous-système réseau** (**NSS**, *Network Station Subsystem*), chargé de gérer les identités des utilisateurs, leur localisation et l'établissement de la communication avec les autres abonnés.

Le MSC est généralement relié à des bases de données assurant des fonctions complémentaires :

- Le **Registre des abonnés locaux** (noté HLR pour *Home Location Register*) : il s'agit d'une base de données contenant des informations (position géographique, informations administratives, etc.) sur les abonnés inscrits dans la zone du commutateur (MSC).
- Le **Registre des abonnés visiteurs** (noté VLR pour *Visitor Location Register*) : il s'agit d'une base de données contenant des informations sur les autres utilisateurs que les abonnés locaux. Le VLR rapatrie les données sur un nouvel utilisateur à partir du HLR correspondant à sa zone d'abonnement. Les données sont conservées pendant tout le temps de sa présence dans la zone et sont supprimées lorsqu'il la quitte ou après une longue période d'inactivité (terminal éteint).
- Le **Registre des terminaux** (noté EIR pour *Equipement Identity Register*) : il s'agit d'une base de données répertoriant les terminaux mobiles.
- Le **Centre d'authentification** (noté AUC pour *Authentification Center*) : il s'agit d'un élément chargé de vérifier l'identité des utilisateurs.

Le réseau cellulaire ainsi formé est prévu pour supporter la mobilité grâce à la gestion du *handover*, c'est-à-dire le passage d'une cellule à une autre.

Enfin, les réseaux GSM supportent également la notion d'**itinérance** (en anglais *roaming*), c'est-à-dire le passage du réseau d'un opérateur à un autre.

■ Carte SIM

Une carte SIM contient les informations suivantes :

- numéro de téléphone de l'abonné (MSISDN) ;
- numéro d'abonné international (IMSI, *International Mobile Subscriber Identity*) ;
- état de la carte SIM ;
- code de service (opérateur) ;
- clé d'authentification ;
- code PIN (*Personal Identification Code*) ;
- code PUK (*Personal Unlock Code*).

❏ Standard GPRS

Des extensions de la norme GSM ont été mises au point afin d'en améliorer le débit. C'est le cas notamment du standard **GPRS** (*General Packet Radio Service*), qui permet d'obtenir des débits théoriques de l'ordre de 114 kbit/s, plus proches de 40 kbit/s dans la réalité.

C'est donc une évolution de la norme GSM, ce qui lui vaut parfois l'appellation **GSM++** (ou GMS 2+). Étant donné qu'il s'agit d'une norme de téléphonie de seconde génération permettant de faire la transition vers la troisième génération (3G), on parle généralement de **2.5G** pour classifier le standard GPRS.

Le GPRS permet d'étendre l'architecture du standard GSM, afin d'autoriser le transfert de données par paquets, avec des débits théoriques maximums de l'ordre de 171,2 kbit/s (en pratique jusqu'à 114 kbit/s). Grâce au mode de transfert par paquets, les transmissions de données n'utilisent le réseau que lorsque c'est nécessaire. Le standard GPRS permet donc de facturer l'utilisateur au volume échangé plutôt qu'à la durée de connexion, ce qui signifie notamment qu'il peut rester connecté sans surcoût.

Ainsi, le standard GPRS utilise l'architecture du réseau GSM pour le transport de la voix, et propose d'accéder à des réseaux de données (notamment Internet) utilisant le protocole IP ou le protocole X.25.

Le GPRS permet de nouveaux usages que ne permettait pas la norme GSM, généralement catégorisés par les classes de services suivants :

- services point à point (PTP), c'est-à-dire la capacité à se connecter en mode client-serveur à une machine d'un réseau IP ;
- services point à multipoint (PTMP), c'est-à-dire l'aptitude à envoyer un paquet à un groupe de destinataires (Multicast) ;
- services de messages courts (SMS).

■ Architecture du réseau GPRS

L'intégration du GPRS dans une architecture GSM nécessite l'ajout de nouveaux nœuds réseau appelés **GSN** (*GPRS Support Nodes*) situés sur un réseau fédérateur (*backbone*) :

- le **SGSN** (*Serving GPRS Support Node*, **nœud de support GPRS de service**), routeur permettant de gérer les coordonnées des terminaux de la zone et de réaliser l'interface de transit des paquets avec la passerelle GGSN.

- le **GGSN** (*Gateway GPRS Support Node*, soit, en français, nœud de support GPRS passerelle), passerelle s'interfaçant avec les autres réseaux de données (Internet). Le GGSN est notamment chargé de fournir une adresse IP aux terminaux mobiles pendant toute la durée de la connexion.

■ Qualité de service

Le GPRS intègre la notion de **qualité de service** (QoS, *Quality of Service*), c'est-à-dire la capacité à adapter le service aux besoins d'une application. Les critères de qualité de service sont les suivants :

- priorité ;
- fiabilité (en anglais *reliability*) – le GRPS définit 3 classes de fiabilité ;
- délai (en anglais *delay*) ;
- débit (en anglais *throughput*).

Le standard GPRS définit 4 schémas de codage de canal, nommés **CS-1**, **CS-2**, **CS-3** et **CS-4**. Chaque schéma définit le niveau de protection des paquets contre les interférences, afin d'être en mesure de dégrader le signal selon la distance des terminaux mobiles avec les stations de base. Plus la protection est grande, plus le débit est faible :

Schéma de codage	Débit	Protection
CS-1	9,05 kbit/s	Normale (signalisation)
CS-2	13,4 kbit/s	Légèrement inférieure
CS-3	15,6 kbit/s	Réduite
CS-4	21,4 kbit/s	Aucune correction d'erreur

❑ EDGE

La norme **EDGE** (*Enhanced Data Rates for Global Evolution*), présentée comme 2.75G, quadruple les améliorations du débit de la norme GPRS en annonçant un débit théorique de 384 kbit/s, ouvrant ainsi la porte aux applications multimédias. En réalité la norme EDGE permet d'atteindre des débits maximum théoriques de 473 kbit/s, mais elle a été limitée afin de se conformer aux spécifications IMT-2000 (*International Mobile Telecommunications-2000*) de l'ITU (*International Telecommunications Union*).

C'est une évolution de la norme GSM, modifiant le type de modulation. Tout comme la norme GPRS, le standard EDGE est utilisé comme transition vers la troisième génération de téléphonie mobile (3G). On parle ainsi de **2.75G** pour désigner le standard EDGE.

EDGE utilise une modulation différente de la modulation utilisée par GSM (EDGE utilise la modulation 8-PSK), ce qui implique une modification des stations de base et des terminaux mobiles.

L'EDGE permet ainsi de multiplier par un facteur 3 le débit des données avec une couverture plus réduite. Dans la théorie, EDGE permet d'atteindre des débits allant jusqu'à 384 kbit/s pour les stations fixes (piétons et véhicules lents) et jusqu'à 144 kbit/s pour les stations mobiles (véhicules rapides).

3G

Les spécifications IMT-2000 (*International Mobile Telecommunications for the year 2000*) de l'Union Internationale des Communications (UIT), définissent les caractéristiques de la 3G (troisième génération de téléphonie mobile). Ces caractéristiques sont notamment les suivantes :

- un haut débit de transmission :
  - 144 kbit/s avec une couverture totale pour une utilisation mobile,
  - 384 kbit/s avec une couverture moyenne pour une utilisation piétonne,
  - 2 Mbit/s avec une zone de couverture réduite pour une utilisation fixe ;
- compatibilité mondiale,
- compatibilité des services mobiles de 3e génération avec les réseaux de seconde génération,

La 3G propose d'atteindre des débits supérieurs à 144 kbit/s, ouvrant ainsi la porte à des usages multimédias tels que la transmission de vidéo, la visioconférence ou l'accès à Internet haut débit. Les réseaux 3G utilisent des bandes de fréquences différentes des réseaux précédents : 1,885-2,025 GHz et 2,11-2,2 GHz.

La principale norme 3G utilisée en Europe s'appelle **UMTS** (*Universal Mobile Telecommunications System*), utilisant un codage **W-CDMA** (*Wideband Code Division Multiple Access*). La technologie UMTS utilise la bande de fréquence de 5 MHz pour le transfert de la voix et de données avec des débits pouvant aller de 384 kbps à 2 Mbps. La technologie **HSDPA** (*High-Speed Downlink Packet Access*) est un protocole de téléphonie mobile de troisième génération baptisé **3.5G** permettant d'atteindre des débits de l'ordre de 8 à 10 Mbit/s. La technologie HSDPA utilise la bande de fréquence 5 GHz et utilise le codage W-CDMA.

Standard	Génération	Bande de fréquence	Débit	
GSM	2G	Permet le transfert de voix ou de données numériques de faible volume	9,6 kbit/s	9,6 kbit/s
GPRS	2.5G	Permet le transfert de voix ou de données numériques de volume modéré	21,4-171,2 kbit/s	48 kbit/s
EDGE	2.75G	Permet le transfert simultané de voix et de données numériques	43,2-345,6 kbit/s	171 kbit/s
UMTS	3G	Permet le transfert simultané de voix et de données numériques à haut débit	0,144-2 Mbit/s	384 kbit/s

Réseaux métropolitains sans fil (WMAN)

Le **réseau métropolitain sans fil** (**WMAN**, *Wireless Metropolitan Area Network*) est connu sous le nom de **boucle locale radio** (BLR). Les WMAN sont basés sur la norme IEEE 802.16. La boucle locale radio offre un débit utile de 1 à 10 Mbit/s pour une portée de 4 à 10 km, ce qui destine principalement cette technologie aux opérateurs de télécommunication.

La norme de réseau métropolitain sans fil la plus connue est le WiMAX, permettant d'obtenir des débits de l'ordre de 70 Mbit/s sur un rayon de plusieurs kilomètres.

WiMAX

WiMAX est l'abréviation de *Worldwide Interoperability for Microwave Access*. Il s'agit d'un standard de réseau sans fil métropolitain créé par les sociétés Intel et Alvarion en 2002 et ratifié par l'IEEE (*Institute of Electrical and Electronics Engineer*) sous le nom IEEE 802.16. Plus exactement, **WiMAX** est le label commercial délivré par le WiMAX Forum aux équipements conformes à la norme **IEEE 802.16**, afin de garantir un haut niveau d'interopérabilité entre ces différents équipements. Les équipements certifiés par le WiMAX Forum peuvent ainsi arborer le logo suivant :

❏ Objectifs du WiMAX

L'objectif du WiMAX est de fournir une connexion Internet à haut débit sur une zone de couverture de plusieurs kilomètres de rayon. Ainsi, dans la théorie, le WiMAX permet d'obtenir des débits montants et descendants de 70 Mbit/s avec une portée de 50 km. Le standard WiMAX possède l'avantage de permettre une connexion sans fil entre une station de base (*Base Transceiver Station*, notée BTS) et des milliers d'abonnés sans nécessiter de ligne visuelle directe (*Line Of Sight*, parfois abrégé LOS, ou NLOS pour *Non Line Of Sight*). Dans la réalité le WiMAX ne permet de franchir que de petits obstacles tels que des arbres ou une maison, mais ne peut en aucun cas traverser les collines ou les immeubles. Le débit réel lors de la présence d'obstacles ne pourra ainsi excéder 20 Mbit/s.

❏ Principe de fonctionnement du WiMAX

Le cœur de la technologie WiMAX est la station de base, c'est-à-dire l'antenne centrale chargée de communiquer avec les antennes d'abonnés (*subscribers antennas*). On parle ainsi de **liaison point-multipoints** pour désigner le mode de communication du WiMAX.

❑ WiMAX fixe et WiMAX mobile

Les révisions du standard IEEE 802.16 se déclinent en deux catégories :

- **WiMAX fixe**, également appelé **IEEE 802.16-2004**, est prévu pour un usage fixe avec une antenne montée sur un toit, à la manière d'une antenne TV. Le WiMAX fixe opère dans les bandes de fréquence 2,5 GHz et 3,5 GHz, pour lesquelles une licence d'exploitation est nécessaire, ainsi que la bande libre des 5,8 GHz.
- **WiMAX mobile** (en anglais *WiMAX portable*), également baptisé IEEE 802.16e, prévoit la possibilité de connecter des clients mobiles au réseau Internet. Le WiMAX mobile ouvre ainsi la voie à la téléphonie mobile sur IP ou plus largement à des services mobiles haut débit.

Standard	Bande de fréquence	Débit	Portée
WiMAX fixe (802.16-2004)	2-11 GHz (3,5 GHz en Europe)	75 Mbit/s	10 km
WiMAX mobile (802.16e)	2-6 GHz	30 Mbit/s	3,5 km

❑ Applications du WiMAX

Un des usages possibles du WiMAX consiste à couvrir la zone dite du **dernier kilomètre** (*last mile*), encore appelée **boucle locale radio**, c'est-à-dire fournir un accès à Internet haut débit aux zones non couvertes par les technologies filaires classiques (lignes xDSL telles que l'ADSL, câble ou encore les lignes spécialisées T1, etc.).

Une autre possibilité d'utilisation consiste à utiliser le WiMAX comme réseau de collecte (*backhaul*) entre des réseaux locaux sans fil, utilisant par exemple le standard Wi-Fi. Ainsi, le WiMAX permettra à terme de relier entre eux différents *hot spots* afin de créer un réseau maillé (*mesh network*).

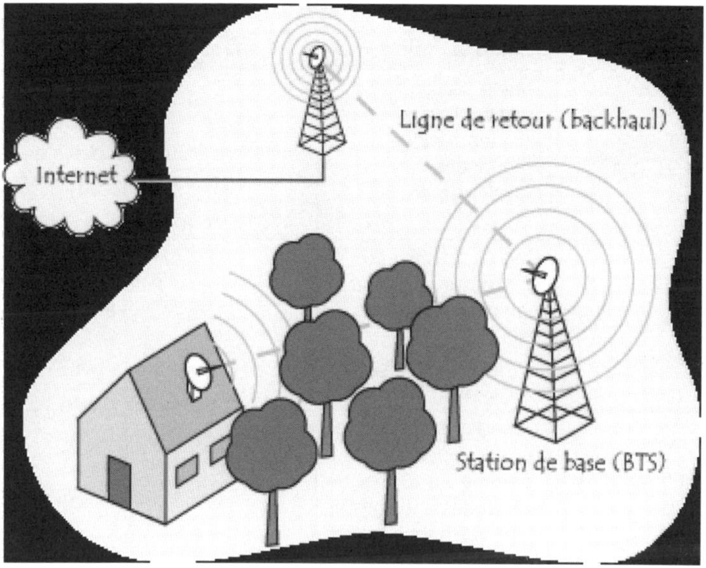

❑ WiMAX et qualité de service

Le standard WiMAX intègre nativement la notion de **qualité de service** (souvent notée QoS pour *Quality of Service*), c'est-à-dire la capacité à garantir le fonctionnement d'un service à un utilisateur. Dans la pratique, WiMAX permet ainsi de réserver une bande passante pour un usage donné. En effet, certains usages ne peuvent pas tolérer de goulots d'étranglement. C'est le cas notamment de la voix sur IP (VoIP) car la communication orale ne peut pas tolérer de coupures de l'ordre de la seconde.

LES NORMES WIMAX

Standard	Bande de fréquence	État	Portée
IEEE std 802.16	Définit des réseaux métropolitains sans fil sur des bandes de fréquences supérieures à 10 GHz	Octobre 2002	Obsolète

Les normes WiMAX *(suite)*

Standard	Bande de fréquence	État	Portée
IEEE std 802.16a	Définit des réseaux métropolitains sans fil sur des bandes de fréquences comprises entre 2 et 11 GHz	9 octobre 2003	Obsolète
IEEE 802.16b	Définit des réseaux métropolitains sans fil dans les bandes de fréquences comprises entre 10 et 60 GHz		Fusionné avec 802.16a (obsolète)
IEEE std 802.16c	Définit des options (profils) pour les réseaux métropolitains sans fil dans les bandes de fréquences libres		Juillet 2003
IEEE 802.16d (IEEE std 802.16-2004)	Révision intégrant les standards 802.16, 802.16a et 802.16c	1er octobre 2004	Actif
IEEE std 802.16e	Définit la possibilité d'utilisation de réseaux métropolitains sans fil avec des clients mobiles		Non ratifié
IEEE std 802.16f	Définit la possibilité d'utilisation de réseaux sans fil maillés (*mesh network*)		Non ratifié

Chapitre 3

Réseaux locaux sans fil (WLAN) : WiFi et autres technologies

Un **réseau local sans fil** (**WLAN**, *Wireless Local Area Network*) est un réseau permettant de couvrir l'équivalent d'un réseau local d'entreprise, soit une portée d'environ une centaine de mètres. Il permet de relier entre eux les terminaux présents dans la zone de couverture. Il existe plusieurs technologies concurrentes :

- Le **Wi-Fi** (ou IEEE 802.11), soutenu par l'alliance **WECA** (*Wireless Ethernet Compatibility Alliance*), offre des débits allant jusqu'à 54 Mbps sur une distance de plusieurs centaines de mètres.

- L'**HiperLAN2** (*HIgh Performance Radio LAN 2.0*), norme européenne élaborée par l'**ETSI** (*European Telecommunications Standards Institute*), permet d'obtenir un débit théorique de 54 Mbps sur une zone d'une centaine de mètres dans la gamme de fréquence comprise entre 5,15 et 5,3 GHz.

WiFi

Si cette norme est un standard international décrivant les caractéristiques d'un réseau local sans fil (WLAN), la marque déposée « Wi-Fi » correspond initialement au nom donné à la certification délivrée par la **WECA** (*Wireless Ethernet Compatibility Alliance*), organisme ayant pour mission de spécifier l'interopérabilité entre les matériels répondant à la norme 802.11 et de vendre le label « Wi-Fi » aux matériels répondant à leurs spécifications. Par abus de langage, et pour des raisons de marketing, le nom de la norme (WiFi) se confond aujourd'hui avec le nom de la certification (Wi-Fi) : c'est du moins le cas en France, en Espagne, au Canada... Un réseau WiFi est simplement un réseau répondant à la norme 802.11. Dans d'autres pays (en Allemagne et aux États-Unis, par exemple) de tels réseaux sont correctement nommés **WLAN** (*Wireless LAN*).

Seuls les matériels certifiés par la Wi-Fi Alliance bénéficient de la possibilité d'utiliser le logo de la certification Wi-Fi, précédemment montré.

Grâce au WiFi, il est possible de créer des réseaux locaux sans fil à haut débit pour peu que l'ordinateur à connecter ne soit pas trop éloigné du point d'accès. Dans la pratique, le WiFi permet de relier des ordinateurs portables, des ordinateurs de bureau, des assistants personnels (PDA) ou tout type de périphérique à une liaison haut débit (11 Mbps ou supérieur) sur un rayon de plusieurs dizaines de mètres en intérieur (généralement entre une vingtaine et une cinquantaine de mètres) à plusieurs centaines de mètres en environnement ouvert.

Ainsi, des opérateurs commencent à irriguer des zones à fortes concentrations d'utilisateurs (gares, aéroports, hôtels, trains...) avec des réseaux sans fils. Ces zones d'accès sont appelées ***hot spots***.

Présentation du WiFi (802.11)

La norme **802.11** s'attache à définir les couches basses du modèle OSI pour une liaison sans fil utilisant des ondes électromagnétiques, c'est-à-dire :

- la **couche physique** (notée parfois couche PHY), proposant trois types de codages de l'information ;

- la **couche liaison de données**, constitué de deux sous-couches : le contrôle de la liaison logique (*Logical Link Control*, ou LLC) et le contrôle d'accès au support (*Media Access Control*, ou MAC).

La couche physique définit la modulation des ondes radioélectriques et les caractéristiques de la signalisation pour la transmission de données, tandis que la couche liaison de données définit l'interface entre le bus de la machine et la couche physique, notamment une méthode d'accès proche de celle utilisée dans le standard Ethernet et les règles de communication entre les différentes stations. La norme 802.11 propose en réalité trois couches physiques, définissant des modes de transmission alternatifs :

Couche Liaison de données (MAC)	802.2		
	802.11		
Couche Physique (PHY)	DSSS	FHSS	Infrarouges

Il est possible d'utiliser n'importe quel protocole de haut niveau sur un réseau sans fil WiFi au même titre que sur un réseau Ethernet.

Définitions et normes

La norme IEEE 802.11 ou WiFi est en réalité la norme initiale offrant des débits de 1 ou 2 Mbit/s.

Attention !

Wi-Fi est un nom commercial : c'est par abus de langage que l'on parle de *normes* Wi-Fi.

Des révisions ont été apportées à la norme originale afin d'améliorer le débit (c'est le cas des normes 802.11a, 802.11b et 802.11g, appelées normes 802.11 physiques) ou de spécifier des détails de sécurité ou d'interopérabilité. Voici un tableau présentant les différentes révisions de la norme 802.11 et leur signification :

Norme	Nom	Description
802.11a	WiFi 5	La norme 802.11a (baptisée WiFi 5) permet d'obtenir un haut débit (dans un rayon de 10 m : 54 Mbit/s théoriques, 27 Mbit/s réels). La norme 802.11a spécifie 52 canaux de sous-porteuses radio dans la bande de fréquences des 5 GHz (bande U-NII ou *Unlicensed - National Information Infrastructure*), huit combinaisons, non superposées sont utilisables pour le canal principal
802.11b	WiFi	La norme 802.11b est la norme la plus répandue en base installée actuellement. Elle propose un débit théorique de 11 Mbit/s (6 Mbit/s réels) avec une portée pouvant aller jusqu'à 300 m (en théorie) ; dans un environnement dégagé. La plage de fréquences utilisée est la bande des 2,4 GHz (bande ISM, *Industrial Scientific Medical*) avec, en France, 13 canaux radio disponibles dont 4 au maximum non superposés (1 - 5 - 9 - 13)
802.11c	Pontage 802.11 vers 802.1d	La norme 802.11c n'a pas d'intérêt pour le grand public. Il s'agit uniquement d'une modification de la norme 802.1d afin de pouvoir établir un pont avec les trames 802.11 (niveau liaison de données)
802.11d	Internatio-nalisation	La norme 802.11d est un supplément à la norme 802.11 dont le but est de permettre une utilisation internationale des réseaux locaux 802.11. Elle consiste à permettre aux différents équipements d'échanger des informations sur les plages de fréquences et les puissances autorisées dans le pays d'origine du matériel
802.11e	Améliora-tion de la qualité de service	La norme 802.11e vise à donner des possibilités en matière de qualité de service (QoS, *quality of service*) au niveau de la couche liaison de données. Ainsi, cette norme a pour but de définir les besoins des différents paquets en termes de bande passante et de délai de transmission de manière à permettre, notamment, une meilleure transmission de la voix et de la vidéo

Norme	Nom	Description
802.11f	Itinérance (*roaming*)	La norme 802.11f est une recommandation à l'intention des vendeurs de points d'accès pour une meilleure interopérabilité des produits. Elle propose le protocole IPRP (*Inter-access Point Roaming Protocol*) permettant à un utilisateur itinérant de changer de point d'accès de façon transparente lors d'un déplacement, quelles que soient les marques des points d'accès présentes dans l'infrastructure réseau. Cette possibilité est appelée itinérance (*roaming*)
802.11g		La norme 802.11g est actuellement la plus répandue dans le commerce. Elle offre un haut débit (54 Mbit/s théoriques, 25 Mbit/s réels) sur la bande de fréquences des 2,4 GHz et propose une compatibilité ascendante avec la norme 802.11b, ce qui signifie que des matériels conformes à la norme 802.11g peuvent fonctionner en 802.11b. Cette aptitude permet aux nouveaux équipements de proposer le 802.11g tout en restant compatibles avec des réseaux existants souvent encore en 802.11b. Il est possible d'utiliser au maximum 4 canaux non superposés (1 - 5 - 9 - 13)
802.11h		La norme 802.11h vise à rapprocher la norme 802.11 du standard européen (HiperLAN 2, d'où le h de 802.11h) et être en conformité avec la réglementation européenne en matière de fréquences et d'économie d'énergie
802.11i		La norme 802.11i a pour but d'améliorer la sécurité des transmissions (gestion et distribution des clés, chiffrement et authentification). Cette norme s'appuie sur l'AES (*Advanced Encryption Standard*) et propose un chiffrement des communications pour les transmissions utilisant les standards 802.11a, 802.11b et 802.11g
802.11IR		La norme 802.11IR a été élaborée de manière à utiliser des signaux infrarouges. Cette norme est désormais techniquement dépassée

Norme	Nom	Description
802.11j		La norme 802.11j est à la réglementation japonaise ce que le 802.11h est à la réglementation européenne
802.11n	WWiSE (*World-Wide Spectrum Efficiency*) ou TGn Sync	La norme 802.11n est attendue fin 2008. Le débit théorique atteint les 600 Mbit/s (débit réel de 100 Mbit/s dans un rayon de 90 m) grâce aux technologies MIMO (*Multiple-Input Multiple-Output*) et OFDM (*Orthogonal Frequency Division Multiplexing*). En avril 2006, des périphériques à la norme 802.11n commencent à apparaître, fondés sur le Draft 1.0 (brouillon 1.0) ; le Draft 2.0 est sorti en mars 2007, les périphériques basés sur ce brouillon seront compatibles avec la version finale attendue pour septembre 2008. Des équipements qualifiés de pré-N sont disponibles depuis 2006 : ce sont des équipements qui mettent en œuvre une technique MIMO d'une façon propriétaire, sans rapport avec la norme 802.11n. Le 802.11n a été conçu pour pouvoir utiliser les fréquences 2,4 GHz ou 5 GHz. Les premiers adaptateurs 802.11n actuellement disponibles sont généralement simple bande à 2,4 GHz, mais des adaptateurs double bande (2,4 GHz ou 5 GHz, au choix) ou même double radio (2,4 GHz et 5 GHz simultanément) sont également disponibles. Le 802.11n saura combiner jusqu'à 8 canaux non superposés, ce qui permettra en théorie d'atteindre une capacité totale effective de presque 1 Gbit/s
802.11s	Réseau maillé (*mesh*)	La norme 802.11s est actuellement en cours d'élaboration. Le débit théorique atteint aujourd'hui 10 à 20 Mbit/s. Elle vise à mettre en œuvre la mobilité sur les réseaux de type ad hoc. Tout point qui reçoit le signal est capable de le retransmettre. Elle constitue ainsi une toile au-dessus du réseau existant. Un des protocoles utilisé pour mettre en œuvre son routage est OLSR

Portées et débits

Les normes 802.11a, 802.11b et 802.11g, appelées **normes physiques**, correspondent à des révisions du standard 802.11 et proposent des modes de fonctionnement, permettant d'obtenir différents débits en fonction de la portée.

Standard	Bande de fréquence	Débit	Portée
WiFi a (802.11a)	5 GHz	54 Mbit/s	10 m
WiFi b (802.11b)	2,4 GHz	11 Mbit/s	100 m
WiFi g (802.11b)	2,4 GHz	54 Mbit/s	100 m

❑ 802.11a

La norme 802.11a permet d'obtenir un débit théorique de 54 Mbps, soit cinq fois plus que le 802.11b, pour une portée d'environ une trentaine de mètres seulement. La norme 802.11a s'appuie sur un codage du type **OFDM** (*Orthogonal Frequency Division Multiplexing*) sur la bande de fréquence 5 GHz et utilise 8 canaux sans recouvrement.

Ainsi, les équipements 802.11a sont donc incompatibles avec les équipements 802.11b. Il existe toutefois des matériels intégrant des puces 802.11a et 802.11b, nommés matériels ***dual band***.

Débit théorique (en intérieur)	Portée
54 Mbit/s	10 m
48 Mbit/s	17 m
36 Mbit/s	25 m
24 Mbit/s	30 m
12 Mbit/s	50 m
6 Mbit/s	70 m

❑ 802.11b

La norme 802.11b permet d'obtenir un débit théorique de 11 Mbps, pour une portée d'environ une cinquantaine de mètres en intérieur et jusqu'à 200 m en extérieur (et même au-delà avec des antennes directionnelles).

Débit théorique	Portée (intérieur)	Portée (extérieur)
11 Mbit/s	50 m	200 m
5,5 Mbit/s	75 m	300 m
2 Mbit/s	100 m	400 m
1 Mbit/s	150 m	500 m

❑ 802.11g

La norme 802.11g permet d'obtenir un débit théorique de 54 Mbps pour des portées équivalentes à celles de la norme 802.11b. D'autre part, dans la mesure où la norme 802.11g utilise la bande de fréquence 2,4 GHz avec un codage OFDM, cette norme est compatible avec les matériels 802.11b, à l'exception de certains anciens matériels.

Débit théorique	Portée (intérieur)	Portée (extérieur)
54 Mbit/s	27 m	75 m
48 Mbit/s	29 m	100 m
36 Mbit/s	30 m	120 m
24 Mbit/s	42 m	140 m
18 Mbit/s	55 m	180 m
12 Mbit/s	64 m	250 m
9 Mbit/s	75 m	350 m
6 Mbit/s	90 m	400 m

Il existe une appellation baptisée **802.11b+**. Il s'agit d'un standard propriétaire développé par divers fabricants, proposant des améliorations en terme de débits. En contrepartie cette norme souffre de lacunes en termes de garantie d'interopérabilité dans la mesure où il ne s'agit pas d'un standard IEEE.

Linksys, la division grand public de Cisco Systems, a développé la technologie propriétaire SRX (*Speed and Range Expansion*, vitesse et portée étendue). Celle-ci superpose le signal de deux signaux 802.11g pour doubler le taux de transfert des données. Le taux maximum de transfert des données *via* un réseau sans fil SRX400 dépasse donc les capacités d'un réseau filaire Ethernet 10/100 que l'on trouve dans la plupart des réseaux.

WiFi et sécurité

La **sécurité** est une question importante en matière de réseau sans fil : si importante que nous lui consacrerons un chapitre entier. Il est en effet pratiquement impossible de contrôler les ondes : une personne équipée d'un portable ou un PDA pourrait se connecter à votre réseau juste en se garant à proximité de chez vous. Un réseau filaire est moins accessible, puisqu'il faut l'accès à un câble pour parvenir au même résultat (c'est plus visible, mais pas toujours absolument impossible).

L'accès sans fil aux réseaux locaux rend nécessaire l'élaboration d'une politique de sécurité dans les entreprises et chez les particuliers. Il est notamment possible de choisir une méthode de codage de la communication sur l'interface radio. La plus commune est l'utilisation d'une clé dite *Wired Equivalent Privacy* (**WEP**), communiquée uniquement aux utilisateurs autorisés du réseau.

Le principe de WEP est intéressant, mais ne résiste pas à l'attaque d'un utilisateur averti. De nouvelles méthodes ont été avancées, comme *WiFi Protected Access* (**WPA**) ou plus récemment **WPA2**. Ce n'est que depuis l'adoption du standard 802.11i qu'il est possible de parler d'accès réseau sans fil réellement sécurisé.

Il existe encore de nombreux points d'accès non sécurisés chez les particuliers, et plus inquiétant même chez les entreprises. Plus de 20 % des réseaux ne sont pas sécurisés. Il se pose le problème de la responsabilité du détenteur de la connexion WiFi lorsque l'intrus réalise des actions illégales sur Internet (par exemple en diffusant grâce à cette connexion des vidéos volées).

Comme signalé, nous reviendrons plus en détail sur la sécurisation d'un réseau WiFi personnel dans la suite de cet ouvrage.

Applications et usages du WiFi : téléphone utilisant la voix sur IP en WiFi

Une telle technologie peut ouvrir les portes à une infinité d'applications pratiques. Elle peut être utilisée avec de l'IPv4, voire de l'IPv6, et permet le développement de nouveaux algorithmes distribués.

L'Accès Sans Fil à Internet (**ASFI** en français ou **WIA** en anglais) est aujourd'hui l'utilisation la plus courante du WiFi. L'un des exemples les plus aboutis d'ASFI est **Ozone**. Ozone déploie depuis 2003 un réseau, notamment à Paris, construit à base de technologie WiFi. OzoneParis propose en effet à tous les Parisiens, particuliers comme entreprises, un accès à haut débit à l'Internet sans fil. Les utilisateurs peuvent se connecter au réseau d'OzoneParis, accéder à l'Internet mais aussi bénéficier de tous les services liés à l'Internet (toile, courriel, téléphonie [**VoIP**]), téléphonie mobile [VoIP Mobile], téléchargements, etc.). Cet accès est utilisable de façon fixe comme en situation de mobilité. Ce réseau est aussi appelé **réseau pervasif**.

Astuce

La présence d'un logo Wi-Fi avec un rond noir en arrière-plan signifie que l'on se trouve dans une zone où un réseau Wi-Fi IEEE 802.11 est présent.

En anglais, *pervasive* signifie **omniprésent**. Un **réseau pervasif** est un réseau dans lequel nous sommes connectés, partout, tout le temps si nous le voulons, par l'intermédiaire de nos objets communicants classiques (ordinateurs, PDA, téléphones) mais aussi, demain, grâce à des objets multiples équipés d'une capacité de mémoire et d'intelligence : baladeurs, systèmes de positionnement GPS pour voiture, jouets, lampes, appareils ménagers, etc. Ces objets dits « intelligents » sont d'ores et déjà présents autour de nous et le phénomène est appelé à se développer avec le développement du réseau pervasif. À observer ce qui se passe au Japon, aux États-Unis mais aussi en France, l'objet communicant est un formidable levier de croissance pour tout type d'industrie. En parallèle des accès classiques de type *hot spot*, le WiFi peut être utilisé pour la technologie de dernier kilomètre dans les zones rurales, couplé à des technologies de collecte de type satellite, fibre optique, Wimax ou liaison louée.

Des téléphones WiFi (GSM, DECT, PDA) utilisant la technologie VoIP commencent à apparaître.

À Paris, il existe aussi un réseau important de plus de 200 cafés offrant aux consommateurs une connexion WiFi gratuite. Depuis juillet 2007, Paris WI-FI propose gratuitement à Paris 400 points d'accès dans 260 lieux municipaux.

Risques sanitaires

Le WiFi apparaît au moment où se développent des interrogations quant à l'impact des radiofréquences sur la santé de l'homme. Des débats scientifiques se sont multipliés autour du téléphone mobile, et le débat s'est étendu à l'ensemble des technologies radio reposant sur les micro-ondes, notamment les technologies GSM, Wimax, UMTS (la 3G), ou encore HSDPA (la 3G+), DECT, et le WiFi.

Les ondes émises par les équipements WiFi se diffusent dans l'ensemble de l'environnement. Toutefois, la fréquence de ces ondes est relativement élevée (2,4 GHz) et de ce fait elles traversent mal les murs. En outre, la puissance émise par les équipements WiFi (~30 mW) est vingt fois moindre que celle émise par les téléphones mobiles (~600 mW). De plus, le téléphone est généralement tenu à proximité immédiate du cerveau, ce qui n'est pas le cas des équipements WiFi (à l'exception des téléphones WiFi). Or, dès une dizaine de centimètres, la densité de puissance du signal est déjà fortement atténuée. Malgré la permanence d'exposition, les effets thermiques des ondes WiFi sont donc unanimement reconnus comme étant négligeables.

Cependant, certains scientifiques font remarquer que les ondes WiFi sont des ondes pulsées employant la même fréquence que celle des fours à micro-ondes, qui fait rentrer en résonance les molécules d'eau. De ce fait, les risques encourus ne devraient pas être évalués uniquement selon leurs effets thermiques (proportionnés à la densité de puissance), mais également selon leurs effets non thermiques à moyen et long terme (comme les effets génotoxiques).

Par ailleurs, il a été noté que les sujets souffrants d'électro-hypersensibilité sont tout aussi incommodés, voire plus, par les ondes WiFi, malgré les faibles puissances des radiations reçues. Toutefois il n'a pas été démontré à ce jour que les symptômes des sujets dits « électro-hypersensibles » soient effectivement dus aux ondes radio : suite à des expériences en double aveugle, l'Organisation mondiale de la santé (OMS) a d'ailleurs conclu qu'il n'y avait aucune corrélation entre la présence ou non des ondes et les symptômes observés. Ces derniers sont donc dus à d'autres facteurs (mauvaise qualité de l'air, mauvais éclairage, stress...).

Plusieurs organismes, dont l'OMS, le Journal of Health Physics, la Fondation Santé et Radiofréquences, l'Agence française de sécurité sanitaire de l'environnement et du travail (AFSSET), l'Agence de protection de la santé au Royaume-Uni (*Health Protection Agency*, HPA) ont réalisé des études au sujet de l'effet sur la santé du WiFi, et ont, dans un premier temps, majoritairement conclu qu'il n'y avait aucune raison de craindre que le WiFi soit dangereux pour la santé dans le cadre d'une utilisation normale.

Malgré ces conclusions globalement rassurantes, le WiFi a été officiellement déconseillé, voire interdit dans des écoles en Angleterre, en Allemagne et en Autriche. Au Canada, deux universités (Université de LakeHead et Université de L'Ontario) en ont interdit l'installation. En France, cinq bibliothèques parisiennes ont débranché leurs installations WiFi après que plusieurs membres du personnel se sont déclarés incommodés. La Bibliothèque nationale de France, qui a décidé d'appliquer le principe de précaution, a choisi l'alternative filaire, multipliant les possibilités de connexion par prise broche RJ45 dans ses salles de lecture.

Aujourd'hui, des études sont encore en cours, et s'il n'y a pas d'unanimité au sein de la communauté scientifique concernant l'innocuité du WiFi, les études existantes ont montré soit une absence de danger, soit, selon les études les plus pessimistes, un risque très limité.

HiperLAN

HiperLAN (ou *HIgh PERformance radio LAN*) est un standard européen de télécommunications crée par l'**ETSI** (*European Telecom-*

munications Standards Institute) et développé par le groupe technique **BRAN** (*Broadband Radio Access Networks*). Ce standard est une alternative au groupe de normes IEEE 802.11 WiFi précédemment examiné.

HiperLAN fut élaboré par un comité de chercheurs au sein même de l'ETSI et la norme ratifiée durant l'été 1996. L'HiperLAN est très orienté **routage ad hoc**, c'est-à-dire, si un nœud destinataire est, ou devient hors de portée de réception du signal qui lui est adressé, au moins un nœud intermédiaire se charge automatiquement de prendre le relais pour acheminer les données à bon port (les routes sont régulièrement et automatiquement recalculées). L'HiperLAN est totalement ad hoc, il ne requiert aucune configuration, aucun contrôleur central. Opérant avec un débit théorique maximum de 23,5 Mbps dans une bande passante dédiée comprise entre 5,1 GHz et 5,3 GHz, l'HiperLAN n'a reçu jamais de soutien de la part des leaders du marché des composants RLR.

HiperLAN2, fondé sur la technique de modulation OFDM (*Orthogonal Frequency Division Multiplex*), est une alternative à la norme IEEE 802.11a et orientée réseau sans fil ATM (*Asynchronous Transfer Mode*). Opérant dans une bande passante comprise entre 5,4 GHz et 5,7 GHz, cette norme spécifie qu'il doit être possible d'établir des communications à différents débits de 6, 9, 12, 18, 27, 36 Mbps et 54 Mbps. Outre le transport des cellules ATM, l'HiperLAN2 sait également véhiculer la vidéo, les paquets IP, les paquets FireWire IEEE 1394 et la voix numérisée des téléphones cellulaires. La norme HiperLAN2 bénéficie en France du soutien de l'Autorité de Régulation des Télécommunications (ART).

En pratique, vous n'avez que peu de chances de rencontrer du matériel informatique HiperLAN2.

Courant porteur en ligne (CPL)

Il peut sembler curieux de citer dans les WLAN le CPL, puisque celui-ci repose en pratique sur le câblage électrique et donc sur des fils. Mais c'est justement le fait qu'il ait recours à un câblage préexistant, sans nécessiter la pose de nouveaux fils, qui justifie à nos yeux sa présence dans ce chapitre. D'une certaine façon, il peut être mis en place presque comme un vrai réseau WiFi.

Le nom **courant porteur en ligne** est donné à toute technologie qui vise à faire passer de l'information à bas débit ou haut débit sur les lignes électriques en utilisant des techniques de modulation avancées. Selon les pays, les institutions, les sociétés, les courants porteurs en ligne se retrouvent sous plusieurs mots clés différents :

- CPL (courant porteur en ligne),
- PLC (*Powerline Communications*),
- PLT (*Powerline Telecommunication*),
- PPC (*Power Plus Communications*).

Bref historique du CPL

La technologie sur courant porteur existe depuis longtemps, mais elle n'était utilisée pendant longtemps qu'à bas débit pour des applications de télécommande de relais, éclairage public et domotique.

Le haut débit sur CPL n'a commencé qu'à la fin des années 1990 :

- 1950 : sur fréquence 10 Hz, puissance 10 kW, unidirectionnel (lumières en ville, télécommande de relais).
- Milieu des années 1980 : début des recherches pour utiliser le réseau de distribution électrique comme support de transport de données, sur la bande 5-500 kHz, toujours en unidirectionnel.
- 1997 : premiers tests de transmission de signaux de données sur réseau électrique en bidirectionnel, et début des recherches pour Ascom (Suisse) et Norweb (UK).
- 2000 : premières expérimentations en France par EDF R&D et Ascom.

Principe de fonctionnement

En effectuant la technologie CPL à haut débit, il est possible de faire passer des données informatiques sur le réseau électrique, et ainsi étendre un réseau local existant ou partager un accès Internet existant *via* les prises électriques grâce à la mise en place de boîtiers spécifiques.

Le principe des CPL consiste à superposer au signal électrique de 50 Hz un autre signal à plus haute fréquence (bande 1,6-30 MHz) et de faible énergie. Ce deuxième signal se propage sur l'installation électrique et peut être reçu et décodé à distance. Ainsi le signal CPL est reçu par tout récepteur CPL qui se trouve sur le même réseau électrique.

Un coupleur intégré en entrée des récepteurs CPL élimine les composantes basse fréquence avant le traitement du signal.

Cadre juridique et réglementation

Toute technologie qui travaille sur une bande de fréquence définie doit rentrer dans un cadre juridique. Les réseaux CPL sont à la fois des réseaux électriques et des réseaux de télécommunication, ce qui fait que les autorités ont du mal à définir leur cadre juridique. De plus il n'existe pas encore de réglementation précise pour les équipements et les réseaux CPL. Des travaux sont en cours, notamment avec le PLC Forum et l'ETSI, mais les résultats n'ont pas encore été publiés.

Ainsi la mise en place de réseaux CPL est libre pour ce qui est des installations derrière un compteur privé (appelé ***indoor*** ou *InHome*), sous réserve de ne pas créer de nuisances, auquel cas le matériel doit être retiré. Pour ce qui est des installations extérieures (appelé ***outdoor***) où l'on injecte le signal au niveau du transformateur HTA/BT pour des créations de boucles locales électriques, des autorisations d'expérimentation sont à demander auprès de l'ART tant que la technologie n'est pas mature et les normes pas encore éditées.

Standardisation

Un seul standard existe, d'origine américaine : le standard **Homeplug V1.0.1**. C'est un standard qui ne concerne que les installations *indoor* et qui n'est pas interopérable avec les solutions *outdoor* existantes à ce jour. D'autres standards devraient voir le jour sous quelques mois ou années.

À savoir

Tous les équipements commercialisés à ce jour pour le grand public sont des produits Homeplug.

Fonctionnement

❑ Canal de transmission

Le support du réseau électrique n'a pas été étudié pour transporter des signaux haute fréquence (HF). Il faut donc prendre en compte les contraintes de ce support pour assurer une bonne transmission de ces signaux HF sans pour autant perturber les appareils environnants, ni les fréquences de la bande 1-30 MHz par rayonnement, certaines fréquences de cette bande étant réservées à l'armée ou bien aux radioamateurs.

Tout ceci doit enfin être étudié pour donner un débit suffisant à l'utilisateur en bout de ligne.

Tout le problème consiste ainsi à limiter la puissance de fonctionnement des courants porteurs tout en assurant un débit suffisant, et limiter les effets du bruit et de la distorsion sur la ligne. La solution : allier un traitement du signal le plus performant possible et effectuer un couplage optimal du réseau CPL au réseau électrique.

Il existe deux méthodes de couplage : couplage capacitif en parallèle sur le réseau électrique ou couplage inductif *via* un tore de ferrite. En ce qui concerne les installations en intérieur (*indoor*), le couplage capacitif est fait par défaut lorsqu'on branche l'équipement CPL sur la prise électrique, le problème ne se pose donc que pour les installations en extérieur (*outdoor*), beaucoup plus complexes à réaliser.

❑ Techniques de modulation de données

Tout l'enjeu des CPL est de « tenir » un débit avec un niveau d'émission faible, d'où une limitation de la puissance de fonctionnement des courants porteurs, ou bien un traitement du signal le plus performant possible pour contourner cette contrainte de niveau d'émission.

Sur les solutions actuelles, deux types de modulation ressortent particulièrement : **OFDM** (*Orthogonal Frequency Division Multiplexing*) et ***Spread Spectrum*** (ou **modulation à étalement de spectre**).

■ OFDM (*Orthogonal Frequency Division Multiplexing*)

La technique de transmission **OFDM** (*Orthogonal Frequency Division Multiplexing*) est basée sur l'émission simultanée sur *n* bandes de fréquence (situées entre 2 et 30 MHz) de *N* porteuses sur chaque bande. Le signal est réparti sur les porteuses. Les fréquences de travail sont choisies en fonction des réglementations, les autres sont « éteintes » de manière logicielle. Le signal est émis à un niveau assez élevé pour pouvoir monter en débit, et injecté sur plusieurs fréquences à la fois. Si l'une d'elles est atténuée, le signal passera quand même grâce à l'émission simultanée. Le spectre du signal OFDM présente une occupation optimale de la bande allouée grâce à l'orthogonalité des sous-porteuses.

> **Astuce**
>
> Cette modulation a été choisie par le comité Homeplug, donc tous les équipements qui respectent la norme Homeplug sont en modulation OFDM. C'est notamment cette modulation qui est utilisée pour les transmissions sans fil WiFi (802.11a).

■ SS (*Spread Spectrum*) : modulation à étalement de spectre

Le principe de la **modulation à étalement de spectre** (*Spread Spectrum*) consiste à « étaler » l'information sur une bande de fréquences beaucoup plus large que la bande nécessaire, dans le but de combattre les signaux interférents et les distorsions liées à la propagation : le signal se confond avec le bruit. Le signal est codé au départ, un code est assigné à chacun des usagers afin de permettre le décodage à l'arrivée. L'étalement est assuré par un signal pseudo-aléatoire appelé **code d'étalement**. À la réception le signal est perçu comme du bruit si le récepteur n'a pas le code. Le signal étant émis à un niveau plus faible que celui du bruit, le débit reste faible. La modulation avec étalement de spectre est ainsi optimisée pour lutter contre le bruit, dont elle limite mieux les effets.

La modulation **CDMA** (*Code Division Multiple Access*) est une modulation à étalement de spectre utilisée pour certaines solutions CPL.

Lorsqu'on fait le point des différentes solutions existantes à ce jour on note que les solutions qui utilisent l'étalement de spectre restent à bas débit, seules les solutions qui utilisent OFDM peuvent monter en débit à ce jour.

❑ Liaison de données

Toute solution CPL doit inclure une couche physique robuste mais également un protocole d'accès à la couche réseau efficace. Ce protocole contrôle le partage du média de transmission entre de nombreux clients, pendant que la couche physique spécifie la modulation, le codage et le format des paquets.

La méthode d'accès utilisée par les machines utilisant les courants porteurs en ligne est le CSMA/CA (*Carrier Sense Multiple Access with Collision Avoidance*), c'est-à-dire la même méthode utilisée pour les réseaux sans fils WiFi.

Architecture en intérieur (*indoor*)

Les solutions CPL commercialisées à ce jour, de type Homeplug pour l'*indoor*, sont des solutions parfaites pour étendre le réseau local et partager l'accès Internet haut débit existant, notamment à la maison ou en petite entreprise, avec une mise en œuvre simple. Les boîtiers CPL se présentent en général avec un port Ethernet ou USB suivant le modèle choisi, et une connexion vers la prise électrique.

La mise en œuvre d'une solution CPL en intérieur demande au niveau informatique comme configuration minimum un PC avec carte Ethernet ou une prise USB selon le choix du boîtier. Attention tout de même à la disponibilité des drivers (pour les modèles en USB) selon le système d'exploitation.

- Pour la mise en place d'un boîtier Ethernet, l'installation est équivalente à celle d'un réseau local Ethernet filaire.
- Pour la mise en place d'un boîtier USB, la configuration se fait *via* le pilote fourni, une carte réseau virtuelle est alors à configurer comme la carte Ethernet en réseau local.

Au niveau électrique, l'installation ne pose aucun souci à l'intérieur d'un logement derrière un compteur monophasé dans la mesure où les adaptateurs se branchent directement sur les prises électriques. En revanche l'intégration est plus complexe dans les immeubles, que ce soit en résidentiel avec une arrivée triphasée et différents compteurs, ou bien dans les bâtiments de grande taille, tels que des collèges, des hôpitaux ou immeubles administratifs. La mise en œuvre d'une solution CPL « étendue » nécessite alors une double compétence : expertise en réseau électrique et en réseau informatique, ainsi que l'utilisation de matériel différent des boîtiers Homeplug vendus pour l'*indoor*.

La solution grand public actuellement vendue, Homeplug, possède un débit théorique de 14 Mbit/s. D'autres solutions existent toutefois avec des débits allant de 2 Mbit/s à 45 Mbit/s. Une solution à 100 Mbit/s a été testée en laboratoire.

Les débits réels se voient amputés de la partie du trafic réservé à la gestion du système. Pour autant les débits obtenus restent suffisants pour la majorité des applications domestiques si on part des 14 Mbit/s de Homeplug par exemple.

Architecture en extérieur (*outdoor*)

Des expérimentations sont en cours pour des installations extérieures, avec un couplage entre l'arrivée Internet haut débit et le réseau électrique *via* un transformateur HTA/BT pour la création d'une boucle locale électrique.

Sécurité du réseau CPL

La sécurité d'un réseau CPL tient à deux de ses composantes :

- **Rôle de la phase électrique** : le signal passe les phases par induction, mais le signal est très vite dégradé d'une phase à l'autre. Rôle du compteur électrique : le signal CPL passe le compteur électrique, ce dernier ne constitue donc en aucun cas une barrière pour le réseau CPL.
- **Aspect sécurité réseau local** : tout réseau CPL doit être sécurisé comme tout réseau local, avec la mise en place notamment d'un système pare-feu (*firewall*). Il existe cependant deux niveaux de sécurité intrinsèques aux équipements CPL :
  - un cryptage DES (avec une clé de 56 ou 128 bits),
  - la possibilité de création de réseaux séparés sur un même circuit électrique avec deux clés de cryptage différentes, configurables *via* un utilitaire généralement fourni avec l'équipement.

Avantages et inconvénients du CPL

Avantages

- Mobilité.
- Souplesse.
- Simplicité de mise en œuvre à l'intérieur (*indoor*).
- Stabilité de fonctionnement.
- Complémentarité par rapport aux solutions filaires et sans fil.

Inconvénients

- Mise en œuvre et bon fonctionnement dépendant de l'architecture du réseau électrique.
- Manque de standardisation et de normes.
- Problème d'interopérabilité entre les différents équipements.
- Prix encore élevé à ce jour, le marché restant à développer.

Les solutions CPL peuvent être vues comme des solutions complémentaires ou alternatives aux réseaux filaires traditionnels, aux réseaux sans fil et au VDSL.

Suivant les architectures des réseaux existants, des bâtiments ou des contraintes techniques, l'une ou l'autre des solutions peut être choisie, mais l'on peut également envisager une solution en complément d'une autre !

Les débits des solutions CPL sont amenés à augmenter, le standard Homeplug AV est à l'étude pour diffuser des canaux de télé numérique.

De nombreux projets de recherche portent sur ces solutions et leurs évolutions, tout est à venir, il faut donc suivre de près les informations sur le sujet !

Réseaux personnels sans fil (WPAN) : Bluetooth, infrarouge et autres technologies

Les **réseaux personnels sans fil** (appelés également réseaux **individuels** sans fil ou réseaux **domestiques** sans fil et notés **WPAN** pour *Wireless Personal Area Network*) sont des réseaux sans fil d'une faible portée, de l'ordre de quelques dizaines de mètres. Ce type de réseau sert généralement à relier des périphériques (imprimante, téléphone portable, appareils domestiques, etc.) ou un assistant personnel (PDA) à un ordinateur sans liaison filaire ou bien à permettre la liaison sans fil entre deux machines très peu distantes. Il existe plusieurs technologies utilisées pour les WPAN : Bluetooth, HomeRF, ZigBee et infrarouge.

Bluetooth

Bluetooth est la principale technologie de réseau personnel sans fil. C'est une technologie de réseaux sans fils de faible portée permettant de relier des appareils entre eux sans liaison filaire. Lancée par Ericsson en 1994, elle propose un débit théorique de 1 Mbps pour une portée maximale d'une trentaine de mètres. Bluetooth, connue aussi sous le nom **IEEE 802.15.1**, possède l'avantage d'être très peu gourmande en énergie, ce qui la rend particulièrement adaptée à une utilisation au sein de petits périphériques. Contrairement à la technologie IrDA (liaison infrarouge), les appareils Bluetooth ne nécessitent pas une ligne de vue directe pour communiquer, ce qui rend plus souple son utilisation et permet notamment une communication d'une pièce à une autre, sur de petites distances.

Intérêts du Bluetooth

L'objectif de Bluetooth est de permettre de transmettre des données ou de la voix entre des équipements possédant un circuit radio de faible coût, sur un rayon de l'ordre d'une dizaine de mètres à un peu moins d'une centaine de mètres et avec une faible consommation électrique.

Ainsi, la technologie Bluetooth est principalement prévue pour relier entre eux des périphériques (imprimantes, téléphones portables, appareils domestiques, oreillettes sans fil, souris, clavier, etc.), des ordinateurs ou des assistants personnels (PDA), sans utiliser de liaison filaire. La technologie Bluetooth est également de plus en plus utilisée dans les téléphones portables, afin de leur permettre de communiquer avec des ordinateurs ou des assistants personnels et surtout avec des dispositifs mains-libres tels que des oreillettes Bluetooth. Celles-ci peuvent faire office de casque audio perfectionné intégrant des fonctionnalités de commande à distance.

La technologie Bluetooth a été originairement mise au point par Ericsson en 1994. En février 1998 un groupe d'intérêt baptisé *Bluetooth Special Interest Group* (*Bluetooth SIG*), réunissant plus de 2 000 entreprises dont Agere, Ericsson, IBM, Intel, Microsoft, Motorola, Nokia et Toshiba, a été formé afin de produire les spécifications Bluetooth 1.0, qui furent publiées en juillet 1999.

Le nom « Bluetooth » (littéralement « dent bleue ») se rapporte au nom du roi danois Harald II (910-986), surnommé Harald II Blåtand (« à la dent bleue »), à qui on attribue l'unification de la Suède et de la Norvège ainsi que l'introduction du christianisme dans les pays scandinaves.

Caractéristiques

Le Bluetooth permet d'obtenir des débits de l'ordre de 1 Mbps, correspondant à 1 600 échanges par seconde en *full-duplex*, avec une portée d'une dizaine de mètres environ avec un émetteur de classe II et d'un peu moins d'une centaine de mètres avec un émetteur de classe I.

Le standard Bluetooth définit en effet trois classes d'émetteurs proposant des portées différentes en fonction de leur puissance d'émission :

Classe	Puissance (affaiblissement)	Portée
I	100 mW (20 dBm)	100 m
II	2,5 mW (4 dBm)	15-20 m
III	1 mW (0 dBm)	10 m

Contrairement à la technologie IrDA, principale technologie concurrente utilisant des rayons lumineux pour les transmissions de données, la technologie Bluetooth utilise les ondes radio (bande de fréquence des 2,4 GHz) pour communiquer, si bien que les périphériques ne doivent pas nécessairement être en liaison visuelle pour communiquer. Ainsi deux périphériques peuvent communiquer en étant situés de part et d'autre d'une cloison et, cerise sur le gâteau, les périphériques Bluetooth sont capables de se détecter sans intervention de la part de l'utilisateur pour peu qu'ils soient à portée l'un de l'autre.

Normes Bluetooth

Le standard Bluetooth se décompose en différentes normes :

- **IEEE 802.15.1** définit le standard Bluetooth 1.x permettant d'obtenir un débit de 1 Mbit/s ;
- **IEEE 802.15.2** propose des recommandations pour l'utilisation de la bande de fréquence 2,4 GHz (fréquence utilisée également par le WiFi) ; ce standard n'est toutefois pas encore validé ;
- **IEEE 802.15.3** est un standard en cours de développement visant à proposer du haut débit (20 Mbit/s) avec la technologie Bluetooth ;
- **IEEE 802.15.4** est un standard en cours de développement pour des applications Bluetooth à bas débit.

Fonctionnement

Le standard Bluetooth, à la manière du WiFi utilise la technique **FHSS** (*Frequency Hopping Spread Spectrum*, étalement de spectre par saut de fréquence ou étalement de spectre par évasion de fréquence), consistant à découper la bande de fréquence (2,402-2,480 GHz) en 79 canaux (appelés ***hops*** ou **sauts**) d'une largeur de 1 MHz, puis de transmettre en utilisant une combinaison de canaux connue des stations de la cellule.

Ainsi, en changeant de canal jusqu'à 1 600 fois par seconde, le standard Bluetooth permet d'éviter les interférences avec les signaux d'autres modules radio.

❑ Principe de communication

Le standard Bluetooth est basé sur un mode de fonctionnement maître/esclave. Ainsi, on appelle **picoréseau** (en anglais *piconet*) le réseau formé par un périphérique et tous les périphériques présents dans son rayon de portée. Il peut coexister jusqu'à 10 picoréseaux dans une même zone de couverture. Un maître peut être connecté simultanément à un maximum de 7 périphériques esclaves actifs (255 en mode *parked*). En effet, les périphériques d'un picoréseau possèdent une adresse logique de 3 bits, ce qui permet un maximum de 8 appareils. Les appareils dits en mode *parked* sont synchronisés mais ne possèdent pas d'adresse physique dans le picoréseau.

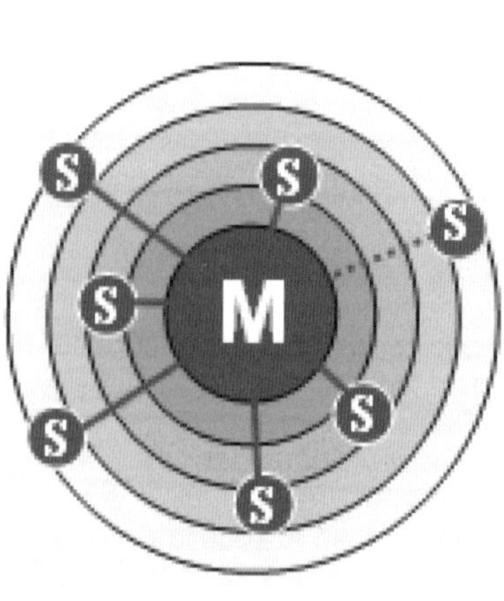

En réalité, à un instant donné, le périphérique maître ne peut se connecter qu'à un seul esclave à la fois. Il commute donc très rapidement d'un esclave à un autre afin de donner l'illusion d'une connexion simultanée à l'ensemble des périphériques esclaves.

Le standard Bluetooth prévoit la possibilité de relier deux piconets entre eux afin de former un réseau élargi, appelé **réseau chaîné** (en anglais *scatternet*), grâce à certains périphériques faisant office de pont entre les deux piconets.

❏ Établissement des connexions

L'établissement d'une connexion entre deux périphériques Bluetooth suit une procédure relativement compliquée permettant d'assurer un certain niveau de sécurité, selon les étapes suivantes :

- Mode passif.
- Phase d'inquisition : découverte des points d'accès.
- Synchronisation avec le point d'accès (*paging*).
- Découverte des services du point d'accès.
- Création d'un canal avec le point d'accès.
- Pairage à l'aide d'un code PIN (sécurité).
- Utilisation du réseau.

En utilisation normale un périphérique fonctionne en **mode passif**, c'est-à-dire qu'il est à l'écoute du réseau.

L'établissement de la connexion commence par une **phase** appelée **d'inquisition** (en anglais *inquiry*), pendant laquelle le périphérique maître envoie une requête d'inquisition à tous les périphériques présents dans la zone de portée, appelés **points d'accès**. Tous les périphériques recevant la requête répondent avec leur adresse.

Le périphérique maître choisit une adresse et se synchronise avec le point d'accès selon une technique, appelée ***paging***, consistant notamment à synchroniser son horloge et sa fréquence avec le point d'accès.

Un lien s'établit ensuite avec le point d'accès, permettant au périphérique maître d'entamer une phase de découverte des services du point d'accès, selon un protocole appelé **SDP** (*Service Discovery Protocol*).

À l'issue de cette phase de découverte de services, le périphérique maître est en mesure de créer un canal de communication avec le point d'accès en utilisant le protocole **L2CAP**.

Selon les besoins du service, un canal supplémentaire, appelé **RFCOMM**, fonctionnant au-dessus du canal L2CAP pourra être établi afin de fournir un port série virtuel. En effet, certaines applications sont prévues pour se connecter à un port standard, indépendant de tout matériel. C'est le cas par exemple de certaines applications de navigation routière prévues pour se connecter à n'importe quel dispositif GPS Bluetooth.

Il se peut que le point d'accès intègre un mécanisme de sécurité, appelé **pairage** (*pairing*), permettant de restreindre l'accès aux seuls utilisateurs autorisés afin de garantir un certain niveau d'étanchéité du picoréseau. Le pairage se fait à l'aide d'une clé de chiffrement communément appelée **code PIN** (*Personal Identification Number*). Le point d'accès envoie ainsi une requête de pairage au périphérique maître. Ceci peut la plupart du temps déclencher une intervention de l'utilisateur pour saisir le code PIN du point d'accès. Si le code PIN reçu est correct, l'association a lieu.

En mode sécurisé, le code PIN sera transmis chiffré à l'aide d'une seconde clé, afin d'éviter tout risque de compromission.

Lorsque le pairage est effectif, le périphérique maître est libre d'utiliser le canal de communication ainsi établi !

❑ Profils Bluetooth

Le standard Bluetooth définit un certain nombre de profils d'application (*Bluetooth profiles*), permettant de définir le type de services offerts par un périphérique Bluetooth. Chaque périphérique peut ainsi supporter plusieurs profils. Voici une liste des principaux profils Bluetooth :

- *Advanced Audio Distribution Profile* (A2DP) : profil de distribution audio avancée.
- *Audio Video Remote Control Profile* (AVRCP) : profil de télécommande multimédia.
- *Basic Imaging Profile* (BIP) : profil d'infographie basique.
- *Basic Printing Profile* (BPP) : profil d'impression basique.
- *Cordless Telephony Profile* (CTP) : profil de téléphonie sans fil.

- *Dial-up Networking Profile* (DUNP) : profil d'accès réseau à distance.
- *Fax Profile* (FAX) : profil de télécopieur.
- *File Transfer Profile* (FTP) : profil de transfert de fichiers.
- *Generic Access Profile* (GAP) : profil d'accès générique.
- *Generic Object Exchange Profile* (GOEP) : profil d'échange d'objets.
- *Hardcopy Cable Replacement Profile* (HCRP) : profil de remplacement de copie lourde.
- *Hands-Free Profile* (HFP) : profil mains-libres.
- *Human Interface Device Profile* (HID) : profil d'interface homme-machine.
- *Headset Profile* (HSP) : profil d'oreillette.
- *Intercom Profile* (IP) : profil d'intercom (talkie-walkie).
- *LAN Access Profile* (LAP) : profil d'accès au réseau.
- *Object Push Profile* (OPP) : profil d'envoi de fichiers.
- *Personal Area Networking Profile* (PAN) : profil de réseau personnel.
- *SIM Access Profile* (SAP) : profil d'accès à une carte SIM.
- *Service Discovery Application Profile* (SDAP) : profil de découverte d'applications.
- *Synchronization Profile* (SP) : profil de synchronisation avec un gestionnaire d'informations personnelles (PIM, *Personal Information Manager*).
- *Serial Port Profile* (SPP) : profil de port série.

HomeRF

HomeRF (*Home Radio Frequency*), lancée en 1998 par le *HomeRF Working Group* (formé notamment par les constructeurs Compaq, HP, Intel, Siemens, Motorola et Microsoft), propose un débit théorique de 10 Mbps avec une portée d'environ 50 à 100 m sans amplificateur. La norme HomeRF soutenue notamment par Intel, a été abandonnée en janvier 2003, notamment car les fondeurs de processeurs misent désormais sur les technologies WiFi embarquées (*via* la technologie Centrino, embarquant au sein d'un même composant un microprocesseur et un adaptateur WiFi).

ZigBee

La technologie **ZigBee** (aussi connue sous le nom **IEEE 802.15.4**) permet d'obtenir des liaisons sans fil à très bas prix et avec une très faible consommation d'énergie, ce qui la rend particulièrement adaptée pour être directement intégrée dans de petits appareils électroniques (appareils électroménagers, Hi-Fi, jouets…). La technologie ZigBee, opérant sur la bande de fréquences des 2,4 GHz et sur 16 canaux, permet d'obtenir des débits pouvant atteindre 250 kbit/s avec une portée maximale de 100 m environ.

Infrarouge

Les **liaisons infrarouges** permettent de créer des liaisons sans fil de quelques mètres avec des débits pouvant monter à quelques mégabits par seconde. Cette technologie est largement utilisée pour la domotique (télécommandes) mais souffre toutefois des perturbations dues aux interférences lumineuses. L'association **IrDA** (*Infrared Data Association*) formée en 1995 regroupe plus de 150 membres.

Fonctionnement

L'infrarouge est un faisceau de lumière : les transmissions doivent être très intenses afin d'éviter les interférences avec les nombreuses sources de lumière qui existent dans une pièce (fenêtres, néons, télévision, ampoules, etc.).

La lumière infrarouge possède une large bande passante, les débits sont relativement importants (10 Mbit/s), mais la portée est faible et ne peut dépasser 30 m. Toute rupture physique du faisceau entraîne une interruption de la transmission.

Types de réseaux infrarouges

Il existe quatre types de réseaux infrarouges :

- les réseaux **à visibilité directe** (les émetteurs et les récepteurs doivent être proches les uns des autres) ;
- les réseaux infrarouges **à diffusion** (les signaux infrarouges se réfléchissent sur les murs et les plafonds sur une distance de 30 m, mais le débit est lent en raison des rebonds du signal) ;
- les réseaux **réflecteurs** (les *transceivers* des ordinateurs transmettent les signaux vers le même point lequel fait office de routeur en les redirigeant vers l'ordinateur destinataire) ;
- les réseaux **à liaison optique à large bande** (les performances sont comparables à un réseau câblé et permettent de transmettre des fichiers multimédias).

En pratique, vous ne devriez rencontrer dans un réseau personnel que des réseaux infrarouges du premier type.

Rappels sur les réseaux

Avant d'installer un réseau local sans fil, il est nécessaire de disposer d'un minimum de connaissances sur la théorie des réseaux informatiques et les protocoles associés. Nous n'entrerons toutefois pas en détail sur tous les aspects : pour des informations plus détaillées, reportez-vous à *Tout sur les Réseaux et Internet*, de Jean-François Pillou, dans la même collection.

Qu'est-ce qu'un réseau local

Un **réseau local**, appelé aussi **réseau local d'entreprise** (RLE) (ou en anglais **LAN** pour *Local Area Network*), est un réseau permettant d'interconnecter les ordinateurs d'une entreprise ou d'une organisation. Grâce à ce concept, datant de 1970, les employés d'une entreprise ont à disposition un système permettant :

- d'échanger des informations,
- de communiquer,
- d'avoir accès à des services divers.

Un réseau local relie généralement des ordinateurs (ou des ressources telles que des imprimantes) à l'aide de supports de transmission filaires (paires torsadées ou câbles coaxiaux la plupart du temps) ou d'ondes radio ou lumineuses sur une distance variable, généralement de l'ordre d'une centaine de mètres. Au-delà, on considère que le réseau fait partie d'une autre catégorie de réseau appelée MAN (*Metropolitan Area Network*), pour laquelle les supports de transmission sont plus adaptés aux grandes distances...

Topologies des réseaux locaux

Les dispositifs matériels mis en œuvre ne sont pas suffisants à l'utilisation du réseau local. En effet, il est nécessaire de définir une méthode d'accès standard entre les ordinateurs, afin que ceux-ci connaissent la manière de laquelle les ordinateurs échangent les informations, notamment dans le cas où plus de deux ordinateurs se partagent le support physique. Cette méthode d'accès est appelée **topologie logique**. La topologie logique est réalisée par un **protocole d'accès**. Les protocoles d'accès les plus utilisés sont :

- **Ethernet**,
- **Token ring.**

La façon dont les ordinateurs sont interconnectés physiquement est appelée **topologie physique**. Les topologies physiques fondamentales sont :

- la topologie **en anneau**,
- la topologie **en bus**,
- la topologie **en étoile**.

Dans le cas d'un réseau sans fil, il n'y a pas d'interconnexion physique. Les termes employés diffèrent donc légèrement. Le standard 802.11 définit en effet deux modes opératoires :

- le **mode infrastructure** dans lequel chaque client sans fil est connecté à un système central nommé **point d'accès** ; c'est généralement le mode par défaut des cartes 802.11 ;
- le **mode ad hoc** dans lequel les clients sont connectés les uns aux autres sans aucun point d'accès.

Nécessité de l'interconnexion

Un réseau local sert à interconnecter les ordinateurs d'une organisation. Une organisation possède toutefois généralement plusieurs réseaux locaux : il est donc parfois indispensable de les relier entre eux. Dans ce cas, des équipements spécifiques sont nécessaires.

Lorsqu'il s'agit de deux réseaux de même type, il suffit de faire passer les trames de l'un sur l'autre. Dans le cas contraire, c'est-à-dire lorsque les deux réseaux utilisent des protocoles différents, il est indispensable de procéder à une conversion de protocole avant de transférer les trames. Ainsi, les équipements à mettre en œuvre sont différents selon la configuration face à laquelle on se trouve.

Les principaux équipements **matériels** mis en place dans les réseaux locaux sont :

- les **répartiteurs** (*hubs*), permettant de connecter entre eux plusieurs hôtes ;
- les **commutateurs** (*switches*), permettant de relier divers éléments tout en segmentant le réseau ;
- les **passerelles** (*gateways*), permettant de relier des réseaux locaux de types différents ;
- les **routeurs**, permettant de relier de nombreux réseaux locaux de façon à permettre la circulation de données d'un réseau à un autre de la façon optimale ;
- les **répéteurs**, permettant de régénérer un signal ;
- les **ponts** (*bridges*), permettant de relier des réseaux locaux de même type ;
- les **B-routeurs**, associant les fonctionnalités d'un routeur et d'un pont :
- et, bien évidemment, les **cartes réseau**.

Nous n'examinerons ici que les principaux de ces composants.

Répartiteur (*hub*)

Un **répartiteur**, également nommé **concentrateur**, est un élément matériel permettant de concentrer le trafic réseau provenant de plusieurs hôtes, et de régénérer le signal. Il possède un certain nombre de ports (autant qu'il peut connecter de machines entre elles, généralement 4, 8, 16 ou 32). Son unique but est de récupérer les données binaires parvenant sur un port et de les diffuser sur l'ensemble des ports. Tout comme un répéteur, le concentrateur opère au niveau 1 du modèle OSI, c'est la raison pour laquelle il est parfois appelé **répéteur multiports**.

Un répartiteur permet ainsi de connecter plusieurs machines entre elles, parfois disposées en étoile, ce qui lui vaut le nom de ***hub*** (signifiant moyeu de roue en anglais), pour illustrer le fait qu'il s'agit du point de passage des communications des différentes machines. Il ne se rencontre que dans les réseaux filaires.

Commutateur (*switch*)

Un **commutateur** (en anglais ***switch***) est un pont multiports, c'est-à-dire qu'il s'agit d'un élément actif agissant au niveau 2 du modèle OSI.

Le commutateur analyse les trames arrivant sur ses ports d'entrée et filtre les données afin de les aiguiller uniquement sur les ports adéquats (on parle de commutation ou de réseaux commutés). Si bien que le commutateur permet d'allier les propriétés du pont en matière de filtrage et du concentrateur en matière de connectivité. Voici la représentation d'un *switch* dans un schéma de principe :

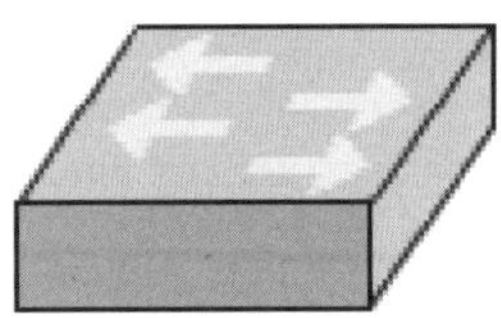

Le commutateur utilise un mécanisme de filtrage et de commutation consistant à diriger les flux de données vers les machines les plus appropriées, en fonction de certains éléments présents dans les paquets de données.

C'est également un matériel réservé aux réseaux filaires.

Routeur

Un **routeur** est un équipement d'interconnexion de réseaux informatiques permettant d'assurer le routage des paquets entre deux réseaux ou plus afin de déterminer le chemin qu'un paquet de données va emprunter.

Lorsqu'un utilisateur appelle une URL, le client Web (navigateur) interroge le serveur de noms, qui lui indique en retour l'adresse IP de la machine visée.

Son poste de travail envoie la requête au routeur le plus proche, c'est-à-dire à la passerelle par défaut du réseau sur lequel il se trouve. Ce routeur va ainsi déterminer la prochaine machine à laquelle les données vont être acheminées de manière à ce que le chemin choisi soit le meilleur.

Pour y parvenir, les routeurs tiennent à jour des tables de routage, véritable cartographie des itinéraires à suivre en fonction de l'adresse visée. Il existe de nombreux protocoles dédiés à cette tâche.

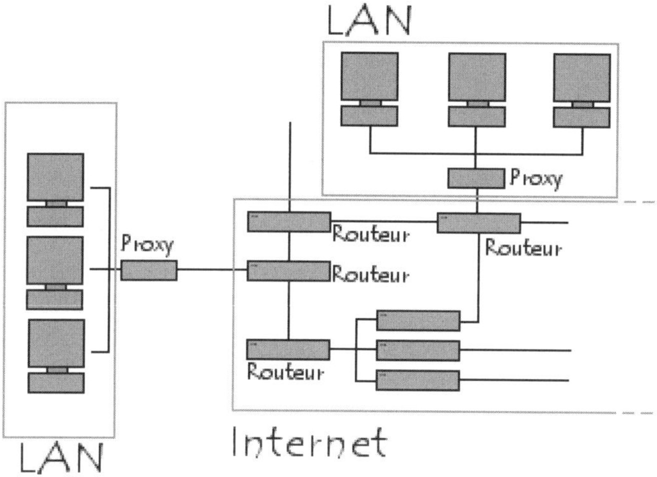

En plus de leur fonction de routage, les routeurs permettent de manipuler les données circulant sous forme de datagrammes afin d'assurer le passage d'un type de réseau à un autre. Or, dans la mesure où les réseaux n'ont pas les mêmes capacités en terme de taille de paquets de données, les routeurs sont chargés de fragmenter les paquets de données pour permettre leur libre circulation.

Les premiers routeurs étaient de simples ordinateurs ayant plusieurs cartes réseau, dont chacune était reliée à un réseau différent. Les routeurs actuels sont pour la plupart des matériels dédiés à la tâche de routage, se présentant généralement sous la forme de serveurs 1U.

Un routeur possède plusieurs interfaces réseau, chacune connectée à un réseau différent. Il possède ainsi autant d'adresses IP que de réseaux différents sur lesquels il est connecté.

Le principe d'un routeur sans fil est le même que celui d'un routeur classique, si ce n'est qu'il permet à des dispositifs sans-fil (stations WiFi par exemple) de se connecter aux réseaux auxquels le routeur est connecté par des liaisons filaires (généralement Ethernet).

Un routeur possède généralement d'autres fonctions, dont la possibilité de servir de serveur **DHCP** et un **pare-feu** (*firewall*) matériel qui permet de filtrer le trafic entrant et sortant à l'aide de règles. Celles-ci peuvent concerner des adresses IP (ou URL), des ports, des services, etc.

Passerelle

Une **passerelle** (en anglais *gateway*) est un système matériel et logiciel permettant de faire la liaison entre deux réseaux, afin de faire l'interface entre des protocoles réseau différents.

Lorsqu'un utilisateur distant contacte un tel dispositif, ce dernier examine sa requête et, si jamais celle-ci correspond aux règles définies par l'administrateur réseau, la passerelle crée une liaison entre les deux réseaux. Les informations ne sont donc pas directement transmises, mais traduites afin d'assurer la continuité des deux protocoles.

Ce système offre, outre l'interface entre deux réseaux hétérogènes, une sécurité supplémentaire car chaque information est passée à la loupe (pouvant causer un ralentissement) et parfois ajoutée dans un journal qui retrace l'historique des événements.

L'inconvénient majeur de ce système est qu'une telle application doit être disponible pour chaque service (FTP, HTTP, Telnet, etc.).

Lorsque vous partagez une connexion Internet *via* un réseau avec d'autres ordinateurs, en l'absence de routeur (qui sinon constitue la passerelle), un de ces ordinateurs sert de passerelle et doit rester allumé.

Carte réseau

Une **carte** ou **adaptateur réseau** (*Network Interface Card*, **NIC**) constitue l'interface entre l'ordinateur et le câble du réseau. La fonction d'une carte réseau est de préparer, d'envoyer et de contrôler les données sur le réseau.

Elle possède généralement deux témoins lumineux (LED) :

- la LED verte correspond à l'alimentation de la carte ;
- la LED orange (10 Mbit/s) ou rouge (100 Mbit/s) indique une activité du réseau (envoi ou réception de données).

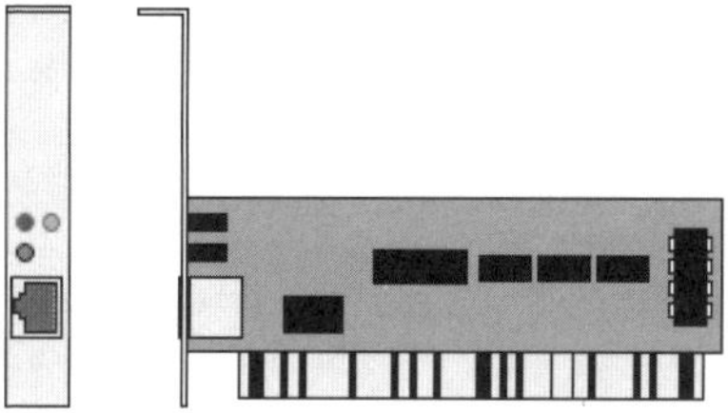

Chaque carte dispose d'une adresse unique, appelée **adresse MAC**, affectée par le constructeur de la carte, ce qui lui permet d'être identifiée de façon unique dans le monde parmi toutes les autres cartes réseau.

Les cartes réseau disposent de paramètres qu'il est possible de configurer. Parmi eux figurent l'interruption matérielle (**IRQ**), l'adresse de base du port E/S et l'adresse de base de la mémoire (DMA).

Enfin pour garantir cette compatibilité entre ordinateur et réseau, la carte doit être compatible avec la structure interne de l'ordinateur (architecture du bus de données) et avoir un connecteur adapté à la nature du câblage.

Le rôle de la **carte réseau** est de servir d'interface physique entre l'ordinateur et le câble. Elle prépare pour le câble réseau les données émises par l'ordinateur, les transfère vers un autre ordinateur et contrôle le flux de données entre l'ordinateur et le câble. Elle traduit aussi les données venant du câble et les traduit en octets afin que l'unité centrale de l'ordinateur les comprenne. Ainsi une carte réseau est généralement une carte d'extension s'insérant dans un connecteur d'extensions (*slot*), un port PCMCIA, un port USB, etc.

❑ Préparation des données

Les données se déplacent dans l'ordinateur en empruntant des chemins appelés **bus**. Plusieurs chemins côte à côte font que les données se déplacent en parallèle et non en série (les unes à la suite des autres).

- Les premiers bus fonctionnaient en 8 bits (8 bits de données transportés à la fois).
- L'ordinateur PC/AT d'IBM introduit les premiers bus 16 bits.
- Aujourd'hui, la plupart des bus fonctionnent en 32 bits.

Toutefois sur un câble les données circulent en série (un seul flux de bits), en se déplaçant dans un seul sens. L'ordinateur peut envoyer OU recevoir des informations mais il ne peut pas effectuer les deux simultanément. Ainsi, la carte réseau restructure un groupe de données arrivant en parallèle en données circulant en série (1 bit).

Pour cela, les signaux numériques sont transformés en signaux électriques ou optiques susceptibles de voyager sur les câbles du réseau. Le dispositif chargé de cette traduction est le Transceiver.

❑ Rôle d'identificateur

- La carte traduit les données et indique son adresse au reste du réseau afin de pouvoir être distinguée des autres cartes du réseau.
- Adresses MAC : définies par l'IEEE (*Institute of Electrical and Electronics Engineer*) qui attribue des plages d'adresses à chaque fabricant de cartes réseau. Elles sont inscrites sur les puces des cartes, chaque carte possédant ainsi une adresse MAC unique sur le réseau. Par extension, on parlera de l'adresse MAC d'un périphérique sur un réseau, alors qu'il s'agit en réalité de l'adresse MAC de son adaptateur réseau : un ordinateur doté de plusieurs cartes réseau (par exemple, une carte Ethernet filaire et une carte sans fil) possédera plusieurs adresses MAC différentes.

❑ Autres fonctions de la carte réseau

L'ordinateur et la carte doivent communiquer afin que les données puissent passer de l'un vers l'autre. L'ordinateur affecte ainsi une partie de sa mémoire aux cartes munies d'un accès direct à la mémoire (**DMA**, *Direct Access Memory*).

La carte indique qu'un autre ordinateur demande des données à l'ordinateur qui la contient. Le bus de l'ordinateur transfère les données depuis la mémoire de l'ordinateur vers la carte réseau.

Si les données circulent plus vite que la carte ne peut les traiter, elles sont placées dans la mémoire tampon affectée à la carte (RAM, *Random Access Memory*) dans laquelle elles sont stockées temporairement pendant l'émission et la réception des données.

❑ Envoi et contrôle des données

Avant que la carte émettrice envoie les données, elle dialogue électroniquement avec la carte réceptrice pour s'accorder sur les points suivants :

- Taille maximale des groupes de données à envoyer.
- Volume de données à envoyer avant confirmation.
- Intervalles de temps entre les transmissions partielles de données.
- Délai d'attente avant envoi de la confirmation.
- Quantité que chaque carte peut contenir avant débordement.
- Vitesse de transmission des données.

Si une carte plus récente, donc plus perfectionnée, communique avec une carte plus lente, elles doivent trouver une vitesse de transmission commune. Certaines cartes ont des circuits leur permettant de s'adapter au débit d'une carte plus lente.

Il y a donc acceptation et ajustement des paramètres propres à chacune des deux cartes avant émission et réception des données.

❑ Paramètres de configuration d'une carte réseau

Les cartes réseau sont munies d'options de configuration, par exemple :

- **Interruption** (IRQ) : dans la plupart des cas, ce sont les IRQ 3 et 5 qui sont attribués aux cartes réseau. L'IRQ 5 est même conseillé (s'il est disponible !) et la plupart des cartes l'utilisent comme paramètre par défaut.
- **Adresse de base du port d'entrée/sortie** (E/S) : chaque périphérique doit utiliser une adresse de base différente pour le port correspondant.

- **Adresse de base de la mémoire** : elle désigne un emplacement de la mémoire vive (RAM) de l'ordinateur. La carte utilise cet emplacement comme tampon pour les données qui entrent et qui sortent. Ce paramètre est parfois appelé **adresse de début** (*RAM Start Address*). En général, l'adresse de base de la mémoire pour une carte réseau est D8000. Le dernier 0 est parfois supprimé pour certaines cartes réseau. Il est essentiel de prendre soin de ne pas sélectionner une adresse de base déjà utilisée par un autre périphérique. À noter toutefois que certaines cartes réseau n'ont pas de réglage pour l'adresse de base de la mémoire car elles n'utilisent pas les adresses RAM de la machine.
- **Transceiver**.

À savoir

Il est possible de configurer la carte de manière logicielle. Les paramètres doivent correspondre avec la disposition des cavaliers ou des commutateurs DIP (*Dual Inline Package*) situés sur la carte réseau. Les réglages sont fournis avec la documentation de la carte. Beaucoup de cartes récentes sont en PnP (*Plug and Play*). Cela dispense de configurer la carte à la main mais peut parfois être gênant (apparition de conflits) auquel cas il est généralement agréable de pouvoir désactiver l'option PnP et configurer manuellement la carte.

Protocole IP (*Internet Protocol*)

Le **protocole IP** fait partie de la couche Internet de la suite de protocoles TCP/IP. Dans la version connue sous le nom d'**IPv4**, c'est un des protocoles les plus importants d'Internet. Il permet l'élaboration et le transport des datagrammes IP (les paquets de données), sans toutefois en assurer la « livraison ». En réalité, le protocole IP traite les datagrammes IP indépendamment les uns des autres en définissant leur représentation, leur routage et leur expédition.

Le protocole IP détermine le destinataire du message grâce à 3 champs :

- Champ adresse IP : adresse de la machine.
- Champ masque de sous-réseau : un masque de sous-réseau permet au protocole IP de déterminer la partie de l'adresse IP qui concerne le réseau.
- Champ passerelle par défaut : permet au protocole Internet de savoir à quelle machine remettre le datagramme si jamais la machine de destination n'est pas sur le réseau local.

Les données circulent sur Internet sous forme de **datagrammes** (on parle aussi de paquets). Les datagrammes sont des données encapsulées, c'est-à-dire des données auxquelles sont ajoutés des en-têtes correspondant à des informations sur leur transport (telles que l'adresse IP de destination).

Les données contenues dans les datagrammes sont analysées (et éventuellement modifiées) par les routeurs permettant leur transit.

Voici ce à quoi ressemble un datagramme :

<table>
<tr><td colspan="5"><– 32 bits –></td></tr>
<tr><td>Version (4 bits)</td><td>Longueur d'en-tête (4 bits)</td><td>Type de service (8 bits)</td><td colspan="2">Longueur totale (16 bits)</td></tr>
<tr><td colspan="3">Identification (16 bits)</td><td>Drapeau (3 bits)</td><td>Décalage fragment (13 bits)</td></tr>
<tr><td colspan="2">Durée de vie (8 bits)</td><td>Protocole (8 bits)</td><td colspan="2">Somme de contrôle en-tête (16 bits)</td></tr>
<tr><td colspan="5">Adresse IP source (32 bits)</td></tr>
<tr><td colspan="5">Adresse IP destination (32 bits)</td></tr>
<tr><td colspan="5">Données</td></tr>
</table>

Adresses IP

En examinant les propriétés TCP/IP d'une carte réseau, vous voyez deux éléments principaux qui doivent être renseignés : l'adresse IP et une adresse de serveur DNS. Nous allons ici expliquer à quoi correspondent ces éléments.

Astuce : afficher les propriétés d'une carte réseau

Sous Windows, choisissez Démarrer > Panneau de configuration > Connexion réseau, puis effectuez un clic avec le bouton droit de la souris sur Connexion au réseau local. La fenêtre Propriété de connexion s'affiche. Dans la liste « Cette connexion utilise les éléments suivants », faites défiler et sélectionnez Protocole Internet TCP/IP. Cliquez sur Propriétés.

Sur Internet, ainsi que sur un réseau autre, les ordinateurs communiquent entre eux grâce au protocole IP (*Internet Protocol*). Celui-ci utilise des adresses numériques dénommées **adresses IP**. Elles sont composées de 4 nombres entiers (4 octets) entre 0 et 255 et notées sous la forme xxx.xxx.xxx.xxx. Par exemple, 194.153.205.26 est une adresse IP donnée sous une forme technique.

Ces adresses servent aux ordinateurs du réseau pour communiquer entre eux, ainsi chaque ordinateur d'un réseau possède une adresse IP unique sur ce réseau.

C'est l'ICANN (*Internet Corporation for Assigned Names and Numbers*, remplaçant depuis 1998 l'IANA, *Internet Assigned Numbers Agency*) qui est chargée d'attribuer des adresses IP publiques, c'est-à-dire les adresses IP des ordinateurs directement connectés sur le réseau public Internet.

Déchiffrement d'une adresse IPv4

Une adresse IP est une adresse 32 bits, généralement notée sous forme de 4 nombres entiers séparés par des points. On distingue en fait deux parties dans l'adresse IP :

- une partie des nombres à gauche désigne le réseau et est appelée **ID de réseau** (en anglais *netID*) ;
- les nombres de droite désignent les ordinateurs de ce réseau et cette partie est appelée **ID d'hôte** (en anglais *host-ID*).

Voici un exemple :

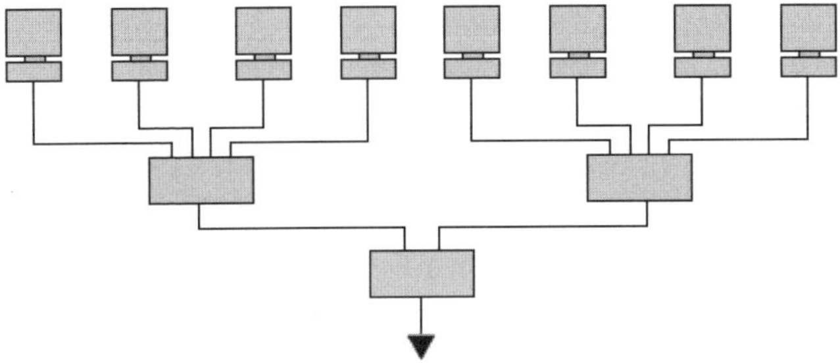

Notons le réseau de gauche 194.28.12.0. Il contient les ordinateurs suivants :

194.28.12.1 à 194.28.12.4

Notons celui de droite 178.12.0.0. Il comprend les ordinateurs suivants :

178.12.77.1 à 178.12.77.6

Dans le cas ci-dessus, les réseaux sont notés 194.28.12 et 178.12.77, puis on numérote incrémentalement chacun des ordinateurs le constituant.

Imaginons un réseau noté 58.0.0.0. Les ordinateurs de ce réseau pourront avoir les adresses IP allant de 58.0.0.1 à 58.255.255.254. Il s'agit donc d'attribuer les numéros de telle façon qu'il y ait une organisation dans la hiérarchie des ordinateurs et des serveurs.

Ainsi, plus le nombre de bits réservé au réseau est petit, plus celui-ci peut contenir d'ordinateurs.

En effet, un réseau noté 102.0.0.0 peut contenir des ordinateurs dont l'adresse IP peut varier entre 102.0.0.1 et 102.255.255.254 (256*256*256-2 = 16 777 214 possibilités), tandis qu'un réseau noté 194.26 ne pourra contenir que des ordinateurs dont l'adresse IP sera comprise entre 194.26.0.1 et 194.26.255.254 (256*256-2 = 65 534 possibilités) : c'est la notion de classe d'adresse IP.

Adresses particulières

Lorsque vous annulez la partie host-id, en remplaçant les bits réservés aux machines du réseau par des zéros (par exemple 194.28.12.0), vous obtenez ce qui est nommé l'**adresse réseau** ou **netid**. Cette adresse ne peut être attribuée à aucun des ordinateurs du réseau.

Lorsque la partie netid est annulée, c'est-à-dire lorsque les bits réservés au réseau sont remplacés par des zéros, on obtient l'**adresse machine**. Cette adresse représente la machine spécifiée par le host-ID qui se trouve sur le réseau courant.

Lorsque tous les bits de la partie host-id sont à 1, l'adresse obtenue est appelée l'**adresse de diffusion** (en anglais *broadcast*). Il s'agit d'une adresse spécifique, permettant d'envoyer un message à toutes les machines situées sur le réseau spécifié par le netID.

À l'inverse, lorsque tous les bits de la partie netid sont à 1, l'adresse obtenue constitue l'**adresse de diffusion limitée** (*multicast*).

Enfin, l'adresse 127.0.0.1 est appelée **adresse de rebouclage** ou **de boucle interne** (en anglais *loopback*), car elle désigne la machine locale (en anglais *localhost*).

Classes de réseaux

Les adresses IP sont réparties en classes A, B et C, selon le nombre d'octets qui représentent le réseau.

❑ Classe A

Dans une adresse IP de **classe A**, le premier octet représente le réseau. Le bit de poids fort (le premier bit, celui de gauche) est à zéro, ce qui signifie qu'il y a 2^7 (00000000 à 01111111) possibilités de réseaux, soit 128 possibilités. Toutefois, le réseau 0 (bits valant 00000000) n'existe pas et le nombre 127 est réservé pour désigner votre machine.

Les réseaux disponibles en classe A sont donc les réseaux allant de 1.0.0.0 à 126.0.0.0 (les derniers octets sont des zéros, ce qui indique qu'il s'agit bien de réseaux et non d'ordinateurs !)

Les trois octets de droite représentent les ordinateurs du réseau : le réseau peut donc contenir un nombre d'ordinateur égal à :

$2^{24} - 2 = 16\ 777\ 214$ ordinateurs.

Une adresse IP de classe A, en binaire, ressemble à ceci :

0	xxxxxxx	xxxxxxxx	xxxxxxxx	xxxxxxxx
Réseau	Ordinateurs			

❑ Classe B

Dans une adresse IP de **classe B**, les deux premiers octets représentent le réseau. Les deux premiers bits sont 1 et 0, ce qui signifie qu'il y a 2^{14} (10 000000 00000000 à 10 111111 11111111) possibilités de réseaux, soit 16 384 réseaux possibles. Les réseaux disponibles en classe B sont donc les réseaux allant de 128.0.0.0 à 191.255.0.0.

Les deux octets de droite représentent les ordinateurs du réseau. Le réseau peut donc contenir un nombre d'ordinateurs égal à :

$2^{16} - 21 = 65\,534$ ordinateurs.

Une adresse IP de classe B, en binaire, ressemble à ceci :

10	xxxxxx	xxxxxxxx	xxxxxxxx	xxxxxxxx
Réseau	Ordinateurs			

❑ Classe C

Dans une adresse IP de **classe C**, les trois premiers octets représentent le réseau. Les trois premiers bits sont 1,1 et 0, ce qui signifie qu'il y a 2^{21} possibilités de réseaux, c'est-à-dire 2 097 152. Les réseaux disponibles en classe C sont donc les réseaux allant de 192.0.0.0 à 223.255.255.0

L'octet de droite représente les ordinateurs du réseau, le réseau peut donc contenir :

$2^{8} - 21 = 254$ ordinateurs.

Une adresse IP de classe C, en binaire, ressemble à ceci :

110	xxxxx	xxxxxxxx	xxxxxxxx	xxxxxxxx
Réseau	Ordinateurs			

Attribution des adresses IP

Le but de la division des adresses IP en trois classes A, B et C est de faciliter la recherche d'un ordinateur sur le réseau. En effet, grâce à cette notation il est possible de rechercher dans un premier temps le réseau que l'on désire atteindre, puis de chercher un ordinateur sur celui-ci. Ainsi, l'attribution des adresses IP se fait selon la taille du réseau.

Classe	Nombre de réseaux possibles	Nombre d'ordinateurs max. sur chacun
A	126	16 777 214
B	16 384	65 534
C	2 097 152	254

Les adresses de classe A sont réservées aux très grands réseaux, tandis que l'on attribuera les adresses de classe C à des petits réseaux d'entreprise par exemple

Adresses IP réservées

Il arrive fréquemment dans une entreprise ou une organisation qu'un seul ordinateur soit relié à Internet. C'est par son intermédiaire que les autres ordinateurs du réseau accèdent à Internet (on parle généralement de **proxy** ou de **passerelle**).

Dans ce cas de figure, seul l'ordinateur relié à Internet a besoin de réserver une adresse IP auprès de l'ICANN. Toutefois, les autres ordinateurs ont tout de même besoin d'une adresse IP pour pouvoir communiquer ensemble en interne.

Ainsi, l'ICANN a réservé une poignée d'adresses, dites **adresses privées**, dans chaque classe pour permettre d'affecter une adresse IP aux ordinateurs d'un réseau local relié à Internet sans risquer de créer des conflits d'adresses IP sur le réseau des réseaux. Il s'agit des adresses suivantes :

- Adresses IP privées de classe A : 10.0.0.1 à 10.255.255.254, permettant la création de vastes réseaux privés comprenant des milliers d'ordinateurs.

- Adresses IP privées de classe B : 172.16.0.1 à 172.31.255.254, permettant de créer des réseaux privés de taille moyenne.
- Adresses IP privées de classe C : 192.168.0.1 à 192.168.0.254, pour la mise en place de petits réseaux privés.

En pratique, c'est votre modem-routeur (ou *box*) qui est la passerelle Internet (et non un ordinateur) et qui possédera cette adresse IP privée, le plus souvent par défaut 192.168.0.1 ou 192.168.1.1.

Masque de sous-réseau

Un **masque** est une « adresse » contenant des 1 aux emplacements des bits que l'on désire conserver, et des 0 pour ceux que l'on veut annuler. Une fois ce masque créé, il suffit de faire un ET logique entre la valeur que l'on désire masquer et le masque afin de garder intacte la partie que l'on désire et annuler le reste.

Ainsi, un **masque réseau** (en anglais *netmask*) se présente sous la forme classique d'une adresse IP, soit de 4 octets séparés par des points. Il comprend dans sa notation binaire des zéros au niveau des bits de l'adresse IP que l'on veut annuler, et des 1 au niveau de ceux que l'on désire conserver.

Évolution du protocole IP : IPv6

Les jours du protocole IP dans sa forme actuelle (IPv4) sont comptés. Le réseau Internet était utilisé largement par les universités, les industries de pointe, et le gouvernement dès le milieu des années 1990, mais Internet intéresse de plus en plus les entreprises et les sociétés commerciales – il sera utilisé par un grand nombre d'individus et de systèmes exprimant les uns et les autres des besoins différents. Par exemple : avec la convergence imminente de l'ordinateur, des réseaux, de l'audiovisuel et de l'industrie des loisirs, chaque poste de télévision deviendra avant longtemps un équipement d'accès à Internet permettant à des milliards d'individus de pratiquer, par exemple, la vidéo à la demande, le téléachat ou le commerce électronique. Dans ces circonstances, le **protocole IPv6** (appelé également **IPng** pour IP *new generation*) doit offrir plus de flexibilité et d'efficacité, résoudre toute une variété de problèmes nouveaux et ne devrait jamais être en rupture d'adresses.

❑ Protocole Ipv6

Le **protocole IPv6** répond raisonnablement aux objectifs édictés. Il maintient les meilleures fonctions d'IPv4, en écarte ou minimise les mauvaises, et en ajoute de nouvelles quand elles sont nécessaires.

IPv6 n'est globalement pas compatible avec IPv4, mais est compatible avec tous les autres protocoles Internet, dont TCP, UDP, ICMP, IGMP, OSPF, BGP et DNS. De légères modifications sont toutefois parfois requises, notamment pour fonctionner avec de longues adresses.

La nouveauté majeure d'IPv6 est l'utilisation d'adresses plus longues qu'IPv4. Codées sur 16 octets, elles permettent de résoudre le problème qui mit IPv6 à l'ordre du jour : procurer un ensemble d'adresses Internet quasi illimité.

IPv4 permet d'adresser $2^{32} = 4{,}29 \times 10^9$ adresses tandis que IPv6 permet d'en adresser $2^{128} = 3{,}4 \times 10^{38}$ adresses.

L'amélioration majeure d'IPv6 est la simplification de l'en-tête des datagrammes. L'en-tête du datagramme de base IPv6 ne comprend que 7 champs (contre 14 pour IPv4). Ce changement permet aux routeurs de traiter les datagrammes plus rapidement et améliore globalement leur débit.

La troisième amélioration consiste à offrir plus de souplesse aux options. Ce changement est essentiel avec le nouvel en-tête, car les champs obligatoires de l'ancienne version sont maintenant devenus optionnels.

De plus, la façon dont les options sont représentées est différente ; elle permet aux routeurs d'ignorer plus simplement les options qui ne leur sont pas destinées. Cette fonction accélère le temps de traitement des datagrammes.

IPv6 apporte par ailleurs une sécurité accrue : l'authentification et la confidentialité constituent les fonctions de sécurité majeures du protocole IPv6.

Finalement, une plus grande attention que par le passé a été accordée aux types de services. Bien que le champ Type de services du datagramme IPv4 ne soit que très rarement utilisé, la croissance attendue du trafic multimédia dans le futur nécessite de s'y intéresser.

Voici ce à quoi ressemble un datagramme IPv6 :

<table>
<tr><td colspan="4"><———— 32 bits ————></td></tr>
<tr><td>Version (4 bits)</td><td colspan="2">Classe de trafic (8 bits)</td><td>Identificateur de flux</td></tr>
<tr><td colspan="2">Longueur des données (16 bits)</td><td>En-tête suivant</td><td>Nombre de sauts (8 bits)</td></tr>
<tr><td colspan="4">Adresse IP source</td></tr>
<tr><td colspan="4">Adresse IP destination</td></tr>
<tr><td colspan="4">Données</td></tr>
</table>

❑ Notation Ipv6

Une nouvelle notation a été définie pour décrire les adresses IPv6 de 16 octets. Elle comprend 8 groupes de 4 chiffres hexadécimaux séparés avec le symbole deux-points. Par exemple :

8000:0000:0000:0000:0123:4567:89AB:CDEF

Puisque plusieurs adresses ont de nombreux zéros dans leur libellé, trois optimisations ont été définies. Tout d'abord, les zéros initiaux d'un groupe peuvent être omis, comme par exemple 0123 qui peut s'écrire 123. Ensuite, un ou plusieurs groupes de 4 zéros consécutifs peuvent être remplacés par un double deux-points. C'est ainsi que l'adresse ci-dessus devient :

8000::::123:4567:89AB:CDEF

Enfin, les adresses IPv4 peuvent être écrites en utilisant la représentation de l'adresse en notation décimale pointée précédée d'un double deux-points, par exemple :

::192.31.254.46

Il existe un nombre important d'adresses sur 16 octets : précisément 2^{128}, soit approximativement 3×10^{38}. Si la Terre entière (terre et eau confondues) était couverte d'ordinateurs, IPv6 pourrait allouer 7×10^{23} adresses IP par m^2.

Pour plus d'informations

Pour plus d'informations sur le protocole IPv6, le mieux est de se reporter à la RFC 2460 expliquant de manière détaillée le protocole :

- RFC 2460 traduite en français
- RFC 1661 originale

DHCP (*Dynamic Host Configuration Protocol*)

Le protocole **DHCP** (*Dynamic Host Configuration Protocol*) permet à un ordinateur qui se connecte à un réseau d'obtenir dynamiquement (c'est-à-dire sans intervention particulière) sa configuration réseau. Vous n'avez qu'à spécifier à l'ordinateur de se trouver une adresse IP tout seul par DHCP, le but principal étant la simplification de l'administration d'un réseau.

Fonctionnement du protocole DHCP

Il faut dans un premier temps un serveur DHCP qui distribue des adresses IP. Cette machine va servir de base pour toutes les requêtes DHCP, ce pourquoi elle doit posséder une adresse IP fixe. Un réseau peut donc ne posséder qu'une seule machine ou matériel à adresse IP fixe : le serveur DHCP.

Le mécanisme de base de la communication est BOOTP (avec trame UDP). Une machine peut ainsi être dépourvue au démarrage de toute information sur sa configuration réseau, et, plus important, l'utilisateur ne doit rien faire de particulier pour obtenir une adresse IP. Pour faire ça, la technique utilisée est la multidiffusion (*broadcast*) : pour trouver et dialoguer avec un serveur DHCP, la machine va simplement émettre un paquet spécial de *broadcast* sur le réseau local. Lorsque le serveur DHCP recevra le paquet de *broadcast*, il renverra un autre paquet de *broadcast* (n'oubliez pas que le client n'a pas forcement son adresse IP et que donc il n'est pas joignable directement) contenant toutes les informations requises pour le client.

L'allocation d'une adresse IP par un serveur DHCP, ce qui porte le nom de **bail d'adresse IP**, s'effectue à la suite d'échange de plusieurs types de paquets DHCP entre le client et le (ou les) serveur(s). Normalement, c'est suffisant pour qu'un client obtienne une configuration réseau efficace, mais cela peut être plus ou moins long selon que le client accepte ou non l'adresse IP…

Baux

Pour des raisons d'optimisation des ressources réseau, toute adresse IP est allouée avec une date de début et une date de fin de validité, d'où l'appellation de **bail**. Un client qui voit son bail arriver à terme peut demander au serveur une prolongation du bail. De même, lorsque le serveur verra un bail arriver à terme, il proposera au client de prolonger son bail. Si le serveur ne reçoit pas de réponse valide, il libère l'adresse IP.

DHCP permet donc une optimisation de l'attribution des adresses IP, en jouant sur la durée des baux. Le nombre d'adresses étant généralement limité, en l'absence de libération de celles-ci plus aucune requête DHCP ne pourrait être satisfaite, faute d'adresses à distribuer.

Un serveur DHCP peut être une machine dédiée dotée soit d'un logiciel serveur DHCP, soit d'un système d'exploitation serveur qui possède cette fonctionnalité, mais dans la pratique quotidienne des réseaux familiaux cette fonction de serveur DHCP est le plus souvent assurée par le modem-routeur.

Inconvénient de ce système, la présence d'un serveur DHCP et d'une allocation automatique des adresses peut faciliter la tâche d'un pirate. Celui-ci peut discerner la configuration et réseau et s'y introduire plus facilement. Pour cette raison, sur un réseau familial et surtout WiFi, il est plutôt conseillé de procéder à un adressage IP statique de chaque machine autorisée.

Pour plus d'informations

La principale documentation sur le DHCP se trouve dans les incontournables RFC :

- RFC 821 – BOOTP (*BootStrap Protocol*)
- RFC 1542 – *Clarifications and Extensions for the Bootstrap Protocol* (Interactions entre BOOTP et DHCP)
- RFC 2131 – DHCP
- RFC 2132 – *DHCP Options and BOOTP Vendor Extensions*

DNS (*Domain Name System*)

Chaque ordinateur directement connecté à Internet possède au moins une adresse IP propre. Cependant, les utilisateurs ne veulent pas travailler avec des adresses numériques du genre 194.153.205.26 mais avec un nom de domaine ou des adresses plus explicites (appelées adresses **FQDN**, *Fully Qualified Domain Name*) du type www.commentcamarche.net.

Le système qui permet d'associer des noms en langage courant aux adresses numériques se nomme **DNS** (*Domain Name System*).

On appelle **résolution de noms de domaines** (ou résolution d'adresses) la mise en correspondance entre les adresses IP et le nom de domaine associé.

Le système DNS (*Domain Name System* ou système de nom de domaine) a été mis au point en novembre 1983 par Paul Mockapetris (RFC 882 et RFC 883), puis révisé en 1987 dans les RFC 1034 et 1035. Le DNS a fait l'objet depuis de nombreuses RFC.

Ce système propose :

- un espace de noms hiérarchique permettant de garantir l'unicité d'un nom dans une structure arborescente, à la manière des systèmes de fichiers d'Unix ;
- un système de serveurs distribués permettant de rendre disponible l'espace de noms ;
- un système de clients permettant de « résoudre » les noms de domaines, c'est-à-dire interroger les serveurs afin de connaître l'adresse IP correspondant à un nom.

Espace de noms

La structuration du système DNS s'appuie sur une structure arborescente dans laquelle sont définis des domaines de niveau supérieur (**TLD**, *Top Level Domain*), rattachés à un nœud racine représenté par un point.

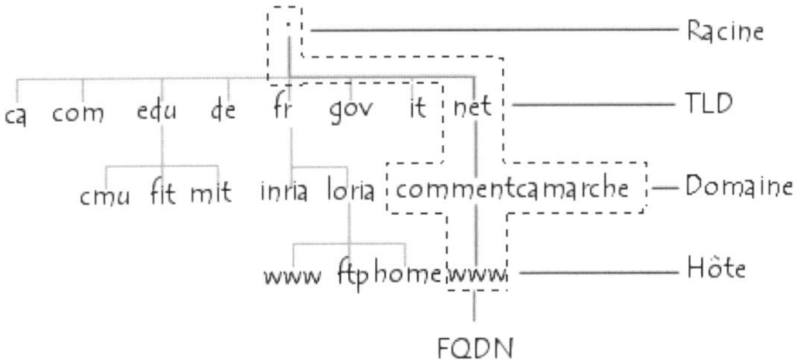

On appelle **nom de domaine** chaque nœud de l'arbre. L'ensemble des noms de domaine constitue ainsi un arbre inversé où chaque nœud est séparé du suivant par un point.

L'extrémité d'une branche est appelée **hôte**, et correspond à une machine ou une entité du réseau. Le **nom d'hôte** qui lui est attribué doit être unique dans le domaine considéré, ou le cas échéant dans le sous-domaine. À titre d'exemple le serveur Web d'un domaine porte ainsi généralement le nom www.

Le mot « domaine » correspond formellement au suffixe d'un nom de domaine, c'est-à-dire l'ensemble des étiquettes de nœuds d'une arborescence, à l'exception de l'hôte.

Le nom absolu correspondant à l'ensemble des étiquettes des nœuds d'une arborescence, séparées par des points, et terminé par un point final, est appelé adresse **FQDN** (*Fully Qualified Domain Name*, nom de domaine totalement qualifié). La profondeur maximale de l'arborescence est de 127 niveaux et la longueur maximale d'un nom FQDN est de 255 caractères. L'adresse FQDN permet de repérer de façon unique une machine sur le réseau des réseaux. Ainsi www.commentcamarche.net représente une adresse FQDN.

Serveurs de noms

Les machines appelées **serveurs de noms de domaines** permettent d'établir la correspondance entre le nom de domaine et l'adresse IP des machines d'un réseau.

Chaque domaine possède un serveur de noms de domaine, appelé **serveur de noms primaire** (*primary domain name server*), ainsi qu'un serveur de noms **secondaire** (*secondary domaine name server*), permettant de prendre le relais du serveur de noms primaire en cas d'indisponibilité.

Chaque serveur de noms est déclaré dans à un serveur de noms de domaine de niveau immédiatement supérieur, ce qui permet implicitement une délégation d'autorité sur les domaines. Le système de noms est une architecture distribuée, où chaque entité est responsable de la gestion de son nom de domaine. Il n'existe donc pas d'organisme ayant à charge la gestion de l'ensemble des noms de domaine.

Les serveurs correspondant aux domaines de plus haut niveau (TLD) sont appelés **serveurs de noms racine**. Il en existe treize, répartis sur la planète, possédant les noms « a.root-servers.net » à « m.root-servers.net ».

Un serveur de noms définit une zone, c'est-à-dire un ensemble de domaines sur lequel le serveur a autorité. Le système de noms de domaine est transparent pour l'utilisateur, néanmoins il ne faut pas oublier les points suivants :

- Chaque ordinateur doit être configuré avec l'adresse d'une machine capable de transformer n'importe quel nom en une adresse IP. Cette machine est appelée *Domain Name Server*. Pas de panique : lorsque vous vous connectez à Internet, le fournisseur d'accès va automatiquement modifier vos paramètres réseau pour vous mettre à disposition ces serveurs de noms.
- L'adresse IP d'un second serveur DNS (*secondary Domain Name Server*) doit également être définie : le serveur de noms secondaire peut relayer le serveur de noms primaire en cas de dysfonctionnement.

Résolution de nom de domaine

Le mécanisme consistant à trouver l'adresse IP correspondant au nom d'un hôte est appelé **résolution de nom de domaine**. L'application permettant de réaliser cette opération (généralement intégrée au système d'exploitation) est appelée **résolveur** (*resolver*).

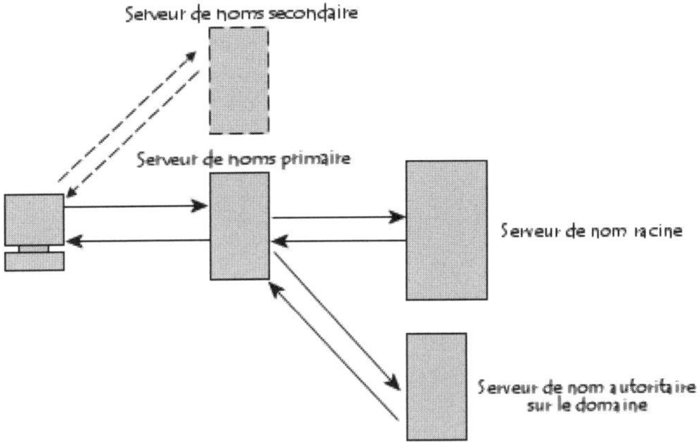

Lorsqu'une application souhaite se connecter à un hôte connu par son nom de domaine (par exemple www.CommentCaMarche.net), celle-ci va interroger un serveur de noms défini dans sa configuration réseau. Chaque machine connectée au réseau possède en effet dans sa configuration les adresses IP de deux serveurs de noms de son fournisseur d'accès.

Une requête est ainsi envoyée au premier serveur de noms (appelé serveur de noms primaire). Si celui-ci possède l'enregistrement dans son cache, il l'envoie à l'application, dans le cas contraire il interroge un serveur racine (dans notre cas un serveur racine correspondant au TLD .net). Le serveur de noms racine renvoie une liste de serveurs de noms faisant autorité sur le domaine (dans le cas présent les adresses IP des serveurs de noms primaire et secondaire de commentcamarche.net).

Le serveur de noms primaire faisant autorité sur le domaine va alors être interrogé et retourner l'enregistrement correspondant à l'hôte sur le domaine (dans notre cas www).

Spécificités d'un réseau sans fil

Les réseaux sans fil possèdent des caractéristiques et des équipements propres, qui diffèrent de ceux employés dans les réseaux traditionnels ou sont absents de ces derniers. Ce chapitre examine ces différentes spécificités.

Techniques de transmission de données dans les réseaux sans fil

Canaux de transmission

On appelle **canal de transmission** une bande étroite de fréquence utilisable pour une communication. Dans chaque pays, le gouvernement est en général le régulateur de l'utilisation des bandes de fréquences, car il est souvent le principal consommateur pour des usages militaires.

Toutefois les gouvernements proposent des bandes de fréquence pour une utilisation libre, c'est-à-dire ne nécessitant pas de licence de radiocommunication. Les organismes chargés de réguler l'utilisation des fréquences radio sont en Europe l'**ETSI** (*European Telecommunications Standards Institute*), aux États-Unis la **FCC** (*Federal Communications Commission*) et au Japon le **MKK** (*Kensa-kentei Kyokai*).

En 1985 les États-Unis ont libéré trois bandes de fréquence à destination de l'Industrie, de la Science et de la Médecine. Ces bandes de fréquence, baptisées **ISM** (Industriel, Scientifique et Médical), sont les bandes 902-928 MHz, 2,400-2,4835 GHz, 5,725-5,850 GHz.

En Europe la bande s'étalant de 890 à 915 MHz est utilisée pour les communications mobiles (GSM), ainsi seules les bandes 2,400 à 2,4835 GHz et 5,725 à 5,850 GHz sont disponibles pour une utilisation radioamateur.

Technologies de transmission

Les réseaux locaux radioélectriques utilisent des ondes radio ou infrarouges afin de transmettre des données. La technique utilisée à l'origine pour les transmissions radio est appelée **transmission en bande étroite**. Elle consiste à passer les différentes communications sur des canaux différents. Les transmissions radio sont toutefois soumises à de nombreuses contraintes rendant ce type de transmission non suffisant. Ces contraintes sont notamment :

- le partage de la bande passante entre les différentes stations présentes dans une même cellule ;
- la propagation par des chemins multiples d'une onde radio. Une onde radio peut en effet se propager dans différentes directions et éventuellement être réfléchie ou réfractée par des objets de l'environnement physique, si bien qu'un récepteur peut être amené recevoir à quelques instants d'intervalles deux mêmes informations ayant emprunté des cheminements différents par réflexions successives.

La couche physique de la norme 802.11 définit ainsi initialement plusieurs techniques de transmission permettant de limiter les problèmes dus aux interférences :

- la technique de l'étalement de spectre à saut de fréquence,
- la technique de l'étalement de spectre à séquence directe,
- la technologie infrarouge.

❑ Technique à bande étroite

La **technique à bande étroite** (*narrow band*) consiste à utiliser une fréquence radio spécifique pour la transmission et la réception de données. La bande de fréquence utilisée doit être aussi petite que possible afin de limiter les interférences sur les bandes adjacentes.

❑ Techniques d'étalement de spectre

La norme IEEE 802.11 propose deux techniques de modulation de fréquence pour la transmission de données, issues des technologies militaires. Ces techniques, appelées **étalement de spectre** (en anglais *spread spectrum*), consistent à utiliser une bande de fréquence large pour transmettre des données à faible puissance. On distingue deux techniques d'étalement de spectre, à saut de fréquence et à séquence directe

La technique **FHSS** (*Frequency Hopping Spread Spectrum*, en français étalement de spectre par **saut de fréquence** ou étalement de spectre par évasion de fréquence) consiste à découper la large bande de fréquence en un minimum de 75 canaux (*hops* ou sauts d'une largeur de 1 MHz), puis de transmettre en utilisant une combinaison de canaux connue de toutes les stations de la cellule. Dans la norme 802.11, la bande de fréquence 2,4-2,4835 GHz permet de créer 79 canaux de 1 MHz. La transmission se fait ainsi en émettant successivement sur un canal puis sur un autre pendant une courte période de temps (d'environ 400 ms), ce qui permet à un instant donné de transmettre un signal plus facilement reconnaissable sur une fréquence donnée.

L'étalement de spectre par saut de fréquence a originalement été conçu dans un but militaire afin d'empêcher l'écoute des transmissions radio. En effet, une station ne connaissant pas la combinaison de fréquence à utiliser ne pouvait pas écouter la communication car il lui était impossible dans le temps imparti de localiser la fréquence sur laquelle le signal était émis puis de chercher la nouvelle fréquence.

Aujourd'hui les réseaux locaux utilisant cette technologie sont standards : la séquence de fréquences utilisées est connue de tous. L'étalement de spectre par saut de fréquence n'assure donc plus cette fonction de sécurisation des échanges. En contrepartie, le FHSS est désormais utilisé dans le standard 802.11 de telle manière à réduire les interférences entre les transmissions des diverses stations d'une cellule.

La technique **DSSS** (*Direct Sequence Spread Spectrum*, **étalement de spectre à séquence directe**) consiste à transmettre pour chaque bit une séquence Barker (parfois appelée bruit pseudo-aléatoire ou en anglais *pseudo-random noise*, noté PN) de bits. Ainsi chaque bit valant 1 est remplacé par une séquence de bits et chaque bit valant 0 par son complément.

La couche physique de la norme 802.11 définit une séquence de 11 bits (10110111000) pour représenter un 1 et son complément (01001000111) pour coder un 0. On appelle **chip** ou **chipping code** (en français, puce) chaque bit encodé à l'aide de la séquence. Cette technique (appelée chipping) revient donc à moduler chaque bit avec la séquence Barker.

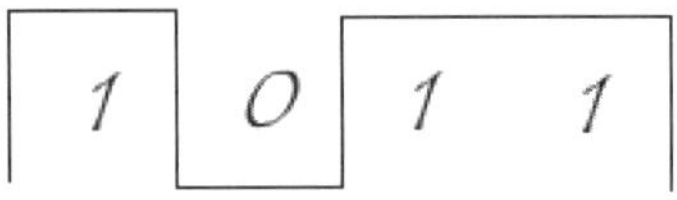

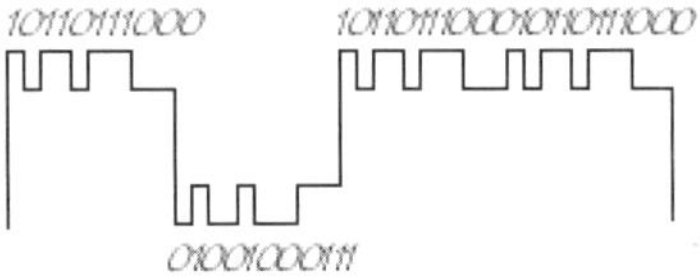

Grâce au chipping, de l'information redondante est transmise, ce qui permet d'effectuer des contrôles d'erreurs sur les transmissions, voire de la correction d'erreurs.

Dans le standard 802.11b, la bande de fréquence 2,400-2,4835 GHz (d'une largeur de 83,5 MHz) a été découpée en 14 canaux séparés de 5 MHz, chacun d'une largeur de 22 MHz.

Les canaux débutent donc à 2,412 ± 11 MHz suivi par 2,417 ± 11 MHz... comme le montre le tableau suivant :

Canal	1	2	3	4	5	6	7	8	9	10	11	12	13	14
Fréquence (GHz)	2,412	2,417	2,422	2,427	2,432	2,437	2,442	2,447	2,452	2,457	2,462	2,467	2,472	2,484

Les canaux disponibles varient selon les pays et les législations applicables. Seuls les 11 premiers sont utilisables aux États-Unis, et seuls les canaux 10 à 13 autorisés en France. Dans le reste du monde, il est possible d'exploiter jusqu'à 14 canaux (83,5 MHz – 11 MHz)/5 MHz = 14,5.

En théorie, des canaux sans recouvrement, espacés de 5 × 5 MHz, occuperaient une largeur de 25 MHz : plus que la largeur du canal 802.11b (22 MHz).

En effet, pour une transmission de 11 Mbps correcte il est nécessaire de transmettre sur une bande de 22 MHz car, d'après le théorème de Shannon[1], la fréquence d'échantillonnage doit être au minimum égale au double du signal à numériser. Ainsi certains canaux recouvrent partiellement les canaux adjacents, c'est la raison pour laquelle il ne peut donc y avoir que trois points d'accès par zone de couverture réseau (les canaux 1, 6 et 11 aux États-Unis) distants les uns des autres de 25 MHz sont généralement utilisés.

Ainsi, si deux points d'accès utilisant les mêmes canaux ont des zones d'émission qui se recoupent, des distorsions du signal risquent de perturber la transmission. Pour éviter toute interférence il est recommandé d'organiser la répartition des points d'accès et l'utilisation des canaux de telle manière à ne pas avoir deux points d'accès utilisant les mêmes canaux proches l'un de l'autre.

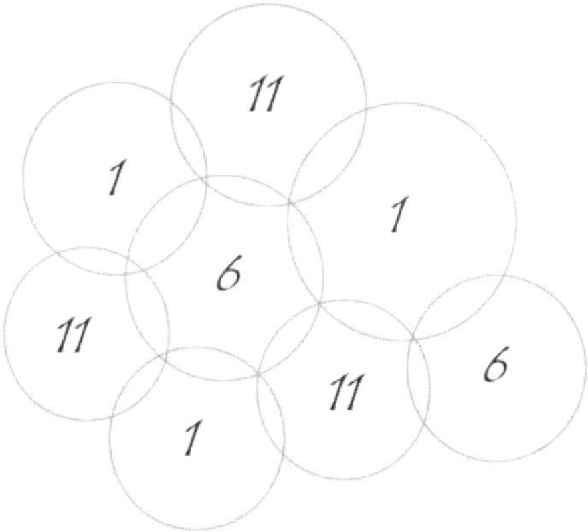

1. Voir http://www.commentcamarche.net/contents/format/analog.php3 et http://www.sciences.univ-nantes.fr/info/perso/permanents/pmartin/Video/Shannon.html.

Le standard 802.11a utilise la bande de fréquence 5,15 GHz à 5,35 GHz et la bande 5,725 GHz à 5,825 GHz, ce qui permet de définir 8 canaux distincts d'une largeur de 20 MHz chacun, c'est-à-dire une bande suffisamment large pour ne pas avoir de parasitage entre canaux.

❑ Technologie infrarouge

Le standard IEEE 802.11 prévoit également une alternative à l'utilisation des ondes radio : la lumière **infrarouge**. La technologie infrarouge a pour caractéristique principale d'utiliser une onde lumineuse pour la transmission de données. Ainsi les transmissions se font de façon unidirectionnelle, soit en « vue directe » soit par réflexion. Le caractère non dissipatif des ondes lumineuses offre un niveau de sécurité plus élevé.

Il est possible grâce à la technologie infrarouge d'obtenir des débits allant de 1 à 2 Mbit/s en utilisant une modulation appelée **PPM** (*Pulse Position Modulation*).

La modulation PPM consiste à transmettre des impulsions à amplitude constante, et à coder l'information suivant la position de l'impulsion. Le débit de 1 Mbit/s est obtenu avec une modulation de 16-PPM, tandis que le débit de 2 Mbit/s est obtenu avec une modulation 4-PPM permettant de coder deux bits de données avec 4 positions possibles :

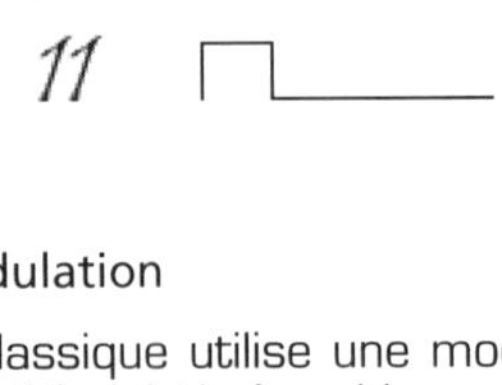

❑ Techniques de modulation

Tandis que la radio classique utilise une modulation de fréquence (radio **FM**, *Frequency Modulation*) ou bien une modulation d'amplitude (radio **AM**, *Amplitude Modulation*), le standard 802.11b utilise une technique de modulation de phase appelée **PSK** (*Phase Shift Keying*). Ainsi chaque bit produit une rotation de phase. Une rotation de 180° permet de transmettre des débits peu élevés (technique appelée **BPSK** pour *Binary Phase Shift Keying*) tandis qu'une série de quatre rotations de 90° (technique appelée **QPSK** pour *Quadrature Phase Shift Keying*) permet des débits deux fois plus élevés.

❑ Optimisations

La norme 802.11b propose d'autres types d'encodage permettant d'optimiser le débit de la transmission. Les deux séquences Barker ne permettent de définir que deux états (0 ou 1) à l'aide de deux mots de 11 bits (compléments l'un de l'autre).

Une méthode alternative appelée **CCK** (*Complementary Code Keying*) permet d'encoder directement plusieurs bits de données en une seule puce (*chip*) en utilisant 8 séquences de 64 bits. Ainsi en codant simultanément 4 bits, la méthode CCK permet d'obtenir un débit de 5,5 Mbit/s et elle permet d'obtenir un débit de 11 Mbit/s en codant 8 bits de données.

La technologie **PBCC** (*Packet Binary Convolutionnary Code*) permet de rendre le signal plus robuste vis-à-vis des distorsions dues au cheminement multiple des ondes hertziennes. Ainsi la société Texas Instrument a réussi à mettre au point une séquence tirant avantage de cette meilleure résistance aux interférences et offrant un débit de 22 Mbit/s. Cette technologie baptisée 802.11b+ est toutefois non conforme à la norme IEEE 802.11b ce qui rend les périphériques la supportant non compatibles avec les équipements 802.11b.

La norme **802.11a** opère dans la bande de fréquence des 5 GHz, qui offre 8 canaux distincts, c'est la raison pour laquelle une technique de transmission alternative tirant partie des différents canaux est proposée. L'**OFDM** (*Orthogonal Frequency Division Multiplexing*) permet d'obtenir des débits théoriques de 54 Mbit/s en envoyant les données en parallèle sur les différentes fréquences. De plus la technique OFDM fait une utilisation plus rationnelle du spectre.

Technologie	Codage	Type de modulation	Débit
802.11b	11 bits (séquence Barker)	PSK	1 Mbit/s
802.11b	11 bits (séquence Barker)	QPSK	2 Mbit/s
802.11b	CCK (4 bits)	QPSK	5,5 Mbit/s
802.11b	CCK (8 bits)	QPSK	11 Mbit/s
802.11a	CCK (8 bits)	OFDM	54 Mbit/s
802.11g	CCK (8 bits)	OFDM	54 Mbit/s

Matériel

Il existe différents types d'équipement spécifiques aux réseaux sans fil WiFi :

- **Adaptateurs sans fil** ou cartes d'accès (en anglais *wireless adapters* ou *network interface controller*, NIC) : il s'agit de carte réseau à la norme 802.11 permettant à une machine de se connecter à un réseau sans fil. Les adaptateurs WiFi sont disponibles dans de nombreux formats (carte PCI, carte PCMCIA, dongle USB, carte CompactFlash, etc.). On appelle **station** tout équipement possédant une telle carte.
- **Points d'accès** (AP pour *Access point*, parfois appelés bornes sans fil) : ils permettent de donner un accès au réseau filaire (auquel il est raccordé) aux différentes stations avoisinantes équipées de cartes wifi. Dans la plupart des cas, votre point d'accès sera un modem-routeur.
- **Antennes** : elles sont généralement intégrées mais certains routeurs et certaines cartes permettent d'adapter une antenne de votre choix à la place de l'antenne par défaut.
- **Amplificateurs** : ils sont placés entre un équipement et son antenne, pour amplifier le signal.
- **Répéteurs** : ils permettent de relayer le signal en l'amplifiant et d'ainsi d'augmenter la couverture de votre réseau sans fil.

En pratique, pour un usage informatique d'un réseau WiFi, il est nécessaire de disposer au minimum de deux équipements WiFi, par exemple un ordinateur et un routeur WiFi ou deux ordinateurs.

L'ordinateur doit être équipé d'une carte WiFi, qui contient une antenne, et de pilotes qui permettent de faire fonctionner cette carte. Les types, nombres, débits et distances entre les équipements varient en fonction de différents détails techniques, pour la plupart examinés dans cet ouvrage.

Un réseau WiFi peut ne comprendre que des ordinateurs et périphériques munis d'une carte sans fil (mode ad hoc). En mode infrastructure, un point d'accès est obligatoire. Antennes, répéteur et amplificateur sont des matériels nécessaires uniquement dans des cas précis : généralement pour augmenter ou modifier la couverture du réseau sans fil.

Cartes sans fil

D'une façon générale, la plupart des ordinateurs portables[1], des périphériques et même de certains ordinateurs de bureau récents sont équipés d'une **carte sans fil** intégrée le plus souvent à antenne fixe, elle aussi intégrée : il vous sera donc pratiquement impossible de jouer sur ces paramètres.

Si ce n'est pas le cas, ou en cas d'incompatibilité entre matériels, vous devrez faire appel à une nouvelle carte sans fil. Celle-ci (et quel que soit le protocole employé) peut être de type interne, PCMIA, dongle USB, Compact Flash, SD, PCI, MiniPCI, etc. Votre choix doit reposer sur les critères suivants :

- la puce ou *chipset*,
- la puissance de sortie et ses possibilités de réglage,
- la sensibilité de réception,
- la présence et le nombre de connecteurs pour antennes extérieures,
- pour des cartes 802.11, la prise en charge de 802.11i et des versions améliorées de WEP.

Nous allons examiner successivement ces différents critères.

1. À partir de 1999 pour les premiers, les iBooks d'Apple, Inc. (dispositif AirPort), puis à partir de 2003, pour les premiers PC portables bâtis autour de la technologie Intel Centrino.

❑ Puces d'adaptateurs sans fil

Les principales puces 802.11 sont Prism, Cisco Aironet, Hermes/Orinoco, Symbol, Atheros AR5x10 et, désormais, ADMtek ADM8211 et Atheros AR5x11.

La puce **Prism**, créée par Intersil, est un des plus anciens émetteurs-récepteurs 802.11, dont de nombreuses versions se sont succédé. C'est le chipset préféré des bidouilleurs, en raison de l'ouverture totale d'Intersil en ce qui concerne les spécifications, les opérations et la structure de la puce.

La puce **Aironet** est propriétaire Cisco. Elle a été développée d'après le Prism d'Intersil. Selon l'opinion générale, Aironet est un Prism II survitaminé. Cisco a ajouté quelques fonctionnalités utiles à ses cartes Aironet, dont une puissance de sortie régulée et la possibilité de basculer entre les différents canaux ISM sans avoir à modifier le canal logiciel.

Autres caractéristiques utiles des cartes Cisco Aironet, la lumière de détection de trafic ambrée et la palette assez large des antennes prises en charge (avec la série Air-LMC350 dotée de deux prises d'antennes extérieures). Ces cartes sont prises en charge par de nombreux systèmes d'exploitation – dont Microsoft Windows – et pratiquement tout système compatible Unix connu. L'utilitaire de configuration ACU, fourni par Cisco tant pour Windows que pour Linux, est très convivial et offre les capacités d'un outil de surveillance de site sans fil correct.

La puce **Hermes**, développée par Lucent, est la troisième puce la plus fréquente des cartes 802.11. Ces cartes, présentes sur le marché depuis de nombreuses années, sont des produits bien développés qui associent bonne sensibilité de réception et convivialité. Même si elles ne proposent pas le saut de canal matériel des cartes Cisco Aironet, elles identifient le point d'accès émetteur et déterminent automatiquement le bon SSID et la bonne fréquence dès que l'interface sans fil est en place. La majorité des cartes Hermes possèdent une prise d'antenne extérieure, mais rarement deux. La qualité de ces prises, mieux fixées et moins fragiles, semble être supérieure à celle des prises MMCX des cartes Prism et Cisco Aironet. Si les spécifications du chipset Hermes sont propriétaires et non diffusées, Lucent a publié la partie du code source qui gère les fonctions fondamentales de ses cartes

WaveLAN/Orinoco. C'est une version allégée de la bibliothèque HCF employée dans son pilote Windows et son pilote Linux binaire.

La puce **Symbol Spectrum24t** est spécifique aux cartes fondées sur Symbol, parmi lesquelles Nortel E-Mobility 4121, 3Com AirConnect, Intel PRO/Wireless et Symbol Wireless Networker Cards. Les cartes WLAN Ericsson sont également fondées sur Symbol mais possèdent un pilote Linux distinct (eriwlan). Les cartes Symbol sont des cartes Prism II avec leur propre contrôleur de couche MAC. Curieusement, elles sont prises en charge sous Linux par le pilote Orinoco (reportez-vous à la source orinoco.c) et sont semblables aux cartes Hermes en termes de configuration et de mise en œuvre. Les cartes Symbol CF possèdent un pilote orinoco (fondé sur spectrum24t) différent, car elles sont dépourvues de micrologiciels (*firmwares*) intégrés. Vous trouverez plus d'informations sur les cartes Symbol « sans micrologiciel » à l'adresse **http://sourceforge.net/projects/spectrum24** et pourrez y télécharger un pilote Linux spectrum24.

La puce **Atheros AR5000** est la plus fréquente sur les périphériques 802.11a. Elle combine le premier micro-émetteur 5 GHz du monde (RoC, *Radio on a Chip*) et une interface informatique hôte (processeur de bande de base et contrôleur MAC). Elle accepte le mode Turbo (vitesse théorique de 72 Mbit/s) et un cryptage WEP matériel allant jusqu'à 152 bits. Comme elle est fondée sur un **CMOS** (*Complementary Metal Oxide Semiconductor*) standard, sa consommation et son prix restent faibles, la fiabilité opérationnelle étant améliorée. AR5001x, une version évoluée d'AR5000, est un chipset fréquent dans les cartes modernes combinant 802.11a/b/g.

Les pilotes Linux MADWiFi prennent en charge les cartes NIC universelles 802.11a/b/g fondées sur la puce Atheros. C'est vraisemblablement ce qu'il vous faudra pour utiliser votre carte combo 802.11a/b/g sous Linux. Le projet officiel se trouve chez SourceForge (**http://sourceforge.net/projects/madwifi**).

La puce **ADM8211**, produit par ADMtek (**http://www.admtek.com.tw/products/ADM8211.htm**) devient fréquente sur les cartes combo 802.11a/b/g. Peu de choses sont toutefois disponibles sur ses spécifications. Le pilote pour l'ADM8211 semble prendre en charge davantage de fonctions MAC 802.11 que les anciens pilotes des cartes Lucent/Prism/

Aironet. Par rapport à BSD, le pilote sera plus proche de awi que de wi ou de an.

Tandis qu'un nombre croissant de fabricants rejoignent la course au marché des puces sans fil, la diversification des puces 802.11 progresse. Parmi ces nouveaux produits sans fil figurent ACX100 de Texas Instruments, AT76C503A d'Atmel, AirForce de Broadcom, IPN2220 d'InProcomm, RTL8180L de Realtek et PRO/Wireless (Centrino) d'Intel. Alors que certaines des puces citées possèdent une prise en charge Linux et même BSD correcte (comme ACX100), d'autres ne sont pas aussi conviviaux et peuvent devoir être employés sous Linux *via* le DriverLoader de Linuxant (http://www.linuxant.com/driverloader) ou à l'aide de **NdisWrapper**.

❑ Sensibilité de l'émetteur-récepteur

Après avoir sélectionné votre puce, les éléments à examiner pour une carte client 802.11 sont sa puissance de sortie, ses possibilités de réglage et sa sensibilité de réception.

Lorsque vous examinez la puissance de sortie ou la sensibilité de réception d'un équipement sans fil, le fil directeur est simple : « Plus c'est élevé, mieux c'est ! » Une puissance supérieure permet de se connecter au réseau ciblé depuis une distance plus importante. Avec une meilleure sensibilité de réception, la vitesse de connexion lors de l'association au WLAN sera améliorée. La puissance d'émission étant légalement limitée, c'est la sensibilité de réception qui doit être votre critère essentiel.

Plusieurs dispositifs sans fil, dont les cartes Cisco Aironet, Senao Long Range et Zcomax XI-325HP proposent une **puissance de sortie modulable**. Être capable d'ajuster la puissance d'émission est important en ce que cela peut contribuer à économiser l'énergie de la batterie et à limiter la portée et la détectabilité d'un WLAN. En pratique, pour une utilisation familiale, ce critère reste très secondaire.

Le récepteur des cartes possède un seuil inférieur de **sensibilité de réception** qui déterminera la puissance minimale devant être reçue (sur le connecteur de la carte) pour avoir un certain débit de données. Si la puissance reçue est inférieure au seuil, le débit de données devra être réduit pour retrouver des performances acceptables. Mieux vaut donc employer des cartes avec des seuils de sensibilité de réception les plus bas possible (mais les documentations sont souvent peu éloquentes sur le sujet). En voici quelques exemples, d'après les valeurs annoncées par les fabricants :

Carte 802.11	54 Mbps	24 Mbps	12 Mbps	6 Mbps
AirPlusG+ DWL-G520+ D-Link	– 71 dBm	– 80 dBm	– 86 dBm	– 89 dBm
Dongle TrendNet TEW-504UB	– 71 dBm	-	– 84 dBm (11 Mbps)	-
Lynksys WPC300N PCMCIA	– 70 dBm	-	-	-
Planex GW-NS 54 GMZ	– 70 dBm	– 80 dBm	– 85 dBm	– 88 dBm
Cisco Aironet 5 GHz 54 Mb PCMCIA	– 68 dBm	– 77 dBm	– 82 dBm	– 85 dBm
Dongle TrendNet TEW-424UB	– 68 dBm	-	– 83 dBm (11 Mbps)	-
Dongle Lynksys DWL-G122	– 66 dBm	– 78 dBm	– 84 dBm	– 88 dBm

N'oubliez pas qu'une différence de 3 dBm correspond à une sensibilité double ! Ainsi, la carte AirplusG+ est deux fois plus sensible avec le débit maximal en 902.11g de 54 Mbps que la carte Cisco Aironet et environ 3,5 fois plus que les dongles TEW-424UB et DWL-G122 ! Comme évoqué précédemment, plus le signal est faible et plus le débit est réduit.

❑ Présence de connecteurs d'antennes externes MMCX

L'importance des **connecteurs d'antennes** extérieures ne peut jamais être sous-estimée. Vous pouvez trouver des tutoriels sur la façon de souder un connecteur pour une antenne externe sur le connecteur de l'antenne interne, mais cela sera superflu si vous êtes procuré dès le début une carte dotée d'un ou de plusieurs connecteurs MMCX. En outre, cette astuce est totalement prohibée sur une box louée.

❑ Prise en charge logicielle des cartes WiFi

La quasi-totalité des cartes présentes sur le marché sont reconnues par les systèmes d'exploitation les plus courants, c'est-à-dire la famille Windows et la famille Mac. Des problèmes peuvent toutefois parfois se poser avec des versions anciennes (comme Windows 2000 et antérieur) et des cartes récentes. Vous ne rencontrerez bien sûr aucun problème si la carte WiFi est intégrée et que vous employez le système d'exploitation fourni par le constructeur.

En revanche, si vous êtes passé à un système d'exploitation libre, vous pourriez légitimement éprouver quelques appréhensions. Rassurez-vous : il n'y a pas grand-chose à craindre, et ces systèmes d'exploitations permettent même souvent des « bidouillages » presque impossibles avec les systèmes d'exploitation propriétaires.

Les systèmes **BSD** (FreeBSD, NetBSD et OpenBSD) prennent en charge la plupart des adaptateurs depuis la fin 1998. Du code pour les puces Atheros, Prism, Harris/Intersil et Aironet (constructeur Wi-Fi du même nom) est principalement partagé par les 3 BSD. Darwin et Mac OS X, en dépit de leur chevauchement avec FreeBSD, ont leur propre et unique implémentation. Dans OpenBSD 3.7, d'autres pilotes pour des puces sans fils sont disponibles. Ceci est dû, au moins en partie, à l'effort de soutien par OpenBSD des pilotes *open source* pour les composants réseau sans fil. Il est possible que de tels pilotes puissent être implémentés par d'autres BSD, s'ils n'existent pas déjà. Le NdisWrapper est aussi disponible sous FreeBSD.

Depuis la version 2.6, certains matériels WiFi sont supportés nativement dans le noyau **Linux**. La prise en charge pour Orinoco, Prism, Aironet et Atmel, est incluse dans la branche principale de l'arborescence du noyau, alors qu'ADMtek et Realtek RTL8180L sont tous deux pris en charge par des pilotes propriétaires fournis par les fabricants et des pilotes *open source* écrits par la communauté. Les cartes Intel Calexico, Atheros et Ralink RT2x00 sont prises en charge à travers des projets *open source*. Depuis le noyau Linux 2.6.17, les composants Broadcom, utilisés sur des cartes telles qu'Apple Airport Extreme, sont pris en charge grâce au pilote libre b43. Dans les autres cas, la prise en charge d'autres cartes sans fil est disponible à travers l'usage des enveloppeurs *open source* DriverLoader ou NdisWrapper : ils permettent à Linux de faire tourner sur des architectures Intel x86 le Windows standard proposé par les fabricants.

Même si la connectivité standard d'utilisateur final ainsi que les dispositifs de sécurité 802.11i sont proposés par les pilotes de vendeurs *via* DriverLoader ou NdisWrapper, ceux-ci n'offrent souvent pas la possibilité d'employer tous les outils Unix de bidouillage et de recherche de réseaux sans fil.

Astuce

Sur un équipement que l'on souhaite acheter, le logo Wi-Fi blanc et noir, ou la mention du standard IEEE 802.11, garantit que le matériel est compatible avec la technique de réseau sans fil IEEE 802.11 de la WECA. Aujourd'hui, compte tenu de l'évolution de la norme 802.11, il est prudent de vérifier quel standard respecte un équipement : 802.11b, 802.11g ou bien 802.11n.

Attention aux cartes améliorées !

Si vous optez pour une carte ou un matériel doté d'une amélioration propriétaire non normalisée, vous ne pourrez en tirer profit que si tout votre matériel, ou au moins le point d'accès et la carte, prend en charge ce dispositif. Cela signifie généralement être de la même marque.

Antenne

Dans la plupart des cas, vos appareils possèdent des cartes sans fil intégrées : l'antenne est également intégrée et ne peut être modifiée sans risque. Dans certains autres cas, une carte sans fil ou un modem-routeur comporte une ou plusieurs antennes amovibles, qu'il est possible de remplacer de façon à améliorer ou modifier le spectre de couverture. Ces antennes sont alors un point essentiel de votre réseau WiFi. Pour bien comprendre leur rôle, il est nécessaire de se pencher sur leur théorie sous-jacente.

❑ Théorie des antennes

Une antenne possède deux caractéristiques majeures : son **gain** (ou amplification de puissance) et son **spectre de couverture**, qui décrit la zone de couverture de l'antenne : en d'autres termes, la forme du faisceau.

Le **gain d'une antenne** est exprimé en décibel (dBi) et fait référence à un radiateur isotrope abstrait, c'est-à-dire un objet fictif qui irradie de la puissance dans toutes les directions, comme une étoile. Il est défini comme passif car aucune puissance n'est injectée dans l'antenne : le gain est obtenu en focalisant les ondes irradiées en un faisceau plus étroit.

Le **spectre de couverture** pourrait être subdivisé en deux variables, car les faisceaux latéraux et arrière de certaines antennes sont difficiles à décrire en termes de largeur de faisceau. Le spectre d'émission peut être aussi bien horizontal que vertical : il faut toujours réfléchir en termes tridimensionnels !

Astuce

Avant d'acheter une antenne, essayez de vous procurer son diagramme d'irradiation pour comprendre la forme de son spectre de couverture (même approximativement).

Une autre caractéristique, souvent sous-estimée, est la **polarisation** de l'antenne. Une onde radio est composée de deux champs, électrique et magnétique, qui se diffusent perpendiculairement. Le champ électromagnétique global est la somme des champs électriques et magnétiques, entre lesquels oscille l'énergie émise. Le plan électrique parallèle à l'élément de l'antenne porte le nom de plan *E*, le champ magnétique perpendiculaire étant nommé plan *H*. La position du plan *E* par rapport à la surface de la terre définit la polarisation (horizontale si le champ *E* est parallèle au sol et verticale s'il est perpendiculaire). La majorité des points d'accès possèdent des antennes polarisées verticalement, tandis que les antennes intégrées des cartes clients PCMCIA de portables sont polarisées horizontalement. En revanche, les antennes des cartes CF sont polarisées verticalement. Lorsque les polarisations sont inverses, la qualité du lien décroît fortement. Il est facile de résoudre ce problème de polarisation en modifiant l'orientation de l'antenne.

Il existe trois types génériques d'antennes, qui diffèrent selon leur spectre d'irradiation et la largeur du faisceau, ultérieurement subdivisés en sous-types.

❑ Antennes omnidirectionnelles

Les **antennes omnidirectionnelles** possèdent une zone de couverture horizontale de 360° et obtiennent le gain en réduisant le faisceau vertical. Le spectre d'irradiation d'une antenne omnidirectionnelle ressemble à un beignet centré sur l'antenne. Les antennes à volet de sol (et certaines antennes de plafond à volet de sol) empêchent l'irradiation vers le haut ou vers le bas.

La plus fréquente des antennes est l'antenne tige basique omnidirectionnelle (quart d'onde) à 2,4 GHz, ou **dipôle**, qui ressemble à un stylo. Elle offre un gain de 0 dBd et est dédiée à la desserte de proximité. Elle équipe aussi la caméra sans fil numérique Wi-Fi 2,4 GHz (conforme CE) permettant une PIRE (puissance isotrope rayonnée équivalente) maximale autorisée de 100 mW et 20 dBm. Sa portée standard indicative est de 500 m à vue.

Vous pouvez également rencontrer des antennes colinéaires, souvent installées sur un toit. Elles offrent un gain de 7 à 15 dBi lié à leur dimension verticale pouvant atteindre 2 m.

❑ Antennes semi-directionnelles

Les **antennes semi-directionnelles** sectorisées, patch et à volet forment un « bulbe » d'irradiation de 60 à 120°. Elles servent fréquemment à couvrir une zone constituée par une rue ou un long couloir. Des antennes semi-directionnelles sectorisées placées en cercle peuvent remplacer une antenne omnidirectionnelle. Elles offrent l'intérêt d'un gain et d'une largeur de faisceau vertical supérieurs, mais à un prix plus élevé.

L'antenne panneau peut être intérieurement un réseau d'antenne quad ou d'antenne patch, ou un réseau de dipôles. Le gain commence vers 8 dBi (8 × 8 cm) pour atteindre 21 dBi (45 × 45 × 4,5 cm). C'est l'antenne qui présente le meilleur rapport gain/encombrement et aussi le meilleur rendement, qui tourne autour de 85 à 90 %. Au-delà de ce gain maximal, elle n'est plus fabriquée, car surgissent les problèmes de couplage (pertes) entre étages des dipôles et il faudrait en plus envisager le doublement de la surface. Le volume d'une antenne panneau est minimal.

Les **antennes** de type râteau ou **Yagi** (du nom de leur inventeur) possèdent un spectre en forme de bulbe plus allongé, avec des lobes latéraux et arrière. On y recourt classiquement pour des ponts à moyenne portée entre les bâtiments d'une même entreprise. C'est une alternative très peu coûteuse à la fibre optique, lorsque le câble CAT5 atteint sa limite de 100 m pour Ethernet 100Base-T.

❑ Antennes hautement directionnelles

Les **antennes hautement directionnelles** émettent un étroit faisceau conique capable d'atteindre l'horizon visible et servent à des liens point à point longue distance ou lorsqu'un lien point à point de haute qualité est nécessaire. En raison de leur gain généralement élevé, les antennes directionnelles sont parfois employées pour passer outre des obstacles comme des murs, lorsque rien d'autre n'est envisageable.

- Antenne type **parabole pleine** ou **ajourée** (grille). Son intérêt d'emploi se situe dans la recherche du gain obtenu à partir d'un diamètre théorique, selon le graphique suivant :

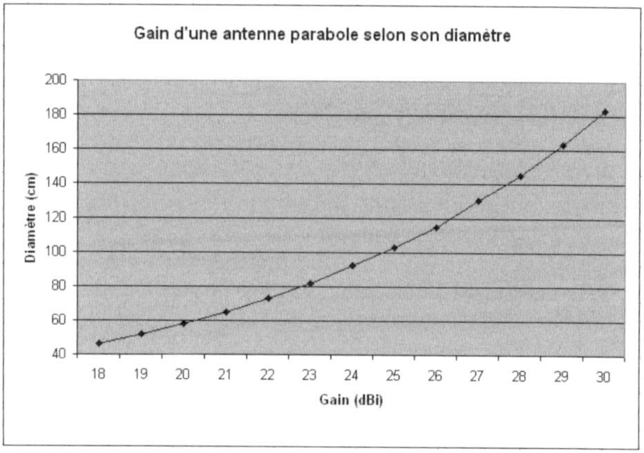

  Le rendement d'une parabole est moyen, vers 45-55 %. Le volume de l'antenne, qui tient compte de la longueur du bracon, donc de la focale, est important. Une parabole satellite (exemple TPS/CS sans tête 11-12 GHz) est exploitable en WiFi, à condition de prévoir une source adaptée : cornet, patch ou quad mono ou double, etc.

- Antenne **à fentes**. Elle fournit un diagramme sectoriel.

❑ Quelle antenne choisir ?

Les antennes à gain omnidirectionnelles sont destinées à la plus large portée possible, au détriment de la distance maximale. Elles sont parfaites si le point d'accès se trouve au centre de la zone à couvrir.

Les antennes panneaux et paraboliques directionnelles favorisent une direction privilégiée (plus ou moins ouverte), au détriment d'autres non souhaitées, en concentrant l'émission. Elles sont à conseiller lorsque le point d'accès se trouve dans un coin ou une extrémité de la zone à couvrir.

Les antennes panneaux sont souvent préférées (voire préférables) lorsque le bilan de liaison est favorable, mais, dès que le système doit être plus performant, les paraboles deviennent nécessaires. Le point d'équilibre, à 21 dBi, se fait avec d'un côté un panneau carré de 45 cm et de l'autre une parabole d = 65 cm.

Attention !

Les antennes à gain (exprimé en dBi ou en dBd) employées à l'émission (réception libre) doivent respecter la réglementation PIRE (puissance isotrope rayonnée équivalente).

En matière de sécurité, des antennes judicieusement choisies et situées de façon réfléchie limitent les frontières du réseau et diminuent les risques de détection de celui-ci tout en réduisant l'espace de manœuvre des attaquants.

À savoir : construire sa propre antenne

De nombreuses informations sont disponibles sur la façon de construire vous-même vos propres antennes à partir de tubes métalliques, de boîtes de conserve vides, etc. Même si ce bidouillage sympathique peut être envisagé comme loisir, nous déconseillons l'emploi de telles antennes. En effet, leurs performances peuvent être imprévisibles. Les antennes faites maison battent bien sûr parfois largement les antennes commerciales, mais il est difficile et coûteux de mesurer précisément leurs paramètres.

Point d'accès

Un **point d'accès**, généralement composé d'une carte WiFi et d'une antenne, permet de donner un accès au réseau filaire auquel il est raccordé aux différentes stations avoisinantes équipées de cartes WiFi. Ce type de répartiteur est l'élément indispensable au déploiement d'un réseau sans fil en mode infrastructure.

Il existe deux types de points d'accès :

- Le **point d'accès simple** n'a qu'une fonction de lien entre le réseau filaire et le réseau sans fil.
- Le **point d'accès routeur** permet de connecter un modem ADSL Ethernet afin de partager une connexion Internet sur un réseau sans fil. Il peut comprendre un répartiteur ou un commutateur qui permet de connecter d'autres appareils sur un réseau filaire.

Les ***boxes*** des différents FAI, équipées d'un composant WiFi, remplissent ce rôle de point d'accès. Il est généralement possible de les configurer en activant le mode routeur (ce qui est fortement recommandé, pour des raisons de sécurité : reportez-vous au chapitre 8).

Si vous devez acquérir un point d'accès WiFi, préférez un routeur WiFi à un point d'accès simple, sauf lorsqu'il s'agit d'étendre un réseau et que vous possédez déjà un routeur (WiFi ou non).

Amplificateurs

Pour améliorer les échanges, il peut être monté au plus près de l'antenne un préamplificateur d'antenne (RX) avec ou sans ampli de puissance (TX) mais toujours de type bidirectionnel.

Si la focalisation de l'énergie des antennes permet d'obtenir un gain passif, les amplificateurs y ajoutent un gain actif par l'injection de puissance électrique supplémentaire sur le câble radio. Il existe deux types d'amplificateurs : unidirectionnels (qui n'augmentent que la puissance d'émission) et bidirectionnels (qui améliorent également la sensibilité de réception). Un amplificateur sert généralement à compenser la perte liée à des longueurs de câble importantes entre une antenne et le dispositif sans fil. Il est peu probable que vous ayez besoin d'un amplificateur dans le cadre d'un WLAN familial...

Répéteur WiFi

Tout signal radio subit sur sa ligne de transmission des distorsions et un affaiblissement d'autant plus importants que la distance qui sépare deux éléments actifs est longue. Généralement, deux nœuds d'un réseau local ne peuvent pas être distants de plus de quelques centaines de mètres. Un équipement supplémentaire est nécessaire au-delà de cette distance.

La distance n'est toutefois pas le seul motif possible. Si le signal qui parvient dans une zone cruciale de votre réseau est trop faible, à cause de phénomènes d'atténuation trop prononcés, vous devrez faire appel à un **répéteur** (ou répéteur régénérateur). C'est un matériel électronique qui amplifie un signal numérique et étend ainsi la distance maximale entre deux nœuds d'un réseau. Il ne travaille qu'au niveau physique (couche 1 du modèle OSI), c'est-à-dire au niveau des informations binaires circulant sur la ligne de transmission. Il ne peut interpréter les paquets d'informations, contrairement à un routeur.

Attention lors du choix d'un répéteur

Lors du choix d'un répéteur, faites bien attention à la norme prise en charge. Comme en d'autres domaines, les performances seront toujours celles du plus faible maillon de votre réseau WiFi.

Si possible, mieux vaut choisir un répéteur de la même marque que celle du point d'accès et/ou des cartes réseau concernées par la portée du répéteur : l'expérience prouve que cela réduit les problèmes potentiels.

Câbles et connecteurs

Malgré leur nom, les réseaux sans fil ne sont pas dépourvus de câblage ! Il s'agit ici de celui qui relie éventuellement votre routeur ou votre carte à une antenne extérieure. Ce câblage constitue une des principales sources de perte sur les réseaux sans fil. Ne faites jamais d'économie en ce domaine : prenez le plus faible taux d'atténuation possible (estimé en dBm perdus pour 100 m à une fréquence donnée). Choisissez des câbles avec connecteurs pré installés. Vous pouvez bien sûr installer vous-même les connecteurs, mais le résultat final risque fort d'être moins fiable qu'un câblage standard de l'industrie. La perte de signal qui résulte de la défaillance de connecteurs ou de la détérioration d'un câble peut être énorme, tout en restant difficile à découvrir. N'oubliez pas que les câbles doivent posséder la même impédance (en général 50 Ω) que le reste de vos composants sans fil. Choisissez des connecteurs qui correspondent à vos périphériques clients et à vos antennes.

Conception et mise en place d'un réseau sans fil

Conception d'un réseau sans fil

Lors de la mise en place d'un réseau sans fil, vous devez consacrer quelques instants à réfléchir à sa conception. Le standard 802.11 définit en effet deux modes opératoires :

- le mode **infrastructure** dans lequel les clients sans fil sont connectés à un point d'accès. Il s'agit généralement du mode par défaut des cartes 802.11, et c'est généralement le choix retenu pour un réseau familial ;
- le mode **ad hoc** dans lequel les clients sont connectés les uns aux autres sans aucun point d'accès. Vous retiendrez cette solution si vous ne possédez pas de point d'accès et souhaitez partager une connexion Internet au moindre coût.

Mode infrastructure

En **mode infrastructure**, chaque ordinateur station (notée STA) se connecte à un point d'accès *via* une liaison sans fil. L'ensemble formé par le point d'accès et les stations situés dans sa zone de couverture est appelé **ensemble de services de base** (**BBS**, *Basic Service Set*) et constitue une **cellule**. Chaque BSS est identifié par un BSSID, un identifiant de 6 octets (48 bits). Dans le mode infrastructure, le BSSID correspond à l'**adresse MAC** du point d'accès.

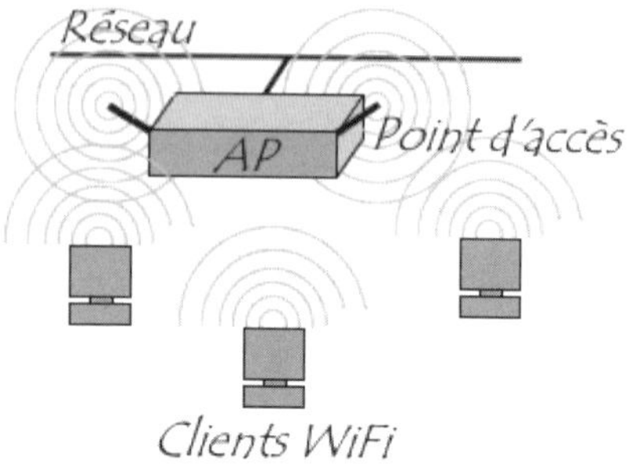

Il est possible de relier plusieurs points d'accès entre eux (ou plus exactement plusieurs BSS) par une liaison appelée **système de distribution (DS**, *Distribution System*) afin de constituer un ensemble de services étendu (ESS, *Extended Service Set*). Le système de distribution (DS) peut être aussi bien un réseau filaire, qu'un câble entre deux points d'accès ou bien même un réseau sans fil !

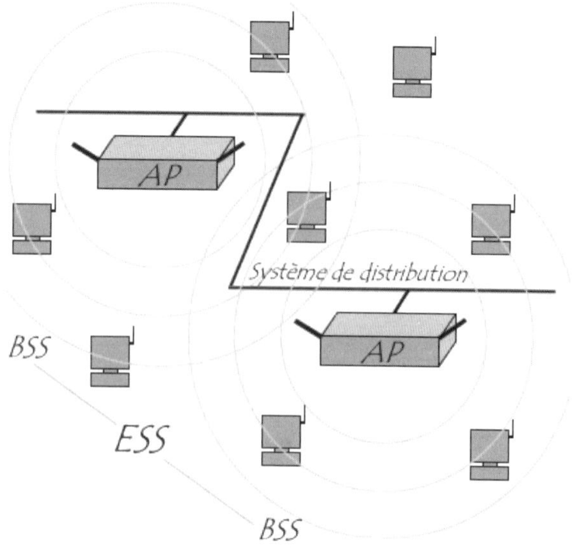

Un ESS est repéré par un **ESSID** (*Extended Service Set IDentifier*), un identifiant de 32 caractères de long (au format ASCII) servant de nom pour le réseau. L'ESSID, souvent abrégé en **SSID**, représente le nom du réseau et représente en quelque sorte un premier niveau de sécurité dans la mesure où la connaissance du SSID est nécessaire pour qu'une station se connecte au réseau étendu.

Lorsqu'un utilisateur nomade passe d'un BSS à un autre lors de son déplacement au sein de l'ESS, l'adaptateur réseau sans fil de sa machine est capable de changer de point d'accès selon la qualité de réception des signaux provenant des différents points d'accès. Cette caractéristique permettant aux stations de « passer de façon transparente » d'un point d'accès à un autre est appelée **itinérance** (*roaming*).

❑ Communication avec le point d'accès

Lors de son entrée dans une cellule, une station diffuse sur chaque canal une requête de sondage (*probe request*) contenant l'ESSID pour lequel elle est configurée ainsi que les débits que son adaptateur sans fil supporte. Si aucun ESSID n'est configuré, la station écoute le réseau à la recherche d'un SSID.

En effet chaque point d'accès diffuse régulièrement (à raison d'un envoi environ tous les dixièmes de secondes) une **trame balise** (*beacon* en anglais) donnant des informations sur son BSSID, ses caractéristiques et éventuellement son ESSID. L'ESSID est automatiquement diffusé par défaut, mais il est possible (et recommandé) de désactiver cette option.

À chaque requête de sondage reçue, le point d'accès vérifie l'ESSID et la demande de débit présents dans la trame balise. Si l'ESSID correspond à celui du point d'accès, ce dernier envoie une réponse contenant des informations sur sa charge et des données de synchronisation. La station recevant la réponse peut ainsi constater la qualité du signal émis par le point d'accès afin de juger de la distance à laquelle il se situe. En effet, d'une manière générale, plus un point d'accès est proche, meilleur est le débit.

Une station se trouvant à la portée de plusieurs points d'accès (possédant bien évidemment le même SSID) pourra ainsi choisir le point d'accès offrant le meilleur compromis de débit et de charge.

Attention !

Lorsqu'une station se trouve dans le rayon d'action de plusieurs points d'accès possibles, c'est elle qui choisit celui auquel se connecter !

Ce mode permet donc de connecter entre eux les ordinateurs équipés d'une carte WiFi *via* un ou plusieurs points d'accès (PA) qui agissent comme des répartiteurs (similaires aux répartiteurs et commutateurs des réseaux filaires Ethernet). En présence de plusieurs points d'accès, ceux-ci doivent être configurés avec le même nom de réseau (SSID, *Service Set IDentifier*) afin de pouvoir communiquer. L'avantage de ce mode est de garantir un passage obligé par le PA. Il est donc possible de vérifier qui accède au réseau.

En pratique, si vous possédez une box ou un modem-routeur tiers, votre réseau sera configuré en mode infrastructure. C'est d'ailleurs le mode par défaut de la plupart des matériels WiFi.

Mode ad hoc

Le **mode ad hoc** est un mode de fonctionnement qui permet de connecter directement les ordinateurs équipés d'une carte WiFi, sans utiliser un matériel tiers tel qu'un point d'accès (*Access Point*, AP). Les ordinateurs constituent ainsi un réseau point à point (*peer to peer*), dans lequel chaque machine joue en même temps le rôle de client (ou station) et le rôle de point d'accès.

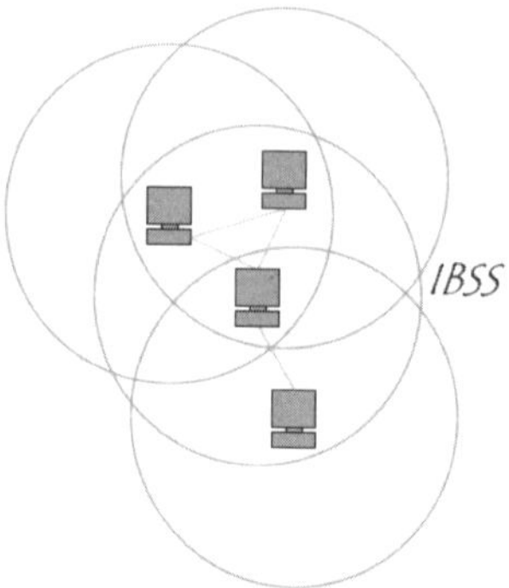

Ce mode est idéal pour interconnecter rapidement des machines entre elles sans matériel supplémentaire (échange de fichiers entre portables dans un train, partage de son accès à Internet dans sa maison, dans la rue, au café, chez des amis...).

La mise en place d'un tel réseau se borne à configurer les machines en mode ad hoc (au lieu du mode infrastructure), la sélection d'un canal (fréquence) et d'un nom de réseau (SSID) communs à tous. L'avantage de ce mode est de s'affranchir de matériels tiers coûteux et de permettre une mise en œuvre simple. Grâce à l'ajout d'un simple logiciel de routage dynamique (comme OLSR ou AODV), il est possible de créer des réseaux maillés autonomes dans lesquels la portée ne se limite pas à ses voisins, tous les participants jouant le rôle de routeur.

L'ensemble formé par les différentes stations est appelé **ensemble de services de base indépendants** (**IBSS**, *Independant Basic Service Set*).

Un IBSS est ainsi un réseau sans fil constitué au minimum de deux stations et n'utilisant pas de point d'accès. L'IBSS constitue donc un réseau éphémère permettant à des personnes situées dans une même salle d'échanger des données. Il est identifié par un SSID, comme l'est un ESS en mode infrastructure.

Dans un réseau ad hoc, la portée du BSS indépendant est déterminée par la portée de chaque station. Cela signifie que si deux des stations du réseau sont hors de portée l'une de l'autre, elles ne pourront pas communiquer, même si elles « voient » d'autres stations.

En effet, contrairement au mode infrastructure, le mode ad hoc ne propose pas de système de distribution capable de transmettre les trames d'une station à une autre. Ainsi un IBSS est par définition un réseau sans fil restreint.

Remarquez que si un des ordinateurs du réseau ad hoc possède une connexion à Internet, il est alors possible de la partager avec les autres ordinateurs du réseau, comme dans le cas d'un réseau local traditionnel. Cet ordinateur, servant de passerelle, devra toutefois être allumé pour que les autres ordinateurs puissent accéder à Internet.

Mise en place d'un réseau sans fil

Nous allons examiner ici la mise en place pratique d'un réseau WiFi. Les différences entre mode ad hoc et mode infrastructure seront signalées lorsque nécessaire.

Installation de l'adaptateur sans fil

Avant toute chose, il est nécessaire d'équiper toutes les machines du futur réseau ad hoc d'un **adaptateur sans fil** et d'installer les pilotes. Cela est généralement déjà fait par le constructeur sur des machines récentes. Bien évidemment, la démarche dépend du système d'exploitation employé. Vous trouverez dans ce qui suit différents exemples.

❏ Windows

Sous Windows, il suffit normalement d'installer ou de connecter la carte sans fil pour que celle-ci soit reconnue par le dispositif *Plug and Play* et propose l'installation des pilotes.

Vous disposez toutefois le plus souvent d'un CD d'accompagnement du matériel, qui propose généralement une installation presque automatique des pilotes nécessaires.

Selon les constructeurs et votre choix d'installation, le CD du constructeur peut vous servir ou non.

■ Installation d'une suite logicielle complète

C'est la méthode la plus simple : vous insérez votre CD, tout est déjà prêt et la connexion WiFi est automatiquement configurée pour vous. Elle présente toutefois un inconvénient de taille : elle installe souvent toute une suite de logiciels, souvent peu utiles et encombrant inutilement votre ordinateur en pénalisant ses performances. Vous n'avez besoin en effet que de deux logiciels maximum, le pilote et éventuellement l'utilitaire de gestion sans fil.

Tous les fournisseurs d'accès ne proposent toutefois pas ce mode d'installation. Certains se contentent simplement de vous fournir les deux produits concernés (pilotes du matériel et utilitaire WiFi), ce qui est (presque) similaire à la deuxième possibilité.

Installation manuelle

Vous n'avez pas besoin de la totalité du CD fourni par le fournisseur d'accès, mais uniquement des pilotes de votre adaptateur et éventuellement de l'utilitaire de connexion (indispensable uniquement pour les versions de Windows antérieures à Windows XP SP1 compris). En effet, sous Windows XP Service Pack 2 et Windows Vista, un utilitaire de gestion de connexion incorporé au système d'exploitation est déjà installé et aucun logiciel supplémentaire n'a besoin d'être ajouté. Vous pourrez toutefois préférer employer l'utilitaire du constructeur, comme nous le verrons plus loin.

Si vous possédez un CD constructeur, parcourez-le pour repérer le chemin d'accès au pilote qui correspond à votre système d'exploitation. Si vous n'en possédez pas, visitez le site Web du constructeur pour y télécharger le pilote adéquat.

Lorsque Windows détecte le matériel et propose d'en installer les pilotes, refusez de chercher sur Windows Update. Cliquez sur Suivant. Dans l'écran qui s'affiche, choisissez Installer à partir d'une liste ou d'un emplacement spécifié, puis cliquez sur Suivant.

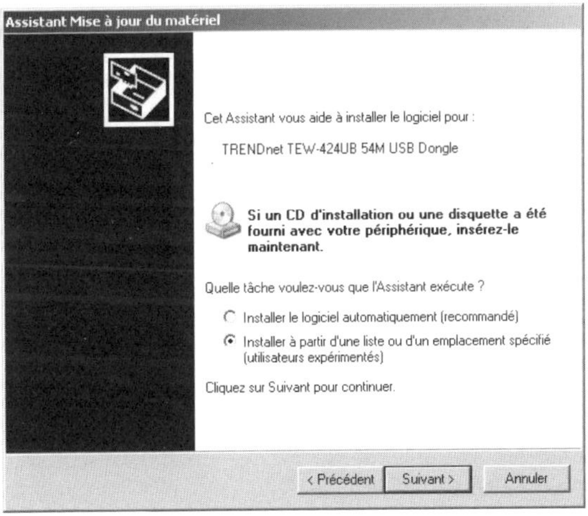

Dans l'écran suivant, choisissez l'option Inclure cet emplacement dans la recherche, puis spécifiez le chemin d'accès au pilote en cliquant sur Parcourir et en sélectionnant le pilote adéquat.

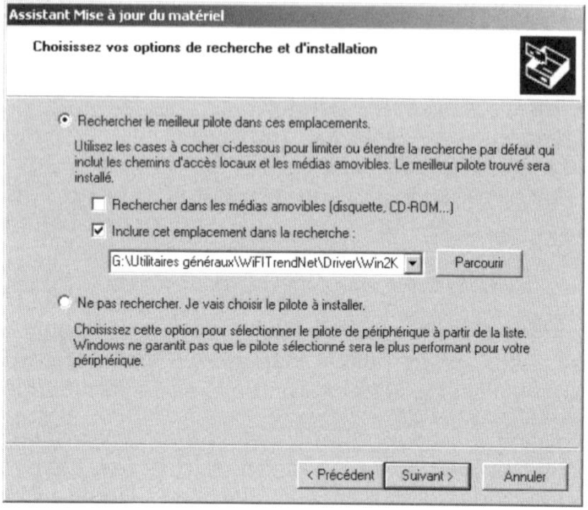

Si tout se passe bien, une fenêtre confirme la bonne installation du pilote de l'adaptateur.

Une fois la carte installée ou connectée, une icône est présente dans la barre des tâches, indiquant la présence d'un adaptateur sans fil actif dans l'ordinateur :

Si l'icône de la barre des tâches affiche une petite croix, cela signifie que l'ordinateur n'est pas connecté au réseau sans fil. Nous supposerons provisoirement que tel est le cas en poursuivant la configuration du réseau.

❑ Linux

Pour être sûr que votre périphérique WiFi fonctionnera sous Linux, assurez-vous qu'il utilise l'une des puces (*chipset*) suivantes :

➤ **Atheros** : ces cartes sont prises en charge *via* les pilotes Mad wifi (*Multiband Atheros Driver for WiFi*). La liste des cartes Atheros supportées par les pilotes Mad wifi, ainsi qu'un didacticiel, sont consultables à l'adresse http://www.trustonme.net/didactels/293.html.

- **Intersil Prism2/2.5/3** : ces cartes sont prises en charge *via* les pilotes linux-wlan. La liste des cartes Prism supportées par les pilotes linux-wlan, ainsi qu'un didacticiel, sont consultables à l'adresse http://www.trustonme.net/didactels/296.html.
- **Intel Centrino** (carte WiFi intégrée Intel PRO/Wireless 2100A) : didacticiel d'installation proposé à l'adresse http://www.trustonme.net/didactels/305.html.
- **Intel Centrino 2** (cartes WiFi intégrées Intel PRO/Wireless 2200BG, Intel PRO/Wireless 2225BG ou Intel PRO/Wireless 2915ABG) : didacticiel d'installation proposé à l'adresse http://www.trustonme.net/didactels/306.html.
- **Atmel AT76C503/505A** (cartes WiFi USB ou PCMCIA à base de chipset Atmel AT76C503/505A) : la liste des cartes concernées ainsi qu'un didacticiel peuvent être consultés à l'adresse http://www.trustonme.net/didactels/329.html.

D'autres puces sont supportées nativement ou grâce à ndiswrapper (http://ndiswrapper.sourceforge.net/).

Si la carte réseau sans fil est bien détectée, la commande ifconfig -a doit faire apparaître deux cartes réseaux réelles : eth0 et eth1, wlan0 ou wifi0. Notez le nom de la seconde interface, qui correspond à la carte sans fil.

Le noyau doit disposer outre du pilote de la carte réseau des modules wireless extensions et des algorithmes de cryptage ARC4 et Michael MIC. Tous ces modules sont normalement présents dans les noyaux fournis par les distributions récentes (Ubuntu 6.06 Dapper Drake par exemple).

Vous devez ensuite installer les outils de connexion sans fil **Wireless tools**. C'est l'ensemble d'outils qui permet de configurer les cartes wifi, scanner et se connecter aux réseaux environnants. Sous Ubuntu ou Debian, installez le paquet wireless-tools.

Si vous voulez employer la sécurité WPA, vous devez en outre installer les paquetages suivants :

- **OpenSSL** : installez le paquet openssl et téléchargez le certificat SSL de notre serveur Radius, à l'adresse
  https://radius.via.ecp.fr/ssl/cacert.crt.
  Placez ce certificat dans /etc/ssl/certs/.

- **WPA supplicant** : installez le paquet wpasupplicant et récupérez ensuite le fichier de configuration à l'adresse https://radius.via.ecp.fr/conf/wpa_supplicant.conf et placez-le dans /etc/. Éditez ce document, et mettez-y votre nom d'utilisateur et votre mot de passe sans fil.

Pour configurer votre connexion, avec Ubuntu ou Debian, vous pouvez éditer le fichier /etc/network/interfaces. Il doit contenir :

```
iface wlan0 inet dhcp
wpa-driver wext
wpa-conf /etc/wpa_supplicant.conf
```

(les deux dernières lignes concernent une sécurité WPA). Vous pouvez maintenant vous connecter au réseau sans fil en lançant la commande suivante (remplacez wlan0 par le nom de l'interface sans fil) :

Debian Etch **su -c 'ifup wlan0'**

Ubuntu Dapper **sudo ifup wlan0**

Pour les autres distributions, reportez-vous au manuel de votre distribution et à la documentation fournie dans /usr/share/doc/.

Il existe une commande générique, adaptée à toutes les distributions, pour se connecter à un réseau sans fil crypté par WPA :

```
wpa_supplicant -w -i wlan0 -D wext -c /etc/wpa_supplicant.conf
```

Il faut ensuite demander une adresse IP avec la commande : **dhclient wlan0**.

Vous pouvez maintenant scanner les réseaux qui vous entourent avec la commande **iwlist wlan0 scan**. Si vous êtes à portée d'un point d'accès, vous devez voir apparaître ce réseau.

❑ Activation du WiFi intégré sur un PC portable

Si votre ordinateur possédait une carte intégrée, comme cela est le cas avec la quasi-totalité des portables récents, la carte sans fil est déjà installée et configurée. Les ordinateurs portables possèdent toutefois des fonctions avancées pour la gestion de l'économie d'énergie. L'une d'entre elles permet d'activer ou de stopper l'alimentation du WiFi intégré. Avant de passer à la suite, mieux vaut vérifier que le WiFi est bien activé. Le tableau suivant donne la liste des principaux portables avec la méthode pour activer le WiFi. Si votre ordinateur n'est pas cité dans cette liste, reportez-vous à sa documentation.

Acer	Aspire 16xx : bouton en façade symbolisant une parabole Aspire 3005 : en dessous du clavier, à la limite de la façade, bouton de droite Aspire 5612 : glissière ON/OFF en façade Aspire 9302 : bouton sur la gauche du portable, entouré de bleu Aspire 94xx : bouton sous Verr. num
Asus	Combinaison de la touche FN et de la touche F2 (si la touche F2 possède le symbole d'une antenne ou d'une parabole)
Dell	Combinaison de la touche FN et de la touche F2 (si la touche F2 possède le symbole d'une antenne ou d'une parabole) ou glissière à trois positions (attention, selon les paramètres du BIOS, ce commutateur peut aussi commander le réseau Bluetooth) : 0 (arrêt) 1 (marche) >> (recherche et connexion de points d'accès)
Compaq	Bouton assez imposant au-dessus du clavier. Il faut faire une pression longue pour l'activer
Fujitsu	Glissière en façade, sur la droite, comprenant l'indication Wireless
Siemens	Amilo Xi1546 : bouton sous forme d'une glissière sur la façade du portable Série non Amilo : bouton OFF/ON Wireless en dessous du touchpad
Gericom	Cinema 16100 : FN + F1
HP Pavilion	Série DV : au-dessus du clavier, au centre, bouton avec une antenne symbolisée Série ZD : au-dessus de la touche Verr. num, bouton avec une antenne symbolisée HP Pavillion 9212EA (sous Vista) : bouton Wireless en façade, sur la gauche
IBM	T43 : FN + F5
Medion	FN + F1 ou FN + F2 ou FN + F11 selon les modèles

MSI	Bouton symbolisé par antenne, près du power
Packard Bell	Easynote W7730 : bouton en façade, sur la gauche, symbolisant une antenne Easynote B3600 : FN + F1 avec une antenne symbolisée sur F1
Philips	X54 : bouton symbolisé par une antenne, près du power ou FN + F2
Samsung	Bouton bleu au milieu du clavier
Sony Vaio	Glissière en façade marquée WLAN
Toshiba	A100-078 : glissière sur la tranche de droite & FN + F8 M40 & M70 : en façade, bouton ON/OFF symbolisé par une antenne M60-181 & R200 : sur le côté droit, bouton ON/OFF QOSMIO : sur le côté gauche, bouton ON/OFF R200 : bouton ON/OFF sur le flanc droit près de l'écran P200 : bouton ON/OFF sur le devant, à gauche

Configuration de l'adaptateur réseau

Votre adaptateur réseau possède à ce stade des paramètres par défaut, qu'il est généralement nécessaire de modifier.

❑ Configuration de l'adresse IP de votre ordinateur

Commencez par identifier l'**adresse IP de votre point d'accès**, telle que fournie par le manuel d'utilisation (il vous sera possible de la modifier par la suite). Selon toutes probabilités, elle sera de la forme 192.168.x.x, généralement 192.168.1.1 ou 192.168.0.1. Ce sera l'adresse de votre passerelle, puisque l'appareil sert de liaison entre votre réseau local et Internet.

En effet, un tel réseau nécessite d'employer une **adresse IP privée**. Il existe des plages d'adresses réservées à cet effet, comme cela a été abordé précédemment. En pratique, 192.168.0.1 à 192.168.0.255 sera suffisant (ou 192.168.1.1 à 192.168.1.255 si vous possédez déjà un réseau local avec l'adressage précédent).

Si l'un des ordinateurs du réseau ou une passerelle possède un accès à Internet qu'il souhaite partager avec les autres ordinateurs du réseau, la coutume veut qu'il se nomme 192.168.0.1 (ou 192.168.1.1), mais il ne s'agit là que d'une convention. Les autres machines prendront les adresses dans la même plage d'adresses : 192.168.0.2 (ou 192.168.1.2), puis 192.168.0.3 (ou 192.168.1.3), etc. Rien n'oblige toutefois à ce que les chiffres retenus soient consécutifs, tant qu'ils appartiennent au même sous-réseau.

- Avec Windows XP, choisissez Démarrer > Panneau de configuration > Connexions réseau > Connexion au réseau local. Cliquez avec le bouton droit sur l'icône correspondant à la connexion réseau sans fil, puis choisissez Propriétés :

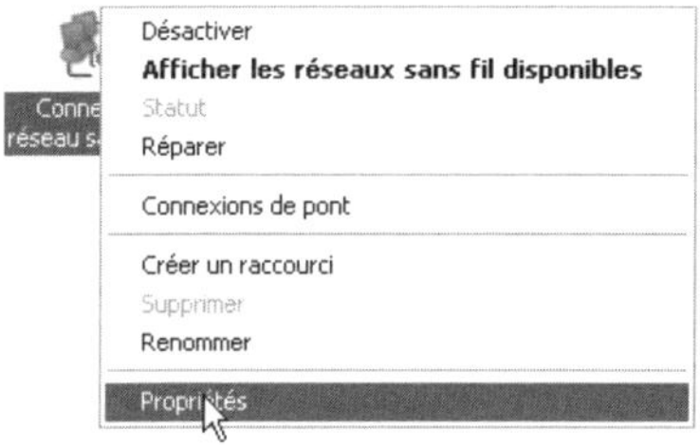

- Dans l'onglet Général : Propriétés, dans la liste des protocoles, sélectionnez Protocole Internet (TCP/IP) puis cliquez sur Propriétés :

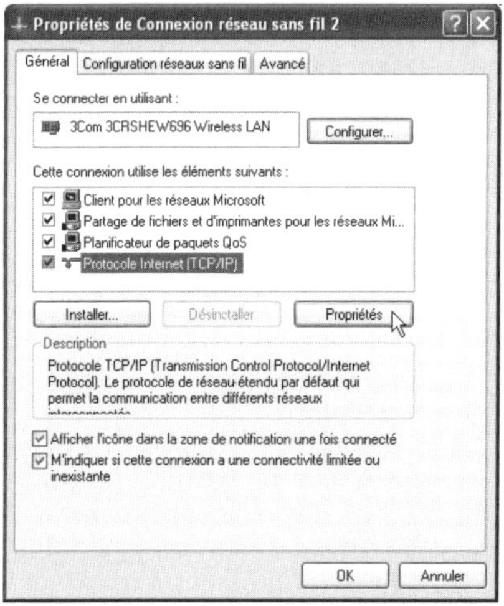

- Si votre point d'accès ne possède pas de serveur DHCP, sélectionnez **Utiliser l'adresse IP suivante**, puis saisissez une adresse identique à celle de la passerelle, sauf pour le dernier chiffre. Par exemple, en supposant que l'adresse de la passerelle soit 192.168.0.1, renseignez comme suit les champs pertinents :

```
Adresse IP : 192.168.0.10
Masque de sous-réseau : 255.255.255.0
Passerelle par défaut : 192.168.0.1.
```

Astuce

Le masque de sous-réseau étant 255.255.255.0, vous savez que l'adresse de votre réseau est 192.168.0 et que votre réseau peut donc posséder un maximum de 254 clients (le routeur consommant lui-même une adresse), qui posséderont tous une adresse IP de type 192.168.0.x. Chaque adresse IP d'un réseau doit se trouver sur le même sous-réseau.

Si cela vous semble peu clair, reportez-vous dans le chapitre 5 à la section « Adresses IP ».

- Si votre point d'accès possède un serveur DHCP, sélectionnez **Obtenir une adresse IP automatiquement**. Vous pouvez éventuellement cliquer sur l'onglet Configuration alternative et entrer les mêmes éléments que ceux cités plus haut.

Configuration du point d'accès

Cette étape ne concerne bien sûr que les réseaux en mode infrastructure.

Les modems/routeurs/points d'accès appelés **boxes** (**Freebox**, **Livebox**, **DartyBox**, **Neufbox**, etc) sont simplifiés et déjà préconfigurés : vous trouverez le nom du point d'accès par défaut et la clé WEP ou WPA sur le carton d'emballage ou sur une étiquette collée sur la box. En utilisant un véritable point d'accès, vous devez entrer vous-même ces informations par l'intermédiaire de l'interface de configuration du point d'accès, à l'aide d'un câble réseau reliant la prise Ethernet de votre ordinateur à la prise Ethernet de votre point d'accès avant de pouvoir utiliser le WiFi.

Si le principe général reste le même, les détails peuvent différer selon les modèles et les marques. Nous examinons ici le cas d'un modem-routeur WiFi qui offre un serveur DHCP, une sécurité WEP, le filtrage des adresses IP et MAC et une interface de configuration à partir d'un navigateur Web.

- Ouvrez votre **navigateur Web** (Firefox, Internet Explorer, Opéra ou autre) et entrez dans la barre d'adresse l'adresse IP du point d'accès, c'est-à-dire celle de la passerelle. Dans notre exemple, ce serait http://192168.0.1.

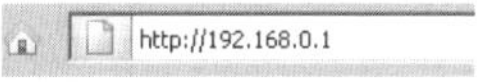

- Entrez l'identifiant et le mot de passe fournis par le manuel d'utilisation si besoin, dans la fenêtre qui s'affiche.

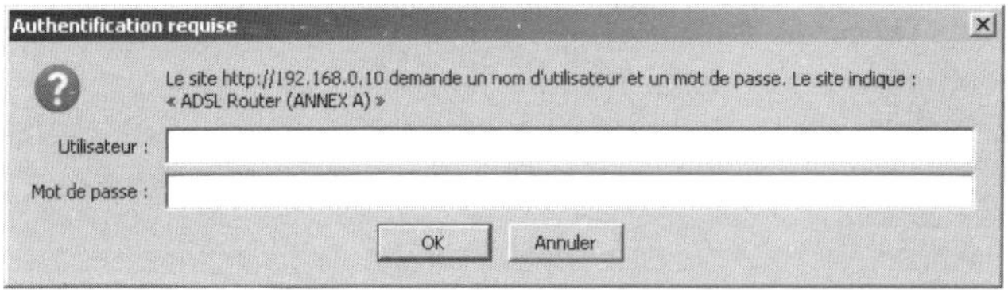

Attention !

Vous devrez penser à modifier aussi vite que possible ces éléments, afin de ne pas garder ceux par défaut. N'oubliez pas de les noter par écrit et de mettre le papier en lieu sûr !

- Vous accédez ainsi à l'interface d'administration de votre point d'accès, qui vous permet de la configurer pour votre réseau. La figure suivante montre l'interface Web d'administration d'un modem routeur TrendNet TEW-435BRM.

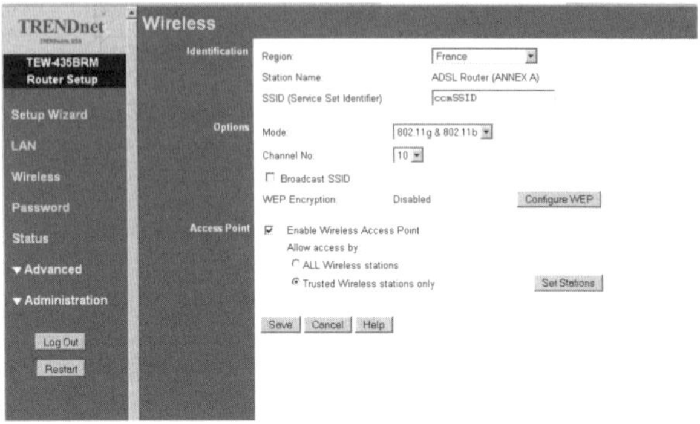

Les manipulations suivantes dépendent des marques et des modèles. Il peut parfois être nécessaire de naviguer un peu dans le menu pour accéder aux différents paramètres.

- Entrez le SSID de votre point d'accès. Sur la figure précédente, nous avons choisi ccmSSID.
- Désactivez l'option Broadcast SSID. C'est une protection faible, mais élémentaire et suffisante pour empêcher n'importe qui de se connecter à votre réseau. Un pirate même de faible niveau pourra toutefois aisément contourner cette protection.
- Activez le cryptage **WEP** (au moins, de préférence en 128 bits) ou WAP, selon les possibilités de votre point d'accueil et vos choix. Pour activer le cryptage, entrez la clé choisie.

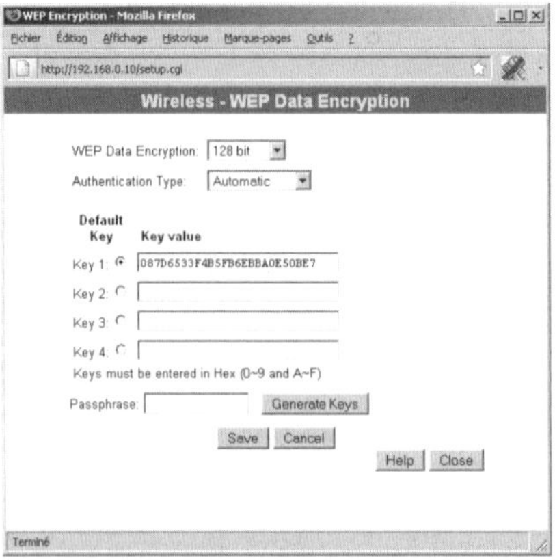

- Si votre point d'accès possède une fonction routeur, activez le **serveur DHCP**. Attribuez éventuellement une nouvelle adresse IP à votre point d'accès et configurez l'étendue du réseau. Par exemple, comme le montre la figure ci-dessous, nous avons ici retenu les paramètres suivants :

```
Adresse IP : 192.168.0.10
Masque de sous-réseau : 255.255.255.0
Début du réseau : 192.168.0.1
Fin du réseau : 192.168.1.31
```

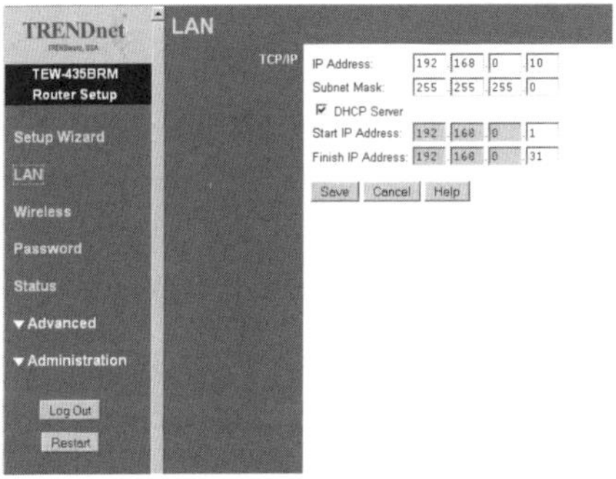

- Le choix d'une limite du sous-réseau (ici de 1 à 31) est une précaution de sécurité. Cela signifie ici qu'il ne pourra y avoir qu'un maximum de 31 périphériques connectés au sous-réseau, ce qui limite la possibilité d'un accès extérieur si toutes les adresses sont attribuées : l'assaillant devrait « éliminer » un des postes connectés, ce qui reste faisable mais est à la fois plus difficile et plus repérable. 31 est ici un chiffre élevé : vous pourriez retenir une valeur bien inférieure, selon les besoins de votre réseau.

Attention : adresse IP de la passerelle

Si vous avez modifié l'adresse IP de votre point d'accès/passerelle, vous devrez penser à modifier également celle-ci sur votre ordinateur, comme expliqué plus haut dans la section Configuration de l'adresse IP de l'ordinateur.

- Si votre point d'accès ne possède pas de fonction routeur, entrez simplement son adresse IP (qui doit obligatoirement appartenir au sous-réseau de votre réseau).

❑ Configuration de l'accès Internet

- Si votre point d'accès est connecté à Internet *via* une box, sélectionnez votre type de connexion (**PPPOE** ou **PPTP** pour Neufbox et Freebox par exemple), puis entrez votre identifiant et votre mot de passe de connexion, fournis par votre fournisseur d'accès.

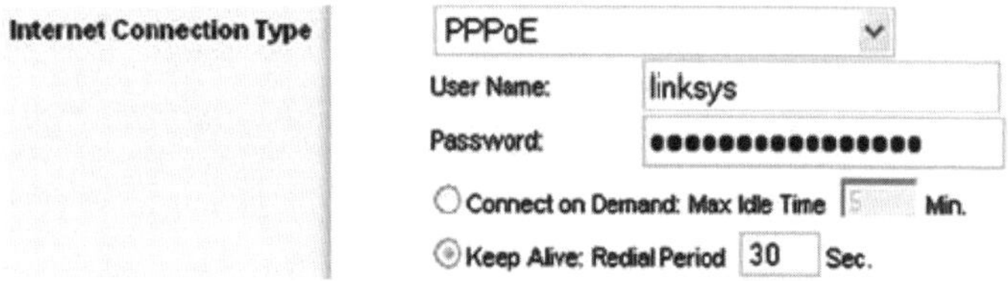

- Si votre point d'accès est connecté à Internet *via* un routeur ou une box en mode routeur (il est fortement recommandé de toujours activer le mode routeur d'une box, lorsque cela est possible), sélectionnez DHCP comme type de connexion Internet.

- Si votre point d'accès est connecté à Internet *via* une passerelle avec IP fixe, sélectionnez **IP static** comme type de connexion Internet. Entrez l'adresse IP de votre point d'accès, le masque de sous-réseau (255.255.255.0) puis l'adresse IP de la passerelle.

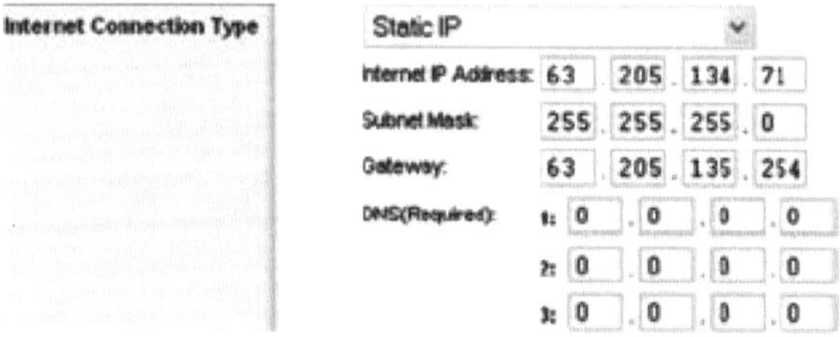

❑ Branchement du point d'accès

Pour mettre en œuvre votre réseau, branchez votre point d'accès à la prise Ethernet de votre modem/routeur ou de votre passerelle pour un point d'accès simple, à la prise Ethernet de votre modem pour un point d'accès routeur ou à votre prise téléphonique pour le cas d'un point d'accès modem/routeur.

Vous partagerez ainsi votre connexion Internet.

À savoir

Afin de mieux sécuriser votre réseau, vous pourriez brancher le point d'accès à la prise Ethernet d'un pare-feu avec serveur d'authentification par exemple. Dans ce cas, le pare-feu peut alors être connecté à votre box ou à tout autre modem Internet.

Configuration du réseau

Nous voilà arrivés presque à la fin du parcours. Les choses diffèrent légèrement selon le mode de réseau retenu.

Mode infrastructure

Vous disposez à ce stade des deux éléments clés nécessaires à cette configuration, définis par votre point d'accès (le routeur ou modem routeur ou la box) :

- **SSID** : c'est le nom de votre réseau WiFi. Il peut être visible (ce qui simplifiera la configuration) ou caché (il faut alors le connaître, mais cette configuration est recommandée). Regardez sur la box si le nom par défaut y figure, sinon cela peut être un nom quelconque. Free demande par exemple par téléphone aux abonnés quel nom donner au point d'accès.
- **Clé de sécurité** : c'est le mot de passe d'accès à votre réseau. Ça peut être une clé WEP ou une clé WPA selon la configuration de votre point d'accès.

❑ Connexion à un point d'accès

Vérifiez tout d'abord que les paramètres de configuration d'adresse IP de l'ordinateur concerné sont corrects. Reportez-vous si besoin à la section précédente « Configuration de l'adresse IP de votre ordinateur ».

Pour résumer, si le point d'accès ne possède pas de serveur DHCP, vous devez lui attribuer une adresse IP fixe. Attention à ne pas employer deux fois la même adresse IP ! Attribuez 255.255.255.0 comme masque de sous-réseau et renseignez l'adresse IP du point d'accès. Si le point d'accès possède un serveur DHCP, vous sélectionnez l'option Obtenir une adresse IP automatiquement.

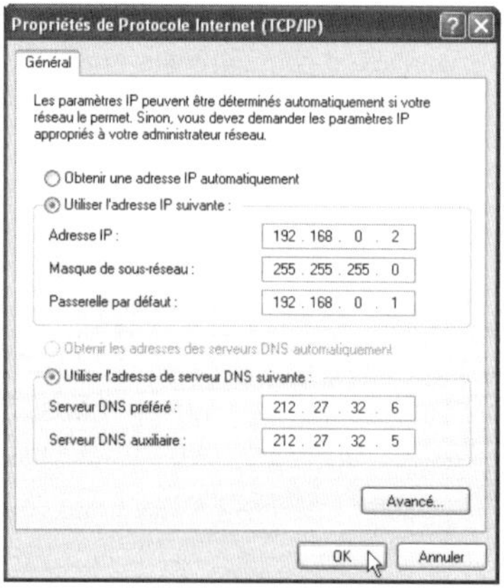

Dans les champs concernant le DNS, choisissez Obtenir automatiquement les adresses des serveurs DNS, si vous possédez un routeur, ou dans le cas contraire saisissez les adresses IP des serveurs de noms correspondant au fournisseur d'accès de la machine connectée à Internet. Pour les connaître, il suffit par exemple de saisir la commande suivante (Démarrer > Exécuter) sur la machine connectée à Internet :

```
cmd /k ipconfig /all
```

Toujours dans la fenêtre Propriétés de la connexion réseau sans fil (onglet Configuration réseaux sans fil), cliquez sur Avancé et vérifiez que l'ordinateur est bien configuré avec Réseaux avec point d'accès uniquement (infrastructure).

Sélection du point d'accès

Nous utilisons ici l'utilitaire de Windows, mais vous pouvez également utiliser un autre utilitaire, notamment si vous exécutez un système d'exploitation antérieur à XP SP 2.

Utilisation de l'utilitaire de Windows

Vous atteignez celui-ci de la façon suivante :

- Sous Windows Vista : dans le Panneau de configuration, choisissez Centre réseau et partage puis Gérer les connexions réseau (dans le menu de droite). Effectuez un clic droit sur Connexion réseau sans fil et choisissez Connecter/Déconnecter.
- Sous Windows XP SP2 : dans le Panneau de configuration, choisissez Connexions réseau, effectuez un clic droit sur Connexion réseau sans fil et choisissez Activer/Désactiver
- Dans les deux cas, vous pouvez également effectuer un clic droit sur l'icône de la connexion sans fil dans la barre système et choisir Afficher les réseaux disponibles.

Si la fenêtre Connexion réseau sans fil signale qu'un autre programme semble gérer la connexion sans fil, comme dans la figure suivante, c'est que lors de son installation la carte sans fil a installé un utilitaire propriétaire de gestion de la connexion sans fil qui remplace celui de Windows et l'a désactivé.

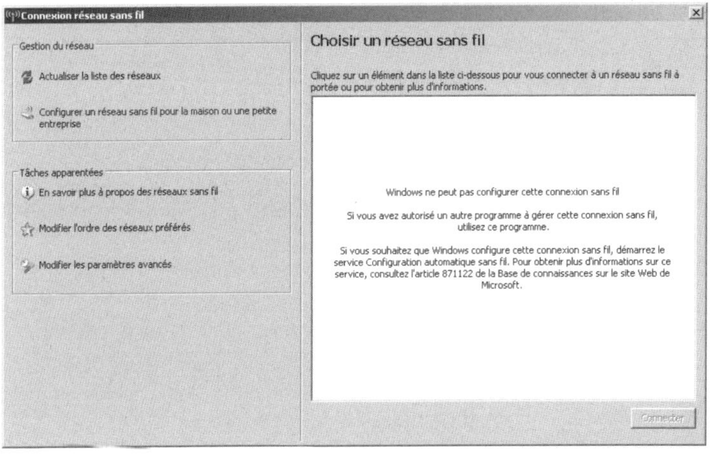

Servez-vous alors de l'utilitaire du constructeur.

> **Astuce**
>
> Vous pourriez préférer employer l'agent Windows, mais celui-ci est désactivé : reportez-vous à la section « Utilitaire de configuration sans fil Windows », un peu plus loin.

Utilisation de l'utilitaire du constructeur de l'adaptateur WiFi

L'utilitaire fourni par le constructeur est souvent installé en même temps que les pilotes, mais ce n'est pas toujours le cas, surtout si vous avez choisi une installation manuelle. Vous pourrez vérifier son installation et/ou le démarrer depuis l'icône dédiée située dans la barre système ou depuis le menu Démarrer en choisissant Tous les programmes. Cherchez ensuite la marque de l'adaptateur sans fil, puis l'utilitaire de connexion.

Emploi des utilitaires

Ces utilitaires permettent d'associer l'adaptateur sans fil à votre point d'accès – et pas à celui de votre voisin, s'il est à portée !

- Sélectionnez si besoin la recherche automatique de réseaux.

> **Astuce**
>
> Si, dans la **barre système** (les icônes à côté de l'horloge), l'icône de la connexion WiFi possède un sigle jaune clignotant, un utilitaire de connexion à un réseau WiFi est indispensable pour vous connecter à un réseau WiFi.
>
> 1. Positionnez-vous sur cette icône : une info bulle va apparaître, regardez l'état de la connexion.
> 2. Si cette connexion reste sur « Lecture de l'adresse réseau », cliquez droit sur cette même icône puis cliquez sur Réparer.
>
> Cette simple opération peut souvent résoudre des problèmes de connexion.

À partir d'ici, deux cas sont possibles : le réseau est ou n'est pas détecté.

Si vous obtenez un message du type « Windows ne peut pas configurer cette connexion », vous avez dû oublier une des étapes décrites ci-dessus !

- **Cas n° 1 : le réseau est détecté**. C'est le cas idéal. Vous trouvez un et peut-être plusieurs points d'accès disponibles (le vôtre et ceux détectés à proximité). Effectuez un double-clic sur le nom du point d'accès (son SSID) de votre réseau dans la liste ou sélectionnez-le et cliquez sur Connecter. Après un temps de chargement, une fenêtre vous demandera si nécessaire la clé réseau WPA ou WEP : saisissez-la. Vous trouverez cette clé sur l'emballage ou directement sur la box. Si un type de clé vous est demandé et qu'aucun mode « automatique » n'est présent, essayez la configuration suivante : WPA, clé hexadécimale, 128 bits. Ensuite, validez en cliquant sur Connexion en bas à droite. Après un nouveau temps de chargement, la fenêtre des réseaux à portée réapparaît, en indiquant que vous êtes connecté à un réseau. Vous pouvez alors fermer toutes les fenêtres.
- **Cas n° 2 : le réseau n'est pas détecté**. Si votre point d'accès ne figure pas dans la liste, soit il est trop loin de l'ordinateur, soit le WiFi est désactivé sur le point d'accès, soit sa diffusion est interdite (le nom est « caché », ce qui n'est jamais le cas par défaut, lors de l'installation initiale). Il est alors nécessaire d'ajouter manuellement un profil de configuration à l'agent XP. Commencez par refermer la fenêtre. Effectuez un clic droit sur l'icône de Connexion réseau sans fil, puis choisissez Propriétés. Revenez à l'onglet Configuration réseaux sans fil. En bas de la page, cliquez sur Ajouter. Une fenêtre apparaît. Saisissez d'abord le SSID (le nom du réseau). Cochez ensuite Cryptage des données en sélectionnant WEP ou WPA selon votre configuration. Une fois la clé saisie, validez en cliquant deux fois de suite sur OK. Si vous devez spécifier le réseau utilisé, sélectionnez le type Infrastructure. Vous êtes à présent connecté. Vous pouvez alors fermer toutes les fenêtres.

Mode ad hoc

La boîte de dialogue des propriétés de la connexion réseau sans fil (onglet Configuration réseaux sans fil) présente les réseaux détectés par l'adaptateur sans fil et permet de les configurer.

Pour créer un réseau ad hoc, il est nécessaire d'ajouter un nouveau réseau, repéré par un nom unique, le SSID. Pour ce faire, cliquez sur le bouton Ajouter. Une nouvelle boîte de dialogue s'ouvre alors :

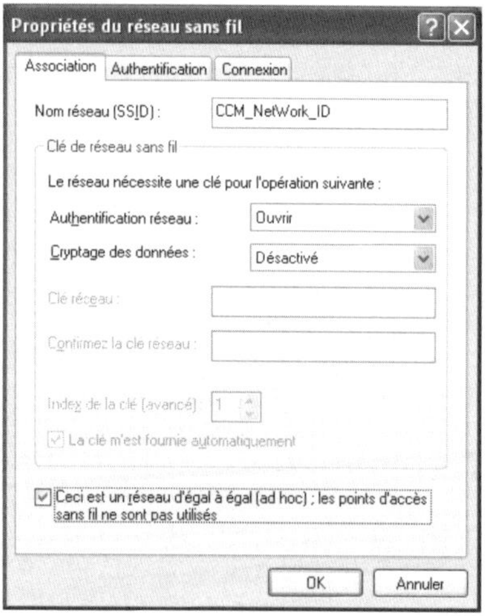

Pour **créer le réseau ad hoc**, il suffit, sur chacun des ordinateurs du futur réseau, de saisir le même SSID et de cocher la case « Ceci est un réseau d'égal à égal ». Les autres options servent à renforcer la sécurité. Dans un premier temps, laissez le réseau complètement ouvert (avec les options de la capture ci-dessus), afin de ne pas multiplier les paramètres risquant d'empêcher la première mise en réseau.

Dès lors, les machines du réseau ad hoc devraient être en mesure d'être connectées ensemble. Si l'icône de la barre des tâches affiche une petite croix, l'ordinateur n'est pas connecté au réseau sans fil. Vérifiez alors les points suivants :

- Dans la liste des réseaux sans fils disponibles (clic simple sur l'icône Connexion réseau sans fil de la barre des tâches), le

SSID du réseau ad hoc doit apparaître. Un double clic sur son nom permet de s'y connecter.

- S'il n'apparaît pas, ouvrez les propriétés de la connexion réseau sans fil (onglet Configuration réseaux sans fil), cliquez sur Avancé et vérifiez que l'ordinateur n'est pas configuré sur Réseaux avec point d'accès uniquement (infrastructure).
- Si cela ne fonctionne toujours pas, veuillez désactiver temporairement vos pare-feu personnels (y compris le pare-feu de Windows XP), afin de réduire le nombre de causes d'échec possibles.

Test en profondeur du réseau

Une fois tout installé, mieux vaut toutefois procéder à un test en profondeur du réseau. Vous allez le faire à l'aide de l'utilitaire **Ping**, présenté plus en détail au chapitre 9.

Ouvrez une invite de commande (Démarrer > Tous les programmes > Invite de commande) puis effectuez successivement les étapes suivantes :

- ping sur l'adresse de boucle (127.0.0.1), représentant votre ordinateur :

```
ping 127.0.0.1
```

- ping sur les adresses IP et/ou les noms d'ordinateur d'autres ordinateurs du réseau, par exemple :

```
ping 192.168.0.3
ping Mickey
```

- ping sur la passerelle du fournisseur d'accès. L'adresse de la passerelle du fournisseur d'accès est celle que vous avez saisie dans les paramètres de la carte réseau. Vous pouvez également la récupérer grâce à la commande ipconfig exécutée sur une invite de commande :

```
ping adresse_ip_passerelle_par_défaut
```

- ping sur les serveurs de noms du fournisseur d'accès (voir la liste des serveurs de noms des principaux fournisseurs d'accès). L'adresse des serveurs DNS du fournisseur d'accès a été renseignée dans les paramètres de la carte réseau. Vous pouvez à tout moment également les récupérer à l'aide de l'utilitaire ipconfig :

```
ping adresse_serveur_DNS
```

- ping sur une machine du réseau Internet, par exemple :

```
ping 193.19.219.210
```

- ping sur un nom de domaine, par exemple :

```
ping www.commentcamarche.net
```

Si tout cela fonctionne, votre réseau est apte à être utilisé ! Dans le cas contraire, poursuivez votre lecture ou reportez-vous directement au chapitre 10.

Cas particuliers

Utilitaire de configuration sans fil

Depuis Windows XP, Microsoft a intégré à son système d'exploitation un agent WiFi, baptisé par la firme **Configuration Zéro**.

L'agent natif de Windows est parfois plus stable que les agents constructeurs. De plus, cela permet de libérer un peu les ressources de votre machine, puisque cela évite d'avoir un programme de fond actif en permanence. Cependant, pour les joueurs en réseaux (même si le WiFi est fortement déconseillé pour jouer en réseau), l'agent natif effectue une recherche des réseaux sans fil à portée assez fréquemment, ce qui peut créer un temps d'attente (*lag*) au moment de cette recherche.

La coexistence de plusieurs utilitaires sans fil aboutit tôt ou tard à des conflits (voir la section « Conflits d'agents WiFi », au chapitre 10). Vous devez choisir d'employer un des utilitaires et désactiver les autres.

❑ Emploi de l'agent Windows

Si vous souhaitez employer l'agent Windows, vous devez désactiver le ou les autres utilitaires présents.

Remarquez que nous disons désactiver et non désinstaller. En effet, de nombreux constructeurs lient l'installation des pilotes du matériel à l'agent : si vous désinstallez ce dernier par Ajout/Suppression de programmes du Panneau de configuration, il y a de fortes chances pour que cela supprime simultanément les pilotes !

Désactivation des logiciels de configuration WiFi constructeur

Pour désactiver un agent de démarrage, deux possibilités :

- **Dossier Démarrage**. Dans le menu Démarrer > Tous les programmes, vous trouvez un dossier Démarrage. Il s'y trouve dans la plupart des cas un raccourci vers l'exécutable de l'agent. Il suffit alors de faire un clic droit dessus et de choisir Supprimer le raccourci.
- **Utilitaire de configuration système**. Cet utilitaire affiche tous les programmes lancés au démarrage de Windows. Pour y accéder, choisissez Démarrer > Exécuter, puis saisissez **msconfig** dans la zone de texte et appuyez sur Entrée. Deux onglets vont nous intéresser : Services et Démarrage. Dans l'onglet Services, vous trouverez au bas de la page un bouton Masquer tous les services Microsoft : cochez-le. Dans la liste restant apparente, vous devriez trouver votre agent WiFi. Dans l'onglet Démarrage, les noms sont beaucoup moins explicites : soyez donc extrêmement prudent. Si vous ne savez pas à quoi correspond un programme, mieux vaut éviter de le désactiver.

Le tableau suivant présente les démarches pour un certain nombre de matériels :

Alcatel (Dongles ST)	Faites un clic droit sur l'icône de l'agent dans la barre des tâches (l'escalier vert) > Cliquez sur Activer la configuration zéro
Asus	Démarrer > Exécuter > Msconfig. Dans l'onglet Démarrage, décochez « Center » dans « Éléments de Démarrage » (Asus Wlan Card utility)
Belkin	Démarrer > Exécuter > Msconfig. Dans l'onglet Démarrage, décochez « Belkin 802.11g » Démarrer > Exécuter > Msconfig. Dans l'onglet Démarrage, décochez « Belkin Wireless USB Network Service » Démarrer > Exécuter > Msconfig. Dans l'onglet Démarrage, décochez « Wireless Network »
Bluestorke	Démarrer > Exécuter > Msconfig. Dans l'onglet Démarrage, décochez « bs/wusb.exe » On peut avoir en plus : Démarrer > Exécuter > Msconfig. Dans l'onglet Démarrage, décochez « Usb device service »

Dell	Démarrer > Exécuter > Msconfig. Dans l'onglet Services, décochez « Dell Wireless Wlan Tray »
D Link	Démarrer > Exécuter > Msconfig. Dans l'onglet Démarrage, décochez « Airplus g / Rgcfg.exe »
Hercules	Faites un clic droit sur l'icône WiFi station dans la barre des tâches, puis sélectionnez « Utiliser Microsoft O Config » Ou : Démarrer > Exécuter > Msconfig. Dans l'onglet Démarrage, décochez « WiFi station »
H.P.	Démarrer > Exécuter > Msconfig. Dans l'onglet Démarrage, décochez « Wireless Assistant HP »
Intel	Démarrer > Exécuter > Msconfig. Dans l'onglet Démarrage, décochez « intel pro set wireless.exe » Démarrer > Exécuter > Msconfig. Dans l'onglet Services, décochez « intel air pro wireless service »
Linksys	Faites un clic droit sur l'icône de l'agent dans la barre des tâches, puis choisissez « Utiliser l'agent sans fil XP »
Micra Digital	Démarrer > Exécuter > Msconfig. Dans l'onglet Démarrage, décochez « monitor.exe »
MSI	Démarrer > Exécuter > Msconfig. Dans l'onglet Démarrage, décochez « Wlan Configuration »
Netgear (dongle 2.0 WG111T)	Démarrer > Exécuter > Msconfig. Dans l'onglet Démarrage, décochez « Netgear Wlan111.exe »
Odissey (portables Fujitsu Siemens)	Démarrer > Exécuter > Msconfig. Dans l'onglet Services, décochez « Odissey Client for Fujitsu Siemens » Démarrer > Exécuter > Msconfig. Dans l'onglet Démarrage, décochez « Od Tray »
Olitec	Démarrer > Exécuter > Msconfig. Dans l'onglet Démarrage, décochez « Moniteur 80 802.11g Lan Olitec »
OvisLink	Faites un clic droit sur l'icône de l'agent dans la barre des tâches, et choisissez « Use O Config Utility »

Ralink	Démarrer > Exécuter > Msconfig. Dans l'onglet Démarrage, décochez « Ralink Wireless Utility »
Sagem	Démarrer > Exécuter > Msconfig. Dans l'onglet Démarrage, décochez « Wlan Utl.exe »
SMC	Démarrer > Exécuter > Msconfig. Dans l'onglet Démarrage, décochez « SMC 2336w »
Thomson	Démarrer > Exécuter > Msconfig. Dans l'onglet Démarrage, décochez « Wireless Lan Service »
Toshiba (Toshiba Config Free)	Démarrer > Exécuter > Msconfig. Dans l'onglet Démarrage, décochez « Toshiba Config Free »
Yakumo	Démarrer > Exécuter > Msconfig. Dans l'onglet Démarrage, décochez « IEE 802.11g usb »

■ Activation du service Configuration Zéro au démarrage

Afin de travailler avec la Configuration Zéro, le service sans fil doit être activé au démarrage. Vérifiez ce paramètre et modifiez-le si besoin, comme suit.

- Choisissez Démarrer > Exécuter. Saisissez la commande **services.msc**. Vous obtenez une fenêtre contenant tous les services locaux de Windows.

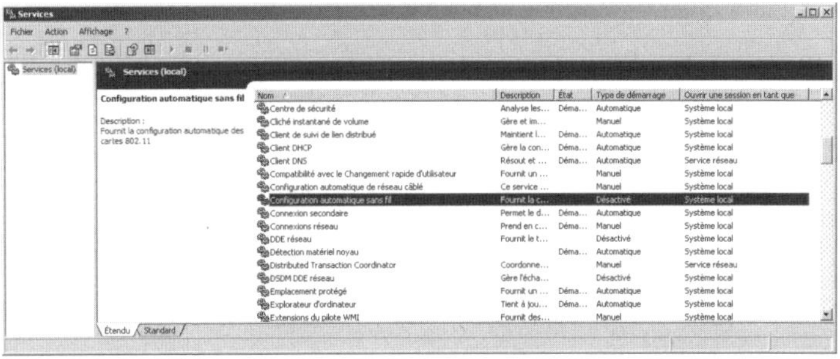

- Recherchez dans cette liste le service Liste de réseau (avec Vista) ou Configuration automatique sans fil (avec XP). Une fois cette ligne repérée, faites dessus un clic avec le bouton droit de la souris et choisissez Propriétés. Vérifiez ici deux choses :

• Type de démarrage : vérifiez que vous êtes bien sur Automatique, sinon sélectionnez Automatique.

• Statut du service : il doit indiquer Démarré. Si ce n'est pas le cas, cliquez sur le bouton Démarrer situé juste en dessous.

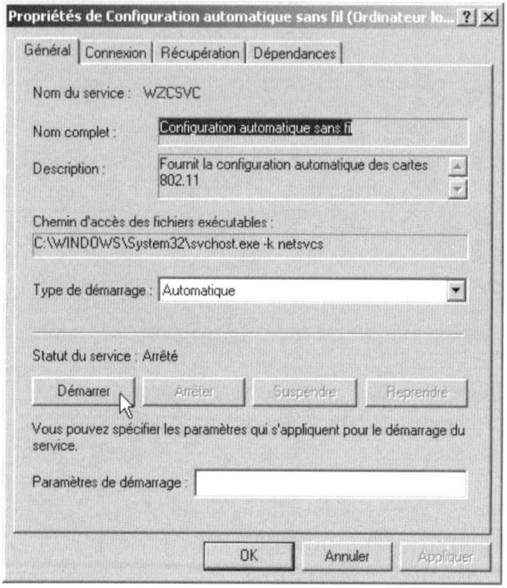

➤ Une fois ceci effectué, validez en cliquant sur OK, puis fermez les différentes fenêtres ouvertes.

➤ Cela fait, suivez les étapes présentées ci-dessus dans la section précédente, Connexion à un point d'accès.

❑ Emploi de l'utilitaire constructeur

Si un utilitaire constructeur est installé, vous pourriez préférer employer. Dans ce cas, vous devez vérifier que les autres utilitaires, et surtout l'utilitaire Windows, sont désactivés.

Désactivation de la configuration zéro de Windows

- Avec **Vista**, cliquez sur Démarrer /Paramètres/Connexions réseau, puis cliquez avec le bouton droit sur l'icône correspondant au réseau sans fil et choisissez Propriétés. Dans l'onglet Configuration réseaux sans fil, décochez Utiliser Windows pour configurer mon réseau sans fil.

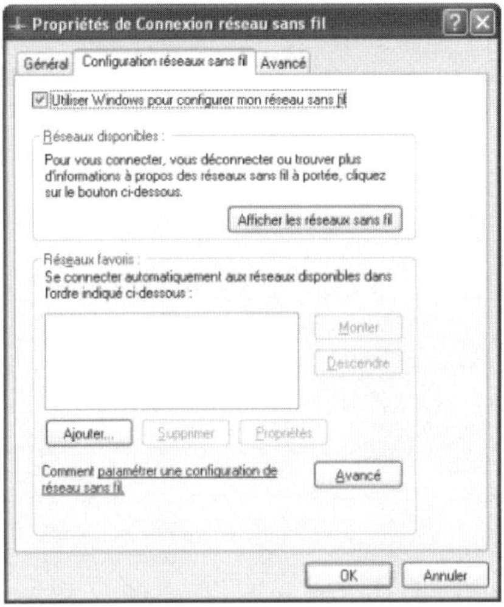

- Avec **XP** (et d'ailleurs de façon alternative avec Vista), vous procédez de façon exactement inverse de la fois précédente. Choisissez Démarrer> Exécuter. Saisissez la commande **services.msc**. Vous obtenez une fenêtre contenant tous les services locaux de Windows.
- Recherchez dans cette liste le service Liste de réseau (avec Vista) ou Configuration automatique sans fil (avec XP). Une fois cette ligne repérée, faites un clic droit puis choisissez Propriétés.

Vérifiez ici deux choses :

• Type de démarrage : vérifiez que vous êtes bien sur Désactivé, sinon sélectionnez Désactivé.

• Statut du service : il doit indiquer Arrêté. Si ce n'est pas le cas, cliquez sur le bouton Arrêter situé juste en dessous.

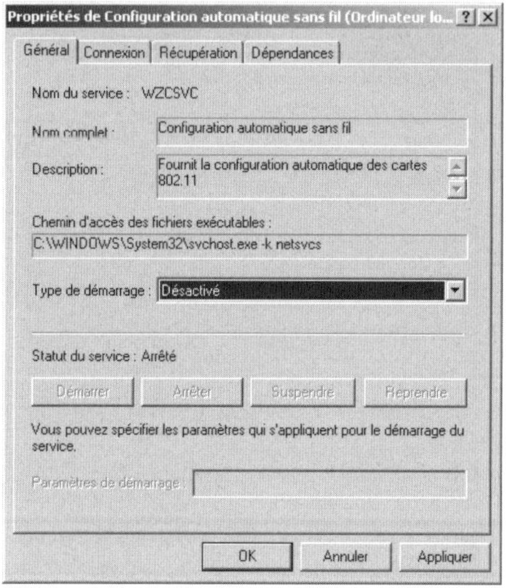

➤ Cela effectué, validez en cliquant sur OK, fermez les différentes fenêtres ouvertes, puis suivez les étapes présentées ci-dessus dans la section précédente, Connexion à un point d'accès.

Configuration du mode routeur des boxes (Freebox, Livebox, AOL/Neuf/Alice Box)

La plupart des boxes (Freebox, Livebox, AOL Box, AliceBox, Neufbox, etc.) possèdent une fonction routeur/NAT/pare-feu. Il est hautement recommandé d'activer ces fonctions.

- La **fonction routeur** fait que la box s'occupe de router (diriger les échanges) entre vos ordinateurs et Internet. Tout ordinateur supplémentaire connecté à la box pourra accéder directement à Internet.
- La **fonction NAT** (*Network Adress Translation*) effectue une traduction d'adresses entre votre réseau local (LAN) et le réseau Internet, afin de « masquer » les machines du réseau local. Même si plusieurs ordinateurs sont connectés, vu d'Internet seule une adresse IP est visible : celle de votre box.
- Avec la **fonction pare-feu**, la box empêche toute machine de se connecter depuis Internet sur un de vos ordinateurs.

Ces trois fonctions peuvent également être remplies par les routeurs traditionnels (Linksys, NetGear, etc.).

Ces trois fonctions possèdent les avantages suivants :

- Elles facilitent la configuration de la connexion Internet (que vous ayez un seul ordinateur ou plusieurs). Non seulement la configuration est automatique, mais il n'y a aucun pilote modem à installer.
- Elles permettent de partager facilement la connexion Internet si vous avez plusieurs ordinateurs.
- Elles sécurisent en partie votre ou vos ordinateurs (c'est utile même si vous n'avez qu'un seul ordinateur !). Tous les ordinateurs de votre réseau local seront protégés contre les connexions entrantes même s'ils n'ont pas de pare-feu personnel comme ZoneAlarm.

❏ Différences entre le mode routeur et normal d'une box

Sans le mode routeur/pare-feu/NAT, votre ordinateur est directement accessible depuis Internet : n'importe qui peut essayer de s'y connecter. Votre ordinateur possède une adresse IP publique (visible d'Internet).

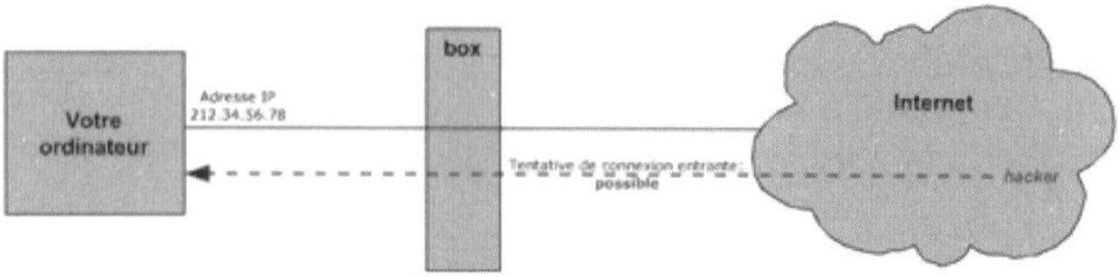

En mode non-routeur, la box est "transparente": C'est votre ordinateur qui est directement en contact avec internet.

De plus, si vous voulez partager votre connexion Internet avec d'autres ordinateurs, cela vous oblige à laisser l'ordinateur allumé.

Avec le mode routeur/pare-feu/NAT activé, votre ordinateur se voit alors attribuer une adresse IP privée (de LAN : 192.168.x.x ou 10.0.0.x). La box agit comme intermédiaire entre votre réseau local et Internet. La connexion directe d'Internet vers votre ordinateur n'est plus possible, à moins de mettre en place une **redirection de ports** (*port forwarding*, voir ci-dessous).

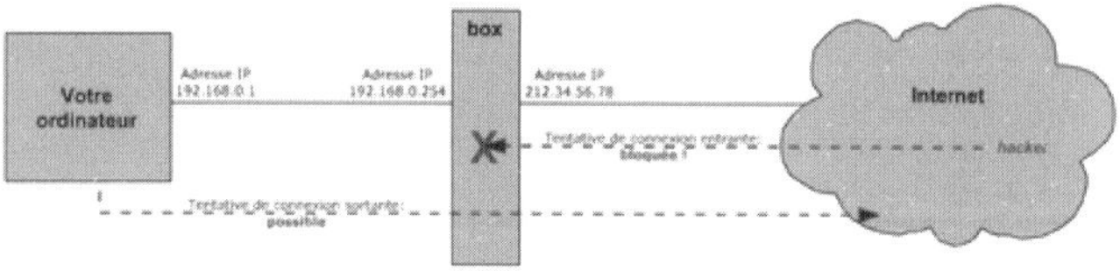

En mode routeur, votre réseau local (192.168.x.x) est isolé du réseau internet par le routeur qui contrôle les échanges entre ceux deux réseaux.

Comme vous pouvez le voir, votre box possède alors 2 adresses IP : une adresse IP **publique** (212.34.56.78) pour Internet, et une adresse IP **privée** (192.168.0.254) pour votre réseau local.

La connexion d'un second ordinateur (avec un répartiteur ou un commutateur) ne pose aucun problème : la box le prendra en compte automatiquement.

Cela présente toutefois un inconvénient : la box va bloquer toute tentative de connexion vers votre ordinateur, ce qui empêche effectivement les internautes d'accéder à un serveur installé sur votre machine (Web, FTP, irc ou autre).

Mais cela n'est pas un problème : la plupart des boxes sont configurables et permettent de mettre en place une **redirection de port**

(*port forwarding*), consistant à donner accès à un port d'un ordinateur du réseau interne à travers la box.

Par exemple, il est possible de configurer la redirection de port de la box pour permettre l'accès à un serveur Web installé sur un ordinateur du réseau interne (par exemple 192.168.0.2 / port 80) *via* le port 80 de la box (sur son IP publique). Dès qu'une connexion arrive sur ce port, la box redirigera le trafic entrant vers le port 80 du serveur (192.168.0.2).

Cette démarche de redirection de port est valable pour n'importe quel service utilisant un port (FTP, SSH, Serveur POP ou IMAP, etc.). C'est notamment le principe à suivre pour utiliser un logiciel P2P (*Peer-To-Peer*) de type emule ou tout autre logiciel ayant besoin de fonctionner en mode « serveur » : serveurs FTP, irc, jeux en ligne, chat, BitTorrent, etc.

Consultez la documentation de votre box pour voir si c'est possible et comment procéder et renseignez-vous sur votre serveur afin de savoir quels ports sont utilisés par ce dernier. Pour la Freebox, suivez le guide de configuration de son mode routeur.

Seuls peuvent encore poser problème des logiciels qui ont recours à un port aléatoire (ou « dynamique »), par exemple certains logiciels de P2P.

❑ Configurer le mode routeur de la Freebox

Il est fortement recommandé d'activer le mode routeur (NAT) de la Freebox, même en l'absence de réseau sans fil.

Comme expliqué précédemment, cela procure une fonction pare-feu qui protège votre ordinateur des connexions intrusives venant de l'extérieur et permet de partager plus facilement la connexion Internet (si vous disposez d'un concentrateur ou d'un commutateur filaire).

L'inconvénient est que la traduction d'adresse (NAT) du mode routeur peut poser problème pour les logiciels qui doivent fonctionner en mode serveur (jeux, P2P, etc.). Cela peut toutefois se configurer.

Voici comment procéder :

- Connectez-vous au site de Free.
- Allez sur la page principale de Free.

- Cliquez alors sur Mon Compte : Abonné, identifiez-vous :

- Entrez votre identifiant et votre mot de passe. L'identifiant est votre numéro de téléphone suivi de @freeadsl, le mot de passe vous a été fourni par Free (regardez les papiers que vous avez reçus).

➤ Une fois dans votre interface, choisissez Internet :

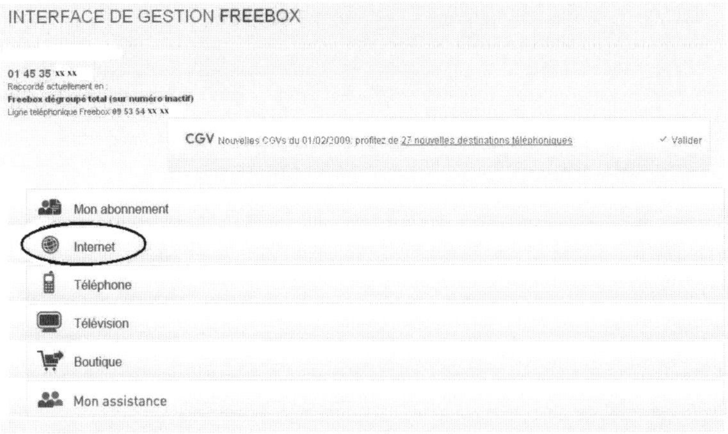

➤ Cliquez sur Configurer mon routeur Freebox (en savoir plus) :

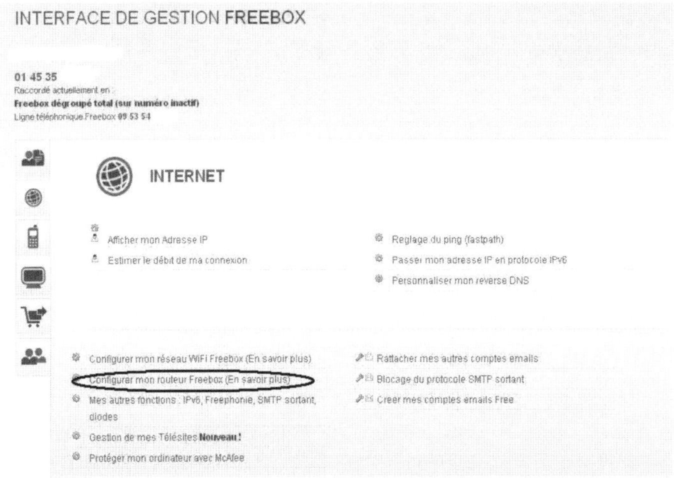

- Dans l'écran présenté ci-dessus, cochez la case Activer pour activer le mode routeur.

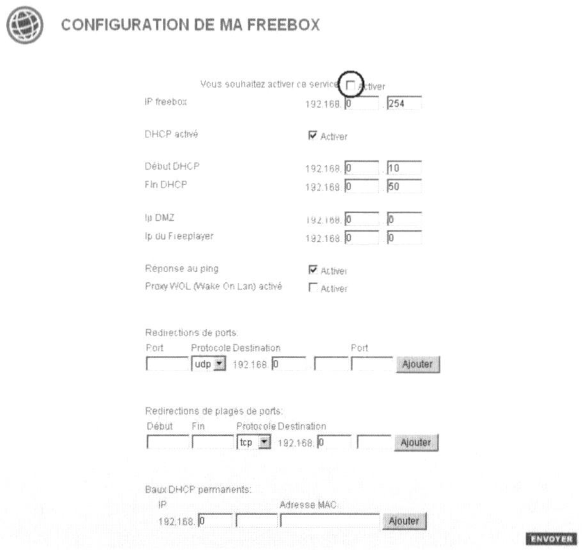

- Cliquez sur le bouton Envoyer (en bas de page).

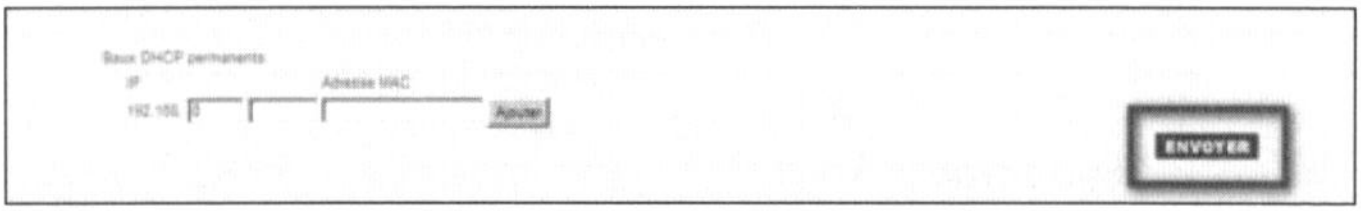

- Redémarrez votre Freebox (soit en débranchant-rebranchant, soit par un appui long sur la touche ? de la télécommande Freebox, puis choisir Redémarrer la Freebox dans le menu État).

Pour vérifier que la Freebox est en mode routeur, affichez l'adresse IP de votre ordinateur. Celle-ci doit être de type 192.168.x.x.

Si ce n'est pas le cas, vous êtes toujours en mode direct, sans protection. Pensez à bien redémarrer la Freebox et si cela ne suffit pas, redémarrez votre ordinateur.

À savoir

Après chaque changement de configuration, il est nécessaire de redémarrer la Freebox pour que ces changements soient pris en compte.

Dans l'écran de configuration, vous pouvez configurer l'ouverture des ports pour faire fonctionner certaines applications fonctionnant en mode serveur.

Connexion réseau infrarouge directe entre des ordinateurs sous Windows

Procédez comme suit pour établir une connexion réseau infrarouge directe entre des ordinateurs :

- Cliquez sur Démarrer, sur Panneau de configuration, puis double-cliquez sur Connexions réseau.
- Double-cliquez sur Assistant Nouvelle connexion, puis cliquez sur Suivant.
- Dans Type de connexion réseau, cliquez sur Connexion avancée, puis cliquez sur Suivant.
- Dans Options de connexion avancées, cliquez sur Connexion directe à un autre ordinateur, puis sur Suivant.
- Dans Hôte ou invité, cliquez sur Hôte si cet ordinateur contient des informations qui vont être consultées par un autre ordinateur ou sur Invité s'il va accéder à des informations situées sur un autre ordinateur.
- Cliquez sur Suivant, puis effectuez l'une des actions ci-dessous :

  • Si cet ordinateur est l'**hôte**, sélectionnez Port infrarouge dans Périphérique pour cette connexion, cliquez sur Suivant, puis suivez les instructions qui s'affichent dans les autres pages de l'Assistant.

  • Si cet ordinateur est l'**invité**, tapez le nom de l'ordinateur auquel vous souhaitez accéder dans Nom de la connexion, puis cliquez sur Suivant. Dans Sélectionner un périphérique, sélectionnez Port infrarouge, cliquez sur Suivant, puis suivez les instructions qui s'affichent dans les autres pages de l'Assistant.

➤ Pour établir la connexion, saisissez votre nom d'utilisateur et votre mot de passe dans la boîte de dialogue Connexion à type de connexion, puis cliquez sur Se connecter.

À savoir

- Pour exécuter cette tâche, vous n'avez pas besoin d'avoir des informations d'identification administratives. Par conséquent, par mesure de sécurité, il est conseillé d'exécuter cette tâche en tant qu'utilisateur sans informations d'identification administratives.
- Dans la famille de produits Windows Server 2003, seule la version Windows Server 2003, Standard Edition, prend en charge la gestion de réseaux par liaison infrarouge.
- Pour examiner ou modifier les propriétés de cette connexion, cliquez avec le bouton droit sur son icône dans Connexions réseau.
- Une fois que vous avez ajouté un périphérique infrarouge, vous devrez peut-être redémarrer l'ordinateur avant de pouvoir sélectionner Port infrarouge à l'étape 6.

Connexion d'une oreillette Bluetooth

La technologie Bluetooth permet de connecter de petits périphériques entre eux sur une distance d'environ une dizaine de mètres.

Un des périphériques Bluetooth les plus utilisés est l'oreillette Bluetooth, permettant de créer une connexion sans fil entre un écouteur et un appareil mobile, généralement un téléphone portable.

L'oreillette Bluetooth devient alors une véritable télécommande permettant de prendre la main sur le téléphone portable tout en ayant les mains libres.

Si son utilisation est simplissime, la connexion de l'oreillette au téléphone (appelée **appariement** ou **couplage**) n'est pas aussi évidente. Le couplage Bluetooth se fait en deux temps :

- Dans un premier temps, l'oreillette Bluetooth doit être configurée pour pouvoir être détectée par le téléphone mobile. Pour la plupart des oreillettes, il suffit de l'éteindre, puis de l'allumer en pressant longuement le bouton de mise sous tension. Reportez-vous à la notice de votre oreillette pour plus d'explications.
- Dans un second temps, il suffit d'activer le Bluetooth sur le téléphone, puis de rechercher l'oreillette et enfin de demander son association en confirmant avec le mot de passe par défaut (généralement 0000).

La procédure ci-dessous décrit le processus d'appariement sous Windows Mobile (Pocket PC).

❑ Couplage Bluetooth avec un Pocket PC

■ Activation du Bluetooth

Dans un premier temps, il est nécessaire d'activer le Bluetooth sur le périphérique mobile. Pour ce faire, il suffit d'aller dans le menu Démarrer > Paramètres, puis onglet Connexions et Bluetooth :

- Menu Démarrer > Paramètres :

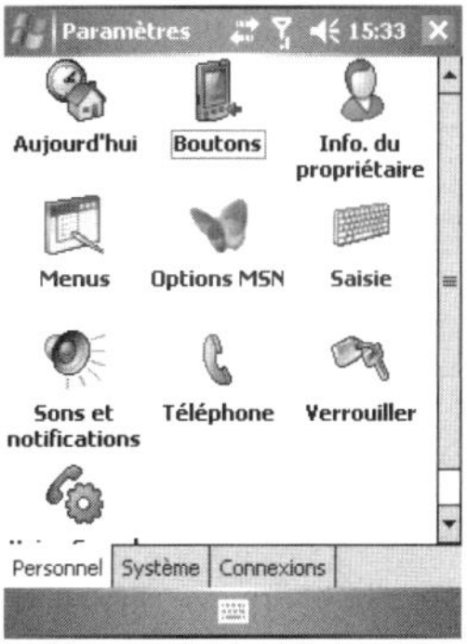

➤ Onglet Connexions :

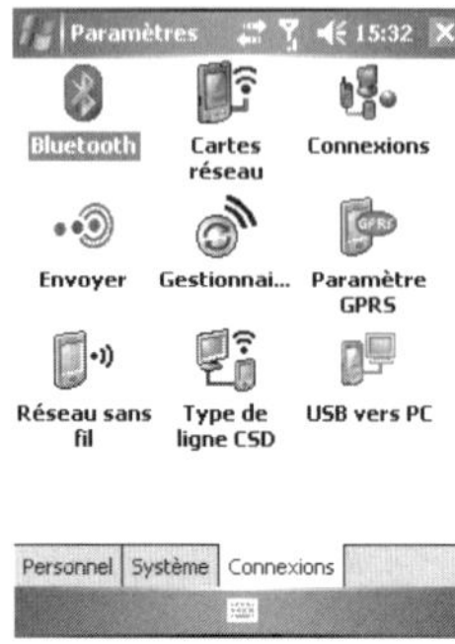

➤ Activation du Bluetooth :

■ Détection de l'oreillette Bluetooth

La seconde partie du processus consiste à détecter l'oreillette, puis à l'associer à l'appareil.

- Cliquez sur l'onglet Appareil et choisissez Nouveau partenariat.
- Attendez que la détection se termine.

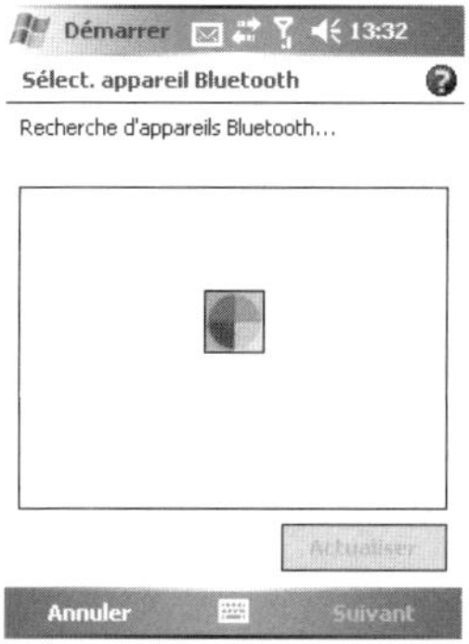

- Sélectionnez le périphérique correspondant à l'oreillette.

- Sélectionnez le service à utiliser. Dans le cas d'une oreillette Bluetooth il s'agit du service Mains libres.

- Entrez le mot de passe par défaut du périphérique (généralement 0000).

Vous pouvez désormais utiliser votre oreillette Bluetooth !

Sécurité des réseaux sans fil

La notion de **sécurité** dans un réseau sans fil est si importante qu'elle mérite amplement qu'il lui soit consacré un chapitre entier.

En effet, les **ondes radioélectriques** ont intrinsèquement une grande capacité à se propager dans toutes les directions avec une portée relativement grande. Il est ainsi très difficile d'arriver à confiner les émissions d'ondes radio dans un périmètre restreint. La propagation des ondes radio doit également être pensée en trois dimensions. Ainsi les ondes se propagent également d'un étage à un autre (avec de plus grandes atténuations, les planchers étant généralement plus épais que des cloisons simples).

La principale conséquence de cette « propagation sauvage » des ondes radio est la facilité que peut avoir une personne non autorisée d'écouter le réseau, éventuellement en dehors de l'enceinte du bâtiment où le réseau sans fil est déployé.

En outre, un réseau sans fil peut très bien être installé dans une entreprise à l'insu du service informatique ! Il suffit en effet à un employé de brancher un point d'accès sur une prise réseau pour que toutes les communications du réseau soient rendues « publiques » dans le rayon de couverture du point d'accès !

Il est essentiel de protéger son réseau sans fil, même si vous considérez que les données qui y circulent n'ont rien de confidentiel. En effet, un réseau sans fil non protégé et sans aucun effort de configuration, peut permettre à n'importe quel utilisateur du voisinage (éventuellement dans les étages supérieurs et inférieurs) d'utiliser votre connexion Internet et éventuellement lancer un certain nombre d'attaques. En cas de problème, le propriétaire de la connexion Internet, c'est-à-dire vous, pourrait être tenu pour légalement responsable.

War driving

Étant donné qu'il est très facile d'« écouter » des réseaux sans fils, une pratique venue tout droit des États-Unis consiste à circuler dans la ville avec un ordinateur portable (voire un assistant personnel) équipé d'une carte réseau sans fil à la recherche de réseaux sans fil, il s'agit du ***war driving*** (parfois noté *wardriving* ou *war-Xing* pour *war crossing*). Des logiciels spécialisés dans ce type d'activité permettent même d'établir une cartographie très précise en exploitant un matériel de géolocalisation (GPS, *Global Positionning System*).

Les cartes établies permettent ainsi de mettre en évidence les réseaux sans fil déployés non sécurisés, offrant même parfois un accès à Internet ! De nombreux sites capitalisant ces informations ont vu le jour sur Internet, si bien que des étudiants londoniens ont eu l'idée d'inventer un « langage des signes » dont le but est de rendre visible les réseaux sans fils en dessinant à même le trottoir des symboles à la craie indiquant la présence d'un réseau sans fil, il s'agit du ***warchalking*** (francisé en craieFiti ou **craie-fiti**).

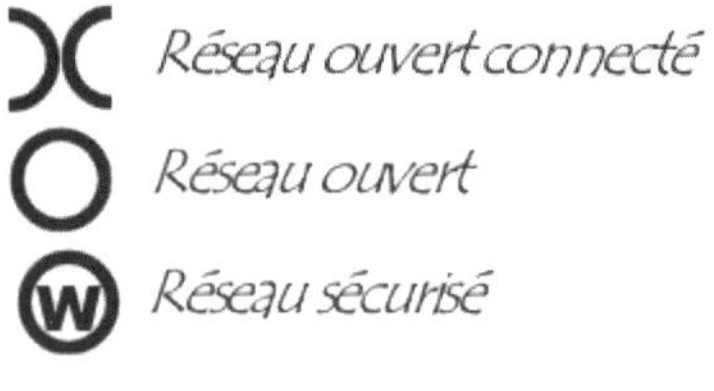

Risques en matière de sécurité

Les risques liés à la mauvaise protection d'un réseau sans fil sont multiples :

- l'**interception de données** consistant à écouter les transmissions des différents utilisateurs du réseau sans fil ;

- le **détournement de connexion** dont le but est d'obtenir l'accès à un réseau local ou à Internet, dont les auteurs portent souvent le nom de « sangsues de bande passante » ;
- le **brouillage des transmissions** consistant à émettre des signaux radio de telle manière à produire des interférences ;
- les **dénis de service** rendant le réseau inutilisable en envoyant des commandes factices.

Interception de données

Par défaut, un réseau sans fil est non sécurisé, c'est-à-dire qu'il est ouvert à tous et que toute personne se trouvant dans le rayon de portée d'un point d'accès peut potentiellement écouter toutes les communications circulant sur le réseau. Pour un particulier la menace est faible car les données sont rarement confidentielles, si ce n'est les données à caractère personnel. Pour une entreprise, en revanche, l'enjeu stratégique peut être très important.

Intrusion réseau

Lorsqu'un point d'accès est installé sur le réseau local, il permet aux stations d'accéder au réseau filaire et éventuellement à Internet si le réseau local y est relié. Un réseau sans fil non sécurisé représente de cette façon un point d'entrée royal pour le pirate au réseau interne d'une entreprise ou une organisation.

Pour un particulier, le risque le plus évident est un accès gratuit à Internet pour l'intrus, ce qui dans le meilleur des cas occasionnera un ralentissement du réseau et de la liaison Internet.

D'autres risques sont toutefois à prendre en compte : outre le vol ou la destruction d'informations présentes sur le réseau, le réseau sans fil peut également permettre à un pirate de mener des attaques sur Internet. En l'absence de tout moyen d'identifier le pirate sur le réseau, le propriétaire de la connexion Internet et donc du réseau sans fil risque d'être tenu pour responsable de l'attaque.

Brouillage radio

Les ondes radio sont très sensibles aux interférences, c'est la raison pour laquelle un signal peut facilement être brouillé par une émission radio ayant une fréquence proche de celle utilisée dans le réseau sans fil. Un simple four à micro-ondes peut ainsi rendre totalement inopérable un réseau sans fil lorsqu'il fonctionne dans le rayon d'action d'un point d'accès.

Dénis de service

La méthode d'accès au réseau de la norme 802.11 est fondée sur le protocole CSMA/CA, consistant à attendre que le réseau soit libre avant d'émettre. Une fois la connexion établie, une station doit s'associer à un point d'accès afin de pouvoir lui envoyer des paquets. Ainsi, les méthodes d'accès au réseau et d'association étant connus, il est simple pour un pirate d'envoyer des paquets demandant la désassociation de la station. Il s'agit d'un déni de service, c'est-à-dire d'envoyer des informations de telle manière à perturber volontairement le fonctionnement du réseau sans fil.

Mécanismes de la sécurité sans fil

WEP (*Wired Equivalent Privacy*)

Pour remédier aux problèmes de confidentialité des échanges sur les réseaux sans fils, le standard 802.11 intègre un mécanisme simple de chiffrement des données, il s'agit du **WEP** (*Wired Equivalent Privacy*). Chiffrer les données permet d'en assurer la confidentialité. Cela se fait à l'aide de ce que l'on appelle une **clé**. Cette clé permet également de sécuriser l'accès au réseau car, si on ne la connaît pas, impossible de communiquer, donc de lire les trames et/ou d'en envoyer au bon format.

Le WEP est un protocole chargé du chiffrement des trames 802.11 utilisant l'algorithme symétrique RC4 avec des clés d'une longueur de 64 bits ou 128 bits (154 bits avec certains constructeurs). Le principe du WEP consiste à définir dans un premier temps une clé secrète. Cette clé secrète doit être déclarée au niveau du point d'accès et des clients. La clé sert à créer un nombre pseudo-aléatoire d'une longueur égale à la longueur de la trame. Chaque transmission de donnée est ainsi chiffrée en utilisant le nombre pseudo-aléatoire comme masque grâce à un OU Exclusif entre le nombre pseudo-aléatoire et la trame.

La clé de session partagée par toutes les stations est statique, c'est-à-dire que pour déployer un grand nombre de stations WiFi il est nécessaire de les configurer en utilisant la même clé de session. Ainsi la connaissance de la clé est nécessaire et suffisante pour déchiffrer les communications.

De plus, 24 bits de la clé de 64 bits servent uniquement pour l'initialisation, ce qui signifie que seuls 40 bits de la clé servent réellement à chiffrer (104 bits pour la clé de 128 bits).

Dans le cas de la clé de 40 bits, une attaque par force brute (c'est-à-dire en essayant toutes les possibilités de clés) peut très vite amener le pirate à trouver la clé de session. En outre, Fluhrer, Mantin et Shamir ont découvert une faille concernant la génération de la chaîne pseudo-aléatoire, qui rend possible la découverte de la clé de session en stockant 100 Mo à 1 Go de trafic créés intentionnellement.

Une **attaque par force brute** de l'espace de clés WEP n'est envisageable que contre des clés WEP de 40 bits. Même avec une taille de clé limitée, une attaque peut nécessiter jusqu'à 50 jours pour un hôte unique hôte classique (type Pentium III). Toutefois, des attaques distribuées efficaces contre des clés WEP sur 40 bits restent possibles, et il ne faut jamais sous-estimer le potentiel des attaques par dictionnaire, également applicables à des clés WEP de 128 bits ou plus.

Selon Tim Newsham, cet algorithme, accepté de fait comme standard pour la génération des clés WEP sur 40 bits par de nombreux équipements sans fil, est bourré de failles. Du fait de toutes ces faiblesses, l'algorithme ne peut générer que 2^{21} ensembles uniques de clés WEP, correspondant à des semences comprises entre 0 et 0x1000000, sans posséder les bits 0x80, 0x8000 et 0x800000 fixés. Il ne faut donc qu'un maximum de 2^{21} opérations pour déchiffrer n'importe quel ensemble de clés WEP générées par un mot de passe traité avec un tel algorithme. Selon les observations de Newsham, cela demandait à l'époque environ 35 secondes sur ordinateur à processeur de 500 MHz : une différence certaine avec les 50 jours que demanderait une attaque par force brute en l'absence de ces faiblesses !

Heureusement, tous les vendeurs n'ont toutefois pas recours à cet algorithme de génération de clés vulnérable (à notre connaissance,

3Com ne s'en est jamais servi), les clés sur 40 bits ne sont plus guère employées, et il existe des outils pour générer de vraies clés sur 40 bits. En outre, pour déchiffrer le WEP, vous devez disposer d'un gros fichier (environ 24 Gbit). Par conséquent, même si les commentaires de Newsham sont intéressants et ont une place légitime dans l'histoire de la cryptographie sans fil, l'efficacité d'attaque par force brute sur les clés WEP de 128/104 bits employées par les réseaux sans fil modernes reste douteuse.

Le WEP n'est donc pas suffisant pour garantir une réelle confidentialité des données. Il reste cependant vivement conseillé de mettre au moins en œuvre une protection WEP 128 bits afin d'assurer un niveau de confidentialité minimum et d'éviter de cette façon 90 % des risques d'intrusion.

Sachez par ailleurs que, comme tout mécanisme de protection, l'utilisation du WEP réduit le débit de la connexion du fait du cryptage/décryptage des paquets.

WPA (*WiFi Protected Access*)

Le **WPA** (*WiFi Protected Access*) est une solution de sécurisation de réseau WiFi proposé par la WiFi Alliance, afin de combler les lacunes du WEP.

C'est une version « allégée » du protocole 802.11i, reposant sur des protocoles d'authentification et un algorithme de cryptage robuste, **TKIP** (*Temporary Key Integrity Protocol*). Le protocole TKIP permet la génération aléatoire de clés et offre la possibilité de modifier la clé de chiffrement plusieurs fois par secondes, pour plus de sécurité.

Ainsi, le WPA permet d'utiliser une clé par station connectée à un réseau sans fil, alors que le WEP, lui, utilisait la même clé pour tout le réseau sans fil. Les clés WPA sont en effet générées et distribuées de façon automatique par le point d'accès sans fil – si celui-ci est compatible WPA.

De plus, un vérificateur de données permet de vérifier l'intégrité des informations reçues pour être sûr que personne ne les a modifiées.

Les intérêts de TKIP par rapport aux clés WEP sont les suivants :

- Vecteur d'initialisation de 48 bits au lieu de 24 bits pour le WEP.
- Génération et distribution des clés : le WPA génère et distribue les clés de cryptage de façon périodique à chaque client. En fait, chaque trame utilise une nouvelle clé, évitant ainsi d'utiliser une même clé WEP pendant des semaines voire des mois.
- Code d'intégrité du message : ce code, appelé **MIC** (*Message Integrity Code*), permet de vérifier l'intégrité de la trame. Le WEP utilise une valeur de vérification d'intégrité **ICV** (*Integrity Check Value*) de 4 octets, tandis que le WPA rajoute un MIC de 8 octets.

❑ Architectures WPA

Le WPA peut fonctionner selon deux modes :

- **WPA Enterprise** : le mode entreprise impose l'utilisation d'une infrastructure d'authentification 802.1x basée sur l'utilisation d'un serveur d'authentification qui permet d'identifier les utilisateurs sur le réseau et de définir leurs droits d'accès, généralement un serveur **RADIUS** (*Remote Authentication Dial In User Service*), et d'un contrôleur réseau (le point d'accès). Cela signifie un ordinateur serveur dédié, d'où un coût certain.
- **WPA Personal** : le mode WPA « personnel » permet de mettre en œuvre une infrastructure sécurisée basée sur un WPA restreint ou WPA-**PSK** (*Pre-Shared Key*) sans mettre en œuvre de serveur d'authentification. Le WPA personnel repose sur l'utilisation d'une clé partagée, appelée **PSK**, en déployant une même clé de chiffrement dans l'ensemble des équipements (vous la renseignez sur le point d'accès ainsi que sur les postes clients). Contrairement au WEP, il n'est pas nécessaire de saisir une clé de longueur prédéfinie. En effet, le WPA permet de saisir une *passphrase* (phrase secrète), traduite en PSK par un algorithme de hachage.

Cette première version du WPA ne prend en charge que les réseaux en mode infrastructure, ce qui signifie qu'il ne permet pas de sécuriser des réseaux sans fil d'égal à égal (mode ad hoc).

Ce protocole possède toutefois quelques faiblesses, dont sa sensibilité aux attaques de type déni de service.

En effet, si quelqu'un envoie au moins deux paquets chaque seconde utilisant une clé de cryptage incorrecte, le point d'accès sans fil « tuera » toutes les connexions utilisateurs pendant une minute. C'est un mécanisme de défense pour éviter les accès non autorisés à un réseau protégé, mais susceptible de bloquer tout un réseau sans fil.

Outre ce problème, il manquerait au WPA pour fournir une meilleure sécurité :

- un SSID (*Service Set IDentifier*) sécurisé, c'est-à-dire une chaîne de caractères alphanumériques sécurisée permettant d'identifier un réseau sans fil ;
- une déconnexion rapide et sécurisée ;
- une dé-authentification et une dé-association sécurisées ;
- un meilleur protocole de cryptage tel que **AES** (*Advanced Encryption Standard*).

802.11i et WPA-2

Le **802.11i** a été ratifié le 24 juin 2004, afin de fournir une solution de sécurisation poussée des réseaux WiFi. Il s'appuie sur l'algorithme de chiffrement TKIP, comme le WPE, mais prend également en charge AES (*Advanced Encryption Standard*), beaucoup plus sûr que RC4 pour les données. La WiFi Alliance a ainsi créé une nouvelle certification, baptisée WPA-2, pour les matériels prenant en charge le standard 802.11i (ordinateur portable, PDA, carte réseau, etc.).

Le **WPA-2**, tout comme son prédécesseur le WPA, assure le chiffrage ainsi que l'intégrité des données mais offre de nouvelles fonctionnalités de sécurité telles que le ***key caching*** et la **pré-authentification**. Contrairement au WPA, le WPA2 permet de sécuriser aussi bien les réseaux sans fil en mode infrastructure que les réseaux en mode ad hoc.

Pour résumer, le WPA-2 offre par rapport au WPA :

- une sécurité et une mobilité plus efficaces grâce à l'authentification du client indépendamment du lieu où il se trouve ;
- une intégrité et une confidentialité fortes garanties par un mécanisme de distribution dynamique de clés ;
- une souplesse accrue grâce à une ré-authentification rapide et sécurisée.

Toutefois, pour profiter du WPA-2, les entreprises doivent disposer un équipement spécifique tel qu'une puce cryptographique dédiée pour les calculs exigés par l'AES.

Filtrage des adresses MAC

Les points d'accès permettent généralement dans leur interface de configuration de gérer une liste de droits d'accès (appelée **ACL**, *Access Control List*) fondée sur les adresses MAC des équipements autorisés à se connecter au réseau sans fil.

Chaque adaptateur réseau (nom générique pour la carte réseau) possède une adresse physique qui lui est propre (appelée **adresse MAC**). Cette adresse est représentée par 12 chiffres hexadécimaux groupés par paires et séparés par des tirets.

Astuce : obtenir son adresse MAC sous Windows

Pour connaître votre adresse MAC sous Windows, deux méthodes sont possibles :

- Choisissez Démarrer > Exécuter. Saisissez **cmd** pour ouvrir une invite de commandes, puis saisissez dans la fenêtre **ipconfig /all**. Votre adresse Mac sera affichée, parmi de nombreuses autres informations.
- Choisissez Démarrer > Panneau de configuration > Connexions réseau. Double cliquez sur Connexion sans fil > Support > Détails. Lisez l'adresse physique.

Cette précaution un peu contraignante permet de limiter l'accès au réseau à un certain nombre de machines. Cela ne résout toutefois pas le problème de la confidentialité des échanges. Elle peut également être contournée par un pirate obstiné. En effet, le protocole 802.11b/g ne chiffre pas les trames où apparaissent ces adresses MAC.

Un simple logiciel comme **kismet** permet ainsi de voir les adresses MAC des clients. De ce fait, comme il existe des outils ou des commandes pour modifier son adresse MAC et ainsi usurper celle d'un client : le réseau devient ainsi une vraie « passoire ».

Amélioration de la sécurité

❑ 802.1x

Le standard **802.1x** est une solution de sécurisation, mise au point par l'IEEE en juin 2001. Elle permet d'authentifier (identifier) un utilisateur souhaitant accéder à un réseau (filaire ou non) grâce à un serveur d'authentification.

Le 802.1x repose sur le protocole **EAP** (*Extensible Authentication Protocol*), défini par l'IETF, dont le rôle est de transporter les informations d'identification des utilisateurs.

❑ EAP

Le fonctionnement du protocole **EAP** est basé sur l'utilisation d'un **contrôleur d'accès** (en anglais *authenticator*), chargé d'établir ou non l'accès au réseau pour un utilisateur (en anglais *supplicant*). Le contrôleur d'accès est un simple garde-barrière servant d'intermédiaire entre l'utilisateur et un serveur d'authentification (en anglais *authentication server*), il ne nécessite que très peu de ressources pour fonctionner. Dans le cas d'un réseau sans fil, c'est le point d'accès qui joue le rôle de contrôleur d'accès.

Le **serveur d'authentification** (appelé parfois **NAS**, pour *Network Authentication Service* ou service d'authentification réseau, voire *Network Access Service* ou serveur d'accès réseau) permet de valider l'identité de l'utilisateur, transmis par le contrôleur réseau, et de lui renvoyer les droits associés en fonction des informations d'identification fournies. De plus, un tel serveur permet de stocker et de comptabiliser des informations concernant les utilisateurs afin, par exemple, de pouvoir les facturer à la durée ou au volume (dans le cas d'un fournisseur d'accès par exemple).

La plupart du temps le serveur d'authentification est un serveur **RADIUS** (*Remote Authentication Dial In User Service*), un serveur d'authentification standard défini par les RFC 2865 et 2866, mais tout autre service d'authentification peut être utilisé.

❑ Mise en place d'un VPN

Pour toutes les communications nécessitant un haut niveau de sécurisation, il est possible de recourir à un chiffrement fort des données en mettant en place un **réseau privé virtuel** (**VPN**, *Virtual Private Network*).

Les données transmises sur un réseau non sécurisé, comme Internet ou un réseau sans fil, sont beaucoup plus vulnérables que lorsqu'elles circulent sur un réseau filaire interne fermé. Il n'est pas impossible que sur le chemin parcouru, le réseau soit écouté par un utilisateur indiscret ou même détourné.

Un bon compromis consiste à employer le réseau peu fiable comme support de transmission en utilisant un protocole d'**encapsulation** (en anglais ***tunneling***, d'où l'utilisation impropre parfois du terme « tunnelisation »), c'est-à-dire encapsulant les données à transmettre de façon chiffrée. On parle alors de **réseau privé virtuel** (noté RPV ou VPN, acronyme de *Virtual Private Network*) pour désigner le réseau ainsi artificiellement créé.

Ce réseau est dit **virtuel** car il relie deux réseaux « physiques » (réseaux locaux) par une liaison non fiable (Internet ou sans fil), et **privé** car seuls les ordinateurs des réseaux locaux de part et d'autre du VPN peuvent « voir » les données.

Le système de VPN permet donc d'obtenir une liaison sécurisée à moindre coût, si ce n'est la mise en œuvre des équipements terminaux.

Les détails de la mise en place d'un VPN excèdent la portée de ce livre. Reportez-vous à l'article « Installer un serveur VPN sous Windows XP » sur CommentCamarche.net, à l'adresse http://www.commentcamarche.net/contents/configuration-reseau/vpn-xp.php3. Sachez toutefois qu'un VPN est lourd à installer et à employer.

Sécurisation d'un WLAN WiFi

Avant toute chose, il est nécessaire de suivre des consignes générales permettant de garantir un premier niveau de sécurité. Cette section détaille quelques règles générales de sécurisation d'un réseau WiFi en expliquant point par point tout ce qui est souhaitable, voire nécessaire, pour procurer à votre réseau WiFi une sécurité minimale.

Une infrastructure adaptée

La première chose à faire lors de la mise en place d'un réseau sans fil consiste à positionner intelligemment les points d'accès selon la zone que l'on souhaite couvrir. Il n'est toutefois pas rare que la zone effectivement couverte soit largement plus grande que souhaitée, auquel cas il est souhaitable de réduire si possible la puissance de la borne d'accès afin d'adapter sa portée à la zone à couvrir, ou de limiter la diffusion par tout moyen envisageable.

N'oubliez pas que la zone de couverture des antennes dipôles omnidirectionnelles traditionnellement proposées par les points d'accès possède une forme en beignet centrée sur l'antenne, dans toutes les directions. Si vous vivez en appartement et que votre point d'accès se trouve près d'un mur mitoyen d'épaisseur standard, il est probable que la zone de couverture s'étende jusqu'aux appartements des voisins d'à côté, d'au-dessus et d'en dessous.

Il existe de petits gadgets, peu coûteux (moins de 10 €), de la taille d'une clé USB ou d'un porte-clés, capables de détecter la présence d'un signal WiFi et de mesurer (très approximativement) sa puissance[1]. En testant avec un tel outil la zone de couverture réelle de votre point d'accès WiFi, vous pourriez être surpris !

Vous pouvez toutefois mettre à profit ce que vous avez appris sur la propagation des ondes radio et l'atténuation due à différents matériaux pour limiter cette zone : placez des livres ou une pile de papier à l'arrière, au-dessus et en dessous du point d'accès. Vous pouvez aussi employer un matériau métallique (du papier d'aluminium, par exemple) pour obtenir une antenne à volet de sol (ici à volet de sol, de plafond et latéral) qui à la fois limite la diffusion dans les directions concernées et renforce celle dans la direction souhaitée.

Si vous habitez une maison et souhaitez pouvoir travailler dans votre jardin, plutôt qu'une antenne omnidirectionnelle à fort gain,

1. Il existe même des T-shirts affichant la force du signal sur la poitrine (www.mageekstore.com/314-tee-shirt-wifi.html), et des baskets équipées d'un tel détecteur (http://www.w3sh.com/2008/06/11/les-baskets-nike-detecteur-de-wifi/)...

préférez une antenne directionnelle. N'oubliez toutefois pas que même une antenne directionnelle possède un faisceau arrière et des faisceaux latéraux, le tout en trois dimensions !

Voici un exemple : vous avez configuré avec soin l'emplacement de votre point d'accès, de façon à couvrir la zone qui vous intéresse (représentée en gris), sans déborder à l'extérieur ou sur l'appartement voisin. Vous pensez toutefois être à l'abri de toute intrusion.

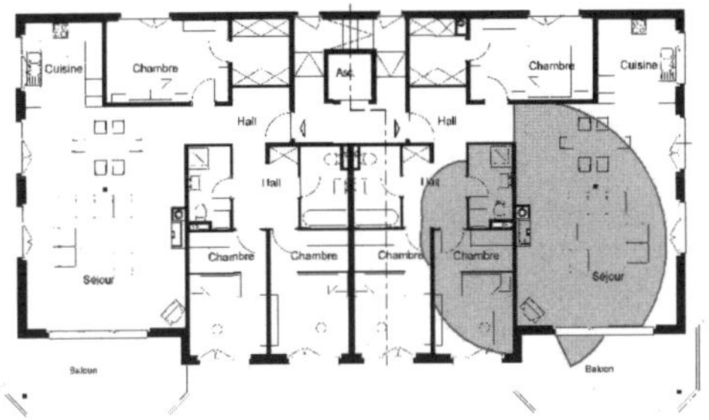

Hélas ! Vous avez omis de tenir compte du fait qu'une antenne omnidirectionnelle émet, comme l'indique son nom, dans toutes les directions. En examinant la couverture non plus horizontalement mais verticalement, vous constaterez que la zone couvre les appartements situés au-dessus et en dessous !

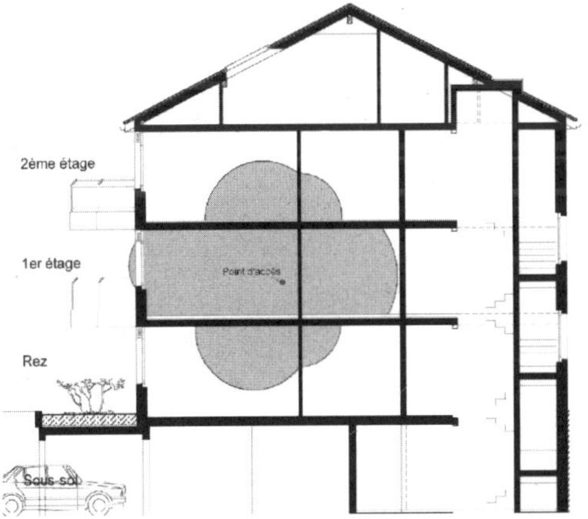

Attention : point d'accès exemple

Les zones de couverture du point d'accès de ces figures sont toutefois très simplifiées : si elles tiennent compte des principaux obstacles constitués par les cloisons, elles oublient les phénomènes de réflexion/réfraction susceptibles de se produire et de compliquer la forme de la couverture.

En outre, cet exemple suppose un point d'accès peu performant, puisque la portée présentée ici à l'intérieur d'une même pièce (le salon) ne semble guère excéder 6 m : en pratique, même les boxes possèdent une portée supérieure. Imaginez ce qui peut se passer avec une portée double ou triple, ce qui n'aurait rien d'exceptionnel.

Éviter les valeurs par défaut

Lors de la première installation d'un point d'accès, celui-ci est configuré avec des valeurs par défaut, y compris en ce qui concerne le mot de passe de l'administrateur. Un grand nombre d'administrateurs en herbe considèrent qu'à partir du moment où le réseau fonctionne, il est inutile de modifier la configuration du point d'accès.

Les paramètres par défaut sont toutefois tels que la sécurité est minimale. Il est donc impératif de se connecter à l'interface d'administration (généralement *via* une interface Web, à l'aide d'un câble Ethernet RJ45 reliant le point d'accès à un ordinateur) notamment pour définir un mot de passe d'administration personnalisé.

Attention : identifiants par défaut

Par exemple, le nom d'utilisateur et le mot de passe d'une Livebox sont tous deux par défaut admin. Cela signifie que si vous ne les modifiez pas, toute personne capable d'accéder à votre réseau pourra modifier les paramètres de configuration de la Livebox. Voulez-vous vraiment courir ce risque ?

D'autre part, afin de se connecter à un point d'accès, il est indispensable de connaître l'identifiant du réseau (**SSID**). Ainsi il est vivement conseillé de modifier le nom du réseau par défaut et de désactiver la diffusion (*broadcast*) de ce dernier sur le réseau. Le changement de l'identifiant réseau par défaut est d'autant plus important qu'il peut donner aux pirates des éléments d'information sur la marque ou le modèle du point d'accès utilisé (et donc sur les mots de passe et clé par défaut).

Activer le WEP ou le WPA

Activez toujours au moins le WEP sur le point d'accès, en choisissant le niveau de chiffrage le plus élevé possible (128 bits ou plus). Notez par écrit la clé de réseau : pour des implémentations WEP de base statiques, il faudra entrer cette clé sur chaque ordinateur qui souhaite se connecter.

Si cela est possible sur votre matériel, activez le WPA. Notez par écrit la clé de réseau : vous devrez entrer manuellement cette clé manuellement sur chaque ordinateur qui souhaite se connecter.

WEP est activé par défaut sur certaines boxes (comme la Livebox), mais ce type de chiffrage reste, comme nous l'avons déjà souligné très facilement craquable (notamment sous Linux).

WPA est plus performant et beaucoup moins facilement craquable. Pour plus de sécurité, il est conseillé de changer les codes tous les mois.

Activer le filtrage par adresse MAC

Activez l'authentification par adresse MAC de votre point d'accès WiFi. Cela s'effectue souvent en cochant l'option Stations autorisées uniquement.

Pour permettre à votre ordinateur de se connecter à votre point d'accès WiFi, vous devrez saisir l'adresse MAC de votre ordinateur dans la liste des stations autorisées (ACL) depuis la console d'administration qui gère la sécurité de votre point d'accès.

L'adresse physique est l'adresse MAC de votre client WiFi que possède votre ordinateur. Cette adresse est représentée par 12 chiffres hexadécimaux groupés par paires et séparés par des tirets, par exemple 12-34-56-78-A1-B2.

À savoir

Chaque point d'accès permet ou non de configurer différents types de sécurité. Tout dépend du modèle de votre point d'accès WiFi.

Certaines solutions disposent de fonctions de sécurité supplémentaires comme l'authentification 802.1x et/ou la mise en place d'un « tunnel crypté » VPN.

L'inconvénient du filtrage par adresse MAC est que vous devez ajouter manuellement à la base des stations fiables tout nouveau périphérique qui doit rejoindre le réseau pour une raison légitime.

Désactiver DHCP

Le protocole **DHCP** (*Dynamic Host Configuration Protocol*) est le mécanisme qui permet d'affecter automatiquement les valeurs nécessaires à la communication sur le réseau (adresse IP, masque de sous-réseau, passerelle, DNS).

C'est très pratique et presque indispensable dans le cas de réseau où le stock d'adresses IP est limité alors que de nombreux ordinateurs sont susceptibles de se connecter et de se déconnecter régulièrement du réseau, mais c'est hélas aussi très pratique pour un pirate, qui n'aura pas à deviner la configuration de votre sous-réseau.

Une fois le réseau installé et fonctionnel, mieux vaut attribuer à chaque station une adresse IP fixe et désactiver le serveur DHCP. Le démarrage des ordinateurs et surtout la connexion au réseau en seront accélérés (puisqu'il ne sera plus nécessaire d'échanger des messages avec le serveur DHCP) et cela facilite en outre le partage de fichiers et d'imprimantes.

L'inconvénient est que tout nouvel ordinateur connecté au réseau devra être configuré avec une adresse IP fixe appartenant à votre sous-réseau.

Conclusion

Il est important de remarquer que chacun des points cités précédemment peut être contourné d'une façon ou d'une autre. C'est en fait leur combinaison qui va faire de votre réseau un réseau bien sécurisé. Il ne faut jamais fonder la sécurité de votre réseau sur un seul de ces éléments. Le minimum à conseiller est un filtrage par adresse MAC et le WEP ou mieux le WAP.

Le filtrage par adresse MAC, associé au WEP ou WPA, fera fuir les pirates « pressés » et évitera les accès par accident, mais ne suffira pas contre un pirate expérimenté et motivé ayant du temps.

Est-il toutefois nécessaire de protéger plus votre réseau sans fil ? Ou, plus exactement, comment vous protégez-vous réellement d'Internet ?

En effet, si vous considérez le réseau sans fil comme le réseau Internet, vous n'avez pas forcément à multiplier les moyens de protection. L'utilisation d'un modem ADSL pour vous connecter à Internet entraîne de gros risques en l'absence d'un pare-feu sur votre ordinateur. En considérant le réseau WiFi comme similaire, la combinaison WEP (ou mieux, WAP) plus le filtrage des adresses MAC et un pare-feu suffisent, même si vous partagez des données ou une imprimante. Votre protection est déjà supérieure à celle utilisée pour vous connecter à Internet.

En revanche, si votre réseau sans fil est un réseau privé hautement confidentiel, il n'existe guère de solutions hors la protection par pare-feu de chaque station, avec des règles précises pour les partages des données. Comme souvent, la seule vraie sécurité réside dans l'éducation de l'utilisateur final : il existe encore de nombreux réseaux sans fil où WEP n'est pas activé, le SSID diffusé et les identifiants de configuration du routeur ceux par défaut !

Vous avez protégé raisonnablement l'accès au réseau, il faut maintenant penser à la protection des stations individuelles.

❑ Pare-feu personnels

Les pare-feu personnels (ZoneAlarm, Kerio, Sygate, Look'n Stop...) ne sont pas infaillibles. Si une faille (une vulnérabilité) est découverte, il est possible, dans certains cas, pour l'attaquant de désactiver votre pare-feu à distance en le faisant planter : c'est déjà arrivé pour Kerio.

Le pare-feu éventuellement (et normalement) intégré à votre point d'accès ou à votre box agira comme une première ligne de défense en empêchant les intrus de venir se connecter sur votre pare-feu personnel pour essayer de le planter.

Certains virus ou chevaux de Troie sont capables de désactiver les pare-feu personnels. Si par malheur cela arrivait sur votre ordinateur, le pare-feu de votre box continuera à vous protéger des connexions entrantes, puisque les virus actuels restent encore incapables de modifier la configuration des box.

Le pare-feu de la box permet en outre de protéger l'ordinateur lors de l'installation ou la réinstallation de Windows. Sans cela, votre ordinateur pourrait être infecté avant même que vous ayez eu le temps d'installer les mises à jour de sécurité avec WindowsUpdate !

Cela ne signifie toutefois pas qu'un pare-feu personnel soit superflu ! Celui de votre passerelle (box ou routeur) ne contrôle absolument pas les connexions sortantes, c'est-à-dire les logiciels de votre ordinateur autorisés à accéder à Internet. Seul un pare-feu personnel est en mesure de le faire et reste donc indispensable.

❑ À propos du pare-feu Windows

Oubliez le pare-feu de Windows. Il possède les inconvénients des pare-feu de passerelle (il ne contrôle pas vraiment ce qui sort) et les inconvénients des pare-feu personnels (on peut le désactiver en quelques clics). Il est donc recommandé :

- d'activer le pare-feu de votre point d'accès/box ;
- d'installer un pare-feu personnel (ZoneAlarm, Sygate, Kerio…) ;
- et de désactiver le pare-feu de Windows.

Une fois encore, c'est la pluricité des couches et méthodes de défense, ce qui porte le nom de défense en profondeur ou multicouches, qui permet d'assurer une sécurité raisonnable à votre réseau et à ses stations.

Sécurité des WPAN infrarouges

Les attaques sur les PAN **infrarouges** sont toujours opportunistes : il faut se trouver au bon endroit au bon moment, proche du périphérique attaqué et dans une zone située à un maximum de 30° de son port infrarouge. La puissance du rayon infrarouge étant limitée à 2 mW, la portée du signal ne dépasse pas deux mètres. Une exception à cette règle des 2 mW/30° est le déploiement d'un point d'accès infrarouge (par exemple iRE201) dans un bureau ou une salle de conférence. Il suffit alors au pirate de se trouver dans la salle où est situé le point d'accès pour pouvoir « renifler » le trafic. Il n'existe pas de sécurité de couche 2 dans les PAN **IrDA** (*Infrared Data Association*), si bien qu'en l'absence de déploiement de moyens d'authentification ou de chiffrement des couches supérieures, le **réseau infrarouge** est ouvert à toute attaque. Les clients Windows 2000 et Windows XP sont automatiquement associés à d'autres hôtes IrDA, tandis que la pile du projet Linux IrDA (**http://irda.sourceforge.net**) fournit une option de découverte d'hôte IrDA à distance. Cependant, malgré leur insécurité, les réseaux infrarouges ont un emploi limité et une diffusion restreinte ; de ce fait, la lumière ne sera jamais aussi populaire que les ondes radio pour rechercher des données.

Sécurité des WPAN Bluetooth

L'intrusion sur des réseaux **Bluetooth** est susceptible d'être un jour prochain aussi fréquente que sur les autres types de réseaux. Les outils qui permettent de découvrir des réseaux Bluetooth, comme RedFang (de @Stake) et des interfaces graphiques utilisateurs dédiées (Bluesniff, Shmoo Group), sont déjà disponibles ; il est fort probable que d'autres apparaîtront à l'avenir.

Trois facteurs limitent cependant le développement du piratage Bluetooth. Le premier est l'emploi encore peu fréquent de cette technologie, mais cela évoluera probablement au fil des ans. Un autre facteur est la portée limitée (par rapport à la zone de couverture des réseaux 802.11), puisque les périphériques Bluetooth de classe 1 (puissance de transmission en émission allant jusqu'à 100 mW), comme les portables compatibles Bluetooth et les points d'accès, peuvent couvrir une zone d'un diamètre de 100 m (plus en recourant à des antennes à haut gain). De fait, de tels réseaux sont des WLAN susceptibles de servir de cibles au piratage à distance. Le troisième facteur est lié aux protocoles de sécurité qui protègent les réseaux personnels Bluetooth tant contre l'espionnage que contre les connexions non autorisées. Il n'existe pas pour le moment d'attaque connue ayant franchi le code de chiffrement de flux E0 employé pour le cryptage des données sur des WPAN Bluetooth. Toutefois, il existe déjà des observations théoriques concernant de possibles faiblesses dans le mécanisme de la sécurité Bluetooth.

En outre, les périphériques Bluetooth sont généralement configurés avec le premier niveau de sécurité (le plus faible des trois niveaux proposés). Par défaut, leur numéro d'identification personnel ou PIN (*Personal Identification Number*) de sécurité de session est 0000. Il est également classique d'utiliser son année de naissance ou tout autre nombre à quatre chiffres possédant une signification (et donc devinable) comme PIN Bluetooth. Cela est pratique mais a son revers : le travail des pirates en est largement facilité. D'après nos observations, sur environ 50 % des périphériques Bluetooth, le PIN par défaut n'a pas été modifié. Pire, certains périphériques possèdent un PIN par défaut câblé, impossible à modifier : il suffit à l'assaillant de trouver en ligne la liste des PIN par défaut !

Chapitre 9

Outils de dépannage d'un réseau sans fil

Vous n'avez probablement pas acheté ce livre à cause de ce chapitre et du suivant, mais il est probable que c'est eux qui feront que vous le garderez à portée de main !

Un réseau sans fil cumule les problèmes potentiels d'une connexion Internet, d'un réseau classique et ceux liés à la transmission des ondes radio : autant dire que les occasions de dysfonctionnement sont nombreuses. Comme la loi de Murphy s'applique ici dans toute sa rigueur, il est pratiquement certain que vous rencontrerez plutôt tôt que tard des problèmes...

Ce chapitre présente les différents outils à votre disposition pour tenter de résoudre des problèmes réseau.

Un bon dépanneur se doit de disposer d'une boîte à outils efficace. Bien sûr, les différents systèmes d'exploitation disposent de nombreuses boîtes de dialogue, fenêtres de propriétés et utilitaires intégrés censés faciliter votre tâche, mais l'expérience prouve que certains outils fondamentaux, parfois très anciens mais toujours présents sur les machines actuelles (bien que parfois non activés ou non installés par défaut) permettent d'obtenir rapidement des informations détaillées et précieuses sur l'état du réseau ainsi que sur la station locale.

Pour des raisons évidentes, nous avons volontairement omis ici les renifleurs réseaux évolués et les utilitaires permettant de procéder à la pénétration de réseaux sans fil. Certains de ces outils sont spécifiques aux systèmes d'exploitation Windows (et parfois à Windows Vista), les autres existent sur n'importe quelle plate-forme.

Ne soyez pas affolé par cette énumération : si chacun de ces outils peut vous aider à résoudre un problème de connectivité réseau dans un domaine particulier, l'expérience prouve que la plupart des problèmes peuvent être résolus à l'aide de seulement deux d'entre eux, ping et ipconfig. Nous les présentons par ordre d'utilité (presque incontestable pour les premiers, éventuellement plus discutable plus loin dans la liste).

ipconfig et ifconfig, les outils de base du travail en réseau

Ces deux utilitaires, **ipconfig** pour **Windows** et **ifconfig** pour **Linux**, sont réellement les outils de base du travail en réseau. Ils fournissent des informations des plus précieuses, qui peuvent vous faire gagner un temps précieux lors de la résolution d'un problème. Vous devriez toujours examiner la sortie de l'utilitaire concerné préalablement à toute autre étape de dépannage : la solution y est souvent évidente.

ipconfig (ipconfig.exe) est très précieux pour le dépannage des problèmes de **configuration IP**, pour savoir si DHCP ou **APIPA** (*Automatic Private IP Addressing*) est employé, et libérer puis renouveler une configuration IP automatique.

Pour examiner les informations détaillées sur la configuration IP de l'ordinateur local, ouvrez une invite de commandes et exécutez la commande suivante :

```
ipconfig /all
```

Le début de la sortie d'une telle commande ressemble à ceci :

```
Configuration IP de Windows

        Nom de l'hôte . . . . . . . . . . . : CCM
        Suffixe DNS principal . . . . . . . :
        Type de nœud . . . . . . . . . . .  : Hybride
```

```
      Routage IP activé . . . . . . . . : Oui
      Proxy WINS activé . . . . . . . . : Non

   Carte Ethernet Connexion au réseau local:

      Statut du média . . . . . . . . . : Média déconnecté
     Description . . . . . . . . . . . : ULi PCI Fast Ethernet Controller
      Adresse physique . . . . . . . . .: 00-40-D0-7E-82-2E

   Carte Ethernet Connexion réseau sans fil:

      Suffixe DNS propre à la connexion :
     Description . . . . . . . . . . . : Ralink RT2500 Wireless LAN Card
      Adresse physique . . . . . . . . .: 00-10-60-60-65-8C
      DHCP activé. . . . . . . . . . . : Oui
      Configuration automatique activée : Oui
      Adresse IP. . . . . . . . . . . . : 192.168.0.4
      Masque de sous-réseau . . . . . . : 255.255.255.0
      Adresse IP. . . . . . . . . . . . : fe80::210:60ff:fe60:658c %5
      Passerelle par défaut . . . . . . : 192.168.0.10
      Serveur DHCP. . . . . . . . . . . : 192.168.0.10
      Serveurs DNS . . . . . . . . . .  : 192.168.0.10
                                          fec0:0:0:ffff::1%1
                                          fec0:0:0:ffff::2%1
                                          fec0:0:0:ffff::3%1
      Serveur WINS principal. . . . . . : 192.168.0.1
     Bail obtenu . . . . . . . . . . . : mercredi 26 novembre 2008 08:23:26
     Bail expirant . . . . . . . . . . : samedi 29 novembre 2008 08:23:26
   (...)
```

Nous reviendrons dans la suite de ce chapitre sur l'examen de cette sortie, et les remèdes à appliquer en cas de problème. Remarquons toutefois qu'elle indique que l'ordinateur possède deux interfaces réseau, dont une sans fil, que son nom sur le réseau est CCM, que l'interface Ethernet reliée au réseau local n'est pas active (ligne Statut du média : Média déconnecté. Elle n'est pas physiquement branchée), alors qu'en revanche l'adaptateur sans fil est configuré et actif.

Les machines d'un même réseau doivent utiliser une même plage d'adresses (avec des adresses différentes) et un même masque réseau. Dans le cas d'un réseau local, reliant des machines n'ayant pas d'adresses IP routables, des plages d'adresses dites privées doivent être utilisées.

La passerelle par défaut désigne, le cas échéant, l'adresse IP de la machine offrant un accès à Internet : en pratique, votre point d'accès ou modem/routeur.

Les serveurs **DNS** doivent correspondre aux serveurs DNS de l'organisation : il s'agit généralement des serveurs DNS du fournisseur d'accès, mais cela peut également être la passerelle qui remplit le rôle de serveur DNS.

L'utilitaire Linux iwconfig est similaire, mais ne concerne que les réseaux sans fil. Sa syntaxe est la suivante :

```
iwconfig nom_interface
```

La sortie fournit de nombreux détails sur l'état du périphérique spécifié, par exemple :

```
iwconfig eth0
eth0  IEEE 802.11-DS ESSID:"CCM" Nickname:"Prism 1"
      Mode:Managed Frequency:2.412GHz Access Point: 00:02:2B:20:AB:4F
      Bit Rate:11Mb/s Tx-Power:15 dBm Sensivity:1/3
      RTS thr:off Fragment thr:off
      Encryption key:off
      Power Management:off
      Link Quality:92/92 Signal level:-11 dBm Noiselevel:-102 dBm
      Rx invalid nwid:0 Rx invalid crypt:0 Rx invalid frag:0
      Tx excessive retries:0 Invalid misc:4 Missed beacon:0
```

Cet exemple montre une connexion à 11 Mbit/s vers un réseau nommé CCM. Il est possible grâce à iwconfig de modifier de nombreux paramètres : reportez-vous à la page de manuel d'iwconfig.

Ping

Ping (*Packet INternet Groper*) est sans nul doute l'un des outils d'administration de réseau le plus connu. Il s'agit pourtant de l'un des outils les plus simples puisqu'il permet, grâce à l'envoi de paquets, de vérifier si une machine distante répond et, par extension, qu'elle est accessible par le réseau.

Il permet ainsi de diagnostiquer la connectivité réseau grâce à une commande de type :

```
ping nom.de.la.machine
```

où *nom.de.la.machine* représente soit l'adresse IP de la machine, soit son nom. Il est généralement préférable dans un premier temps de tester avec l'adresse IP de la machine.

À intervalles réguliers (par défaut chaque seconde), la machine source (celle sur laquelle la commande ping est exécutée) envoie une commande **echo request** à la machine cible.

Dès réception du paquet **echo reply**, la machine source affiche une ligne contenant un certain nombre d'informations. En cas de non-réception de la réponse, une ligne indiquant « délai dépassé » s'affichera.

❑ Sortie d'une commande ping

Suivant le système d'exploitation, l'affichage de la sortie d'une commande **ping** pourra être légèrement différent.

Voici le résultat d'une telle commande sous un système GNU/Linux :

```
ping www.commentcamarche.fr
PING www.commentcamarche.fr (163.5.255.85): 56 data bytes
64 bytes from 163.5.255.85: icmp_seq=0 ttl=56 time=7.7 ms
64 bytes from 163.5.255.85: icmp_seq=1 ttl=56 time=6.0 ms
64 bytes from 163.5.255.85: icmp_seq=2 ttl=56 time=5.5 ms
64 bytes from 163.5.255.85: icmp_seq=3 ttl=56 time=6.0 ms
64 bytes from 163.5.255.85: icmp_seq=4 ttl=56 time=5.3 ms
64 bytes from 163.5.255.85: icmp_seq=5 ttl=56 time=5.6 ms
64 bytes from 163.5.255.85: icmp_seq=6 ttl=56 time=7.0 ms
64 bytes from 163.5.255.85: icmp_seq=7 ttl=56 time=6.0 ms
--- www.commentcamarche.fr ping statistics ---
8 packets transmitted, 8 packets received, 0 % packet loss
round-trip min/avg/max = 5.3/6.1/7.7 ms
```

Voici le résultat d'une telle commande sous un système Windows :

```
ping www.commentcamarche.fr
Envoi d'une requête 'ping' sur www.commentcamarche.fr
[163.5.255.85] avec 32 octets de données :
Réponse de 163.5.255.85 : octets=32 temps=34 ms TTL=54
```

```
Réponse de 163.5.255.85 : octets=32 temps=37 ms TTL=54
Réponse de 163.5.255.85 : octets=32 temps=32 ms TTL=54
Réponse de 163.5.255.85 : octets=32 temps=33 ms TTL=54
Statistiques Ping pour 163.5.255.85 :
    Paquets : envoyés = 4, reçus = 4, perdus = 0 (perte 0 %),
Durée approximative des boucles en millisecondes :
    Minimum = 32ms, Maximum = 37ms, Moyenne = 34ms
```

La sortie de la commande ping permet ainsi de connaître :

- l'adresse IP correspondant au nom de la machine distante, lorsque vous l'avez invoquée avec un nom d'hôte ou une URL ;
- la durée de vie du paquet (TTL, *Time To Live*). Le champ de durée de vie (TTL) permet de connaître le nombre de routeurs traversés par le paquet lors de l'échange entre les deux machines. Chaque paquet IP possède un champ TTL positionné à une valeur relativement grande. À chaque passage d'un routeur, le champ est décrémenté. S'il arrive que le champ arrive à zéro, le routeur interprétera que le paquet tourne en boucle et le détruira ;
- le temps de propagation en boucle (*round-trip delay*) correspondant à la durée en millisecondes d'un aller-retour entre la machine source et la machine cible. Un paquet doit en règle générale posséder un temps de propagation inférieur à 200 ms ;
- le nombre de paquets perdus.

L'utilité de Ping est devenue plus limitée ces dernières années pour déterminer l'état de services réseau distants. Il signale en effet souvent qu'il ne peut atteindre un serveur disponible uniquement parce qu'un pare-feu a été configuré pour bloquer les requêtes ICMP. Si un hôte est encore capable de répondre aux requêtes ICMP, Ping peut signaler que l'hôte distant est disponible même si des services critiques sur l'hôte distant sont défaillants. Pour déterminer si un hôte distant peut répondre, préférez l'outil Portqry à Ping. Ping reste cependant précieux pour vérifier la connectivité d'un réseau local.

Remarquez que si vous possédez un pare-feu personnel, comme ZoneAlarm, une alerte peut vous demander lors de son premier emploi d'autoriser Ping à accéder au réseau local (ou à Internet, selon le destinataire), comme le montre la figure suivante.

PathPing

PathPing (PathPing.exe) est un instrument précieux sur de grands réseaux, ou en cas d'impossibilité d'atteindre un hôte précis. PathPing peut aider au diagnostic de problèmes de résolution de nom, de connectivité réseau, de routage et de performance réseau. C'est pour cette raison que PathPing devrait être un des premiers outils à employer lors d'un dépannage réseau. PathPing est un outil de ligne de commande employé avec une syntaxe analogue à celles des outils Tracert et Ping.

Pour tester la connectivité vers un point de terminaison, ouvrez une invite de commandes et exécutez la commande suivante :

```
pathping destination
```

où *destination* peut être un nom d'hôte, un nom d'ordinateur ou une adresse IP.

❏ Sortie de PathPing

PathPing affiche sa sortie en deux sections. La première section est immédiatement affichée et présente une liste numérotée de tous les périphériques qui ont répondu entre la source et la destination.

Le premier périphérique, numéroté 0, est l'hôte sur lequel s'exécute PathPing. PathPing tente d'obtenir le nom de chaque périphérique, comme montré ici :

```
Détermination de l'itinéraire vers http://www.commentcamarche
.net [194.169.240.247] avec un maximum de 30 sauts :
  0  mercure [192.168.0.20]
  1  192.168.0.10
  2  1.236.205-77.rev.gaoland.net [77.205.236.1]
  3  105.228.64-86.rev.gaoland.net [86.64.228.105]
  4     *     V3897.par1-co-1.n9uf.net [62.39.148.197]
  5  te-9-1.car2.Paris1.Level3.net [212.73.207.189]
  6  DIABOLOCOM.car2.Paris1.Level3.net [212.73.207.166]
  7  unassigned.commentcamarche.org [194.169.240.245]
  8  unassigned.commentcamarche.org [194.169.240.247]
```

L'option de commande **-d** permet d'accélérer l'affichage de PathPing en empêchant PathPing de tenter de résoudre le nom de chaque adresse intermédiaire de routeur.

La seconde section de la sortie PathPing commence avec le message « Traitement des statistiques pendant *xxx* seconds ». Le temps de calcul par PathPing des statistiques peut varier de quelques secondes à quelques minutes, selon le nombre de périphériques identifiés par PathPing. Pendant ce temps, PathPing interroge chaque périphérique et calcule des statistiques de performance fondées sur si, et à quelle vitesse a répondu chaque périphérique. Cette section ressemble à ce qui suit :

```
Traitement des statistiques pendant 200 secondes…
            Source vers ici  Ce nœud/lien
Saut RTT    Perdu/Envoyé =  Perdu/Envoyé =  Adresse
  0                                          mercure [192.168.0.20]
                                0/ 100 =  0%   |
  1    0ms       0/ 100 =  0%   0/ 100 =  0%  192.168.0.10
                                0/ 100 =  0%   |
  2   58ms       0/ 100 =  0%   0/ 100 =  0%  1.236.205-77.rev.
gaoland.net [77.205.236.1]
                                0/ 100 =  0%   |
  3   64ms       0/ 100 =  0%   0/ 100 =  0%  105.228.64-86.rev.
gaoland.net [86.64.228.105]
                                0/ 100 =  0%   |
  4  114ms       0/ 100 =  0%   0/ 100 =  0%  V3897.par1-co-
1.n9uf.net [62.39.148.197]
```

```
                                    0/ 100 =  0%   |
  5   79ms      0/ 100 =  0%     0/ 100 =  0%  te-9-
1.car2.Paris1.Level3.net [212.73.207.189]
                                    0/ 100 =  0%   |
  6   68ms      0/ 100 =  0%     0/ 100 =  0%  DIABOLO-
COM.car2.Paris1.Level3.net
[212.73.207.166]
                                    0/ 100 =  0%   |
  7   67ms      0/ 100 =  0%     0/ 100 =  0%  unassigned.
commentcamarche.org [194.169.240.245]
                                    0/ 100 =  0%   |
  8   67ms      0/ 100 =  0%     0/ 100 =  0%  unassigned.
commentcamarche.org [194.169.240.247]

Itinéraire déterminé.
```

La sortie de PathPing permet souvent d'identifier rapidement la source de problèmes de connectivité tels qu'un problème de résolution de nom, de routage, de performance ou lié à la connectivité. L'emploi de PathPing permet aussi d'examiner les problèmes de connectivité active de la couche réseau et en dessous.

PathPing permet de détecter les **boucles de routage**, c'est-à-dire lorsque le trafic est envoyé à un routeur qui a déjà fait suivre un paquet particulier. La sortie de PathPing indique alors la répétition d'un ensemble de routeurs. Les boucles de routage sont généralement provoquées par une erreur de configuration d'un routeur ou du protocole de routage. Le dépannage doit être effectué sur l'équipement de routage du réseau.

La colonne RTT de la section Performance indique le temps de latence bilatéral en millisecondes pour un périphérique particulier. Même si le temps de latence augmente sur tous les réseaux avec le nombre de sauts, une forte augmentation d'un saut à l'autre indique un problème de performance. Les problèmes de performances peuvent également être révélés par la présence d'un pourcentage élevé dans la colonne Perdu/Envoyé = . Cette colonne mesure les pertes de paquets. Si un chiffre faible n'indique rien d'anormal, tout taux de perte supérieur à 30 % indique généralement que le nœud réseau rencontre des problèmes. Si toutefois un périphérique réseau affiche un taux de perte de 100 % mais que les paquets sont traités lors des sauts suivants, le périphérique réseau a été configuré pour ne pas répondre aux requêtes PathPing, ce qui n'indique pas forcément un problème.

Si le dernier élément de la première section de la sortie de PathPing ressemble à 14 * * *, PathPing s'est révélé incapable de communiquer directement avec la destination. Cela n'indique toutefois pas obligatoirement un problème de connectivité. Le périphérique peut être hors ligne ou injoignable, mais il est également possible que la destination ou un nœud réseau situé sur son chemin soit configuré pour éliminer les paquets ICMP employés par PathPing pour interroger les périphériques.

ICMP est désactivé par défaut dans de nombreux systèmes d'exploitation modernes. En outre, les administrateurs désactivent souvent manuellement ICMP sur d'autres systèmes d'exploitation comme mesure de sécurité pour compliquer la tâche d'identification des nœuds du réseau par des intrus malveillants ainsi que pour réduire les effets de certaines attaques de déni de service.

Si la sortie de PathPing indique une communication réussie avec la destination et que le temps RTT affiché pour celle-ci est inférieur à 1 000 ms, il ne se pose probablement aucun problème de résolution de nom ou de connectivité IP entre la source et la destination.

PathPing n'indique toutefois pas les problèmes rencontrés avec une application ou un service spécifique.

Portqry

Vous devez déterminer si un hôte distant est disponible et accessible en émettant directement des requêtes vers ses services critiques. Pour ce faire, deux outils de dépannage sont disponibles : Portqry (Portqry.exe) et Telnet. Portqry est plus souple et d'utilisation plus simple. Il n'est toutefois pas inclus dans Windows Vista et doit être téléchargé depuis Microsoft.com.

Un même ordinateur peut héberger de nombreux services réseau, qui établissent la distinction entre leurs trafics à l'aide de numéros de ports. Lorsque vous testez la connectivité vers une application à l'aide de Portqry, vous devez fournir à celui-ci le numéro du port employé par l'application de destination. Pour ce faire, ouvrez une invite de commandes et exécutez la commande suivante :

```
portqry -n destination -e numéroport
```

Par exemple, pour tester la connectivité HTTP (port 80 par défaut) vers www.CommentCaMarche.net, entrez la commande suivante sur la ligne de commande :

```
portqry -n www.CommentCaMarche.net -e 80
```

Cette commande produit une sortie similaire à ce qui suit :

```
Querying target system called:
 www.CommentCaMarche.net
Attempting to resolve name to IP address…

Name resolved to 213.248.111.114
querying…
TCP port 80 (http service): LISTENING
```

Ici, *destination* peut être un nom d'hôte, un nom d'ordinateur ou une adresse IP. Si la réponse comprend LISTENING, l'hôte a répondu sur le port spécifié. Si la réponse indique NOT LISTENING ou FILTERED, le service testé est indisponible.

Il pourrait être dit encore bien des choses sur PortQry, mais cela excède la portée de ce livre.

Traceroute/Tracert

Traceroute est un outil de diagnostic des réseaux, présents sur la plupart des systèmes d'exploitation, permettant de déterminer le chemin suivi par un paquet. La commande traceroute permet ainsi de dresser une cartographie des routeurs présents entre une machine source et une machine cible. La commande traceroute diffère selon les systèmes d'exploitation.

Sous les systèmes Unix/Linux, la commande **traceroute** est la suivante :

```
traceroute nom.de.la.machine
```

Sous les systèmes Windows, la commande **traceroute** est la suivante :

```
tracert nom.de.la.machine
```

Sortie d'une commande traceroute

La commande traceroute fournit une sortie décrivant les noms et adresses IP des routeurs successifs, précédés d'un numéro d'ordre et du temps de réponse minimum, moyen et maximum :

```
Détermination de l'itinéraire vers www.commentcamarche.net
[163.5.255.85]
avec un maximum de 30 sauts :
  1   33 ms   32 ms   33 ms  raspail-2-81-57-234-254.fbx.proxad.net
[81.57.234.254]
  2   33 ms   33 ms   33 ms  vlq-6k-2-a5.routers.proxad.net
[213.228.4.254]
  3   33 ms   33 ms   33 ms  vlq-6k-2-v802.intf.routers.proxad.net
[212.27.50.46]
  4   33 ms   33 ms   33 ms  th1-6k-2-v806.intf.routers.proxad.net
[212.27.50.41]
  5   32 ms   34 ms   34 ms  cbv-6k-2-v802.intf.routers.proxad.net
[212.27.50.34]
  6   34 ms   32 ms   33 ms  ldc-6k-1-a0.routers.proxad.net
[213.228.15.67]
  7   35 ms   35 ms   35 ms  cogent.FreeIX.net [213.228.3.187]
  8   36 ms   36 ms   35 ms  NeufTelecom.demarc.cogentco.com
[130.117.16.22]
  9   36 ms   36 ms   36 ms  V3994.c1cbv.gaoland.net [212.94.162.209]
 10   34 ms   34 ms   35 ms  V4080.core3.cbv.gaoland.net
[212.94.161.129]
 11   36 ms   35 ms   37 ms  212.94.164.210
 12   36 ms   36 ms   36 ms  nestor.commentcamarche.org
[163.5.255.85]

Itinéraire déterminé.
```

Fonctionnement de Traceroute

Traceroute appuie son fonctionnement sur le champ TTL des paquets IP. En effet chaque paquet IP possède un champ durée de vie (TTL, *Time To Live*) décrémenté à chaque passage d'un routeur. Lorsque ce champ arrive à zéro, le routeur, considérant que le paquet tourne en boucle, détruit ce paquet et envoie une notification ICMP à l'expéditeur.

Ainsi, Traceroute envoie des paquets à un port UDP non privilégié, réputé non utilisé (le port 33434 par défaut) avec un TTL valant 1. Le premier routeur rencontré va supprimer le paquet et renvoyer un paquet ICMP donnant notamment l'adresse IP du routeur ainsi que le temps de propagation en boucle. Traceroute va ainsi incrémenter séquentiellement le champ durée de vie, de manière à obtenir une réponse de chacun des routeurs sur le chemin, jusqu'à obtenir une réponse « port ICMP non atteignable » (*ICMP port unreachable*) de la part de la machine cible.

Comme pour ping, la configuration du blocage des messages ICMP sur un serveur peut entraîner une réponse inexacte.

NetStumbler

NetStumbler est l'utilitaire Windows le plus employé par les wifistes. Il effectue une découverte active du réseau en envoyant une trame de requête de sondage et en attendant les réponses de l'exploration. Les trames de réponses d'exploration reçues sont disséquées pour montrer l'ESSID du réseau (s'il est diffusé), le canal, la présence de WEP, la force de signal et le taux de transfert pris en charge.

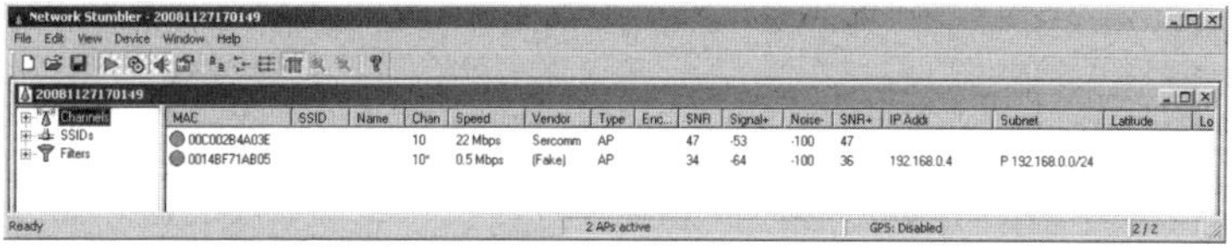

Dans la copie d'écran présentée, deux points d'accès sont identifiés. Leur ESSID est masqué (non diffusé), et vous voyez que la force du signal diffère largement. Le premier est ici un point d'accès routeur principal, le second signal étant celui d'un répéteur situé en bout de ligne (en limite de portée) afin d'étendre la couverture du réseau. L'ordinateur sur lequel s'exécute NetStumbler est situé à proximité du routeur : le signal du répéteur ne lui parvient donc que faiblement.

Cet outil reste toutefois très simpliste : tous les réseaux ne peuvent pas être découverts correctement par NetStumbler, si l'administrateur réseau a pris les précautions nécessaires. En outre, pour qu'un réseau soit découvert par NetStumbler, il doit d'abord être atteint par la requête d'exploration envoyée par l'outil. Cela signifie que vous ne pouvez détecter que les réseaux situés dans la portée d'émission de votre carte : c'est en principe ce qui vous intéresse ici, à savoir examiner les réseaux présents à portée de votre station pour déceler d'éventuelles sources d'interférence. NetStumbler et autres outils similaires ne mettent en journal aucun trafic sans fil autre que les trames de réponse d'exploration et ne peuvent donc servir à une analyse de trafic réelle.

Il existe des outils similaires pour d'autres systèmes d'exploitation : MiniStumbler pour PocketPC, Kismac (http://freshmeat.net/projects/kismac/), Classic Stumbler (http://www.alksoft.com/classicstumbler.html), Mac Stumbler (OS 10.1 : http://www.macupdate.com/dev.php?id=8035 et http://www.version-tracker.com/dyn/moreinfo/macosx/14746) et Istumbler (http://www.istumbler.net/) pour Mac et, bien sûr, Kismet (http://www.linux-france.org/prj/inetdoc/cours/config.interface.wlan/config.interface.wlan.kismet.html) pour Linux.

Nslookup

Nslookup (Nslookup.exe) est le principal outil de ligne de commande d'isolation de problèmes de résolution de nom DNS depuis le client concerné par le problème. Nslookup est capable d'effectuer des recherches DNS et d'afficher les résultats. D'autres outils, comme PathPing, sont capables de résoudre des noms d'hôte en adresses IP et d'afficher les résultats, mais seul Nslookup affiche le serveur DNS qui a servi à résoudre la requête. Il affiche en outre tous les résultats renvoyés par le serveur DNS et permet de choisir un serveur DNS spécifique plutôt que d'employer le serveur automatiquement choisi par Windows Vista.

Nslookup est l'outil adéquat à employer pour le dépannage des problèmes des types suivants :

- Il faut plusieurs secondes aux clients pour établir une connexion initiale.

- Certains clients peuvent établir une connexion avec un serveur tandis que d'autres rencontrent des problèmes.
- Le serveur DNS est configuré correctement, mais les clients résolvent incorrectement les noms d'hôte.

Voici les principaux types d'emploi de Nslookup :

Pour	Exécutez
vérifier qu'un client peut résoudre un nom d'hôte en l'adresse IP correcte	nslookup *nomhôte*
résoudre un nom d'hôte DNS en une adresse IP	nslookup *nomhôte*
résoudre une adresse IP en un nom d'hôte DNS à l'aide d'une recherche DNS inverse	nslookup *adresseIP*
vérifier qu'un serveur DNS spécifique est capable de résoudre un nom d'hôte en l'adresse IP correcte	nslookup *nomhôte* *nom_ou_adresse_du_serveur*

Si le serveur DNS renvoie plusieurs adresses IP, Nslookup les affiche toutes. Les applications emploient généralement la première adresse IP renvoyée par le serveur DNS. Certaines applications, dont Internet Explorer, essayent chaque adresse IP renvoyée par le serveur DNS jusqu'à recevoir une réponse.

Une des causes les plus fréquentes de problèmes de résolution de nom DNS est la mise en cache d'une adresse DNS périmée. Surtout sur l'Internet, les serveurs DNS peuvent continuer à renvoyer une adresse IP périmée plusieurs heures après une modification sur le serveur DNS qui contient l'enregistrement. Si certains clients sont incapables de résoudre correctement une adresse IP alors que d'autres y parviennent facilement, un ou plusieurs serveurs DNS ont probablement conservé en cache l'adresse incorrecte. Pour identifier les serveurs DNS fautifs, servez-vous de Nslookup pour interroger manuellement chaque serveur.

Netstat

Pour qu'un service réseau reçoive les communications entrantes, il doit écouter celles-ci sur un port TCP ou UDP spécifique. Lorsque vous dépannez des problèmes réseau, vous pourriez souhaiter examiner les ports sur lesquels votre ordinateur guette les connexions entrantes pour vérifier que le service est correctement configuré et que le numéro de port est bien resté celui par défaut.

Netstat (Netstat.exe) est un outil de ligne de commande disponible sous Windows et Linux qui permet de connaître les connexions TCP actives sur la machine sur laquelle la commande est activée et obtenir ainsi la liste de l'ensemble des ports TCP et UDP ouverts sur l'ordinateur. Il permet également d'obtenir des statistiques sur un certain nombre d'autres protocoles (Ethernet, IPv4, TCP, UDP, ICMP et IPv6).

Utilisée sans aucun argument, la commande **netstat** affiche l'ensemble des connexions ouvertes par la machine. Cette commande possède un certain nombre de paramètres optionnels, sa syntaxe est la suivante :

```
netstat [-a] [-e] [-n] [-o] [-s] [-p PROTO] [-r] [intervalle]
```

Le tableau suivant explique les différents arguments de la commande netstat :

Argument	Effet
–a	affiche l'ensemble des connexions et des ports en écoute sur la machine
–e	affiche les statistiques Ethernet
–n	affiche les adresses et les numéros de port en format numérique, sans résolution de nom
–o	détaille le numéro du processus associé à la connexion
–p *protocole*	*protocole* est le nom du protocole (TCP, UDP ou IP) ; affiche les informations demandées concernant le protocole spécifié
–r	affiche la table de routage
–s	affiche les statistiques détaillées par protocole
intervalle	permet de déterminer la période de rafraîchissement des informations, en secondes (par défaut, 1 s)

Netstat affiche la liste des ports ouverts ainsi que les connexions sortantes et les identifiants de processus (PID) associés à chaque auditeur ou connexion. Des outils comme l'onglet Processus du Gestionnaire des tâches peuvent indiquer quel processus est associé à un PID.

> **Astuce**
>
> Pour identifier des processus d'après leur PID depuis le Gestionnaire des tâches Windows, sélectionnez l'onglet Processus. Dans le menu Affichage, cliquez sur Sélectionner les colonnes. Cochez l'option PID (Identificateur de processus), puis cliquez sur OK.

Sous Linux, pour obtenir un résultat équivalent, saisissez dans un terminal :

```
sudo watch lsof -i
```

Voici un exemple de sortie Linux, sur lequel vous pouvez voir :

- le nom du programme qui effectue cette connexion (COMMAND) ainsi que son PID,
- l'utilisateur qui a lancé ce programme (USER),
- l'adresse de connexion.

```
COMMAND    PID       USER   FD   TYPE DEVICE SIZE NODE NAME
cupsd      4451    cupsys   2u   IPv4  15022       TCP localhost:ipp (LISTEN)
hpiod      4475      root   0u   IPv4  15053       TCP localhost:2208 (LISTEN)
python     4525     hplip   4u   IPv4  15138       TCP localhost:2207 (LISTEN)
sshd       4736      root   3u   IPv6  15694       TCP *:ssh (LISTEN)
firefox-b 5125 sebsauvage  73u   IPv4  27230       TCP ubuntu:1414->10.0.0.1:3131 (ESTABLISHED)
firefox-b 5125 sebsauvage  74u   IPv4  27231       TCP ubuntu:1415->10.0.0.1:3131 (ESTABLISHED)
```

Cet affichage est mis à jour toutes les 2 secondes.

Net

Net (Net.exe) est un outil de ligne de commande utile pour modifier les paramètres de configuration du réseau, démarrer et arrêter les services et examiner les ressources partagées. Même si les autres outils proposent des interfaces plus conviviales pour la plupart des fonctionnalités de Net, ce dernier reste très utile pour déterminer rapidement les ressources partagées disponibles sur des ordinateurs locaux ou distants. Lorsque vous dépannez des connexions aux ressources, il est précieux pour vérifier que les ressources partagées sont disponibles et contrôler leur nom.

Voici les principaux arguments de la commande Net :

Argument	Effet
share	affiche la liste des ressources partagées de l'ordinateur local
view *ordinateur*	affiche la liste des ressources partagées d'un ordinateur distant. *ordinateur* peut être le nom de l'ordinateur, son adresse IP ou son nom d'hôte

Astuce

Si vous recevez le message « L'accès est refusé » en tentant d'examiner le partage d'un ordinateur distant, établissez d'abord une connexion NetBIOS vers celui-ci à l'aide de use \\nomordinateur /user:nomutilisateur. Par exemple :

net use \\vista1 /user:*nomutilisateur*

net view vista1

Moniteur réseau

Le moniteur réseau **Network Monitor 3** est l'outil Windows le plus puissant (et le plus complexe) pour analyser les communications réseau (téléchargement gratuit depuis :

http://www.microsoft.com/downloads/details.aspx?FamilyID=aa8be06d-4a6a-4b69-b861-2043b665cb53&DisplayLang=en)

C'est un **analyseur de protocole** (couramment nommé **renifleur**) capable de capturer chaque octet transféré vers et depuis un ordinateur qui exécute Windows Vista. Un administrateur système expérimenté peut employer le moniteur réseau pour dépanner une vaste gamme de problèmes, parmi lesquels :

- problèmes de performance réseau,
- problèmes de connexion TCP,
- problèmes de configuration de la pile de protocole IP,
- problèmes provoqués par un filtrage réseau,
- problèmes de la couche Application avec des protocoles fondés sur du texte, comme **HTTP** (*Hypertext Transfer Protocol*), **POP** (*Post Office Protocol*) et **SMTP** (*Simple Mail Transfer Protocol*).

Le moniteur réseau effectue une remarquable interprétation des éléments capturés en distinguant les différents protocoles impliqués dans les communications réseau. Il peut même interpréter la plupart des protocoles classiques de couche Application. Par exemple, lors de l'analyse de trafic HTTP, le moniteur réseau identifie automatiquement le paquet qui renferme la requête HTTP et affiche la méthode de requête, l'URL (*Uniform Resource Locator*), le point d'accès, l'agent utilisateur et d'autres paramètres inclus dans la requête. Ces informations sont particulièrement précieuses lorsque vous dépannez des problèmes de compatibilité avec un navigateur spécifique.

C'est un outil aussi puissant que complexe, dont l'étude détaillée dépasse la portée de ce livre. Pour plus d'informations, reportez-vous à son aide en ligne après l'avoir téléchargé.

Dépannage d'un réseau sans fil

La phrase la plus souvent entendue par un administrateur réseau (au passage, c'est vous, pour un réseau personnel sans fil) est : « Ça ne marche pas ! » Malheureusement, ce type d'information ne mène pas à grand-chose...

Grossièrement, vous entendez cette phrase lorsque l'utilisateur rencontre un problème de **connectivité réseau** : il peut travailler normalement avec l'ordinateur local, accéder à ses fichiers et à ses applications, mais est incapable d'accéder :

- à une, plusieurs ou toutes les ressources du réseau local,
- à une, plusieurs ou toutes les ressources du réseau extérieur, Internet,
- à aucune ressource située à l'extérieur de l'ordinateur local.

Il est capital d'identifier le problème : chacun de ces cas, et même chaque sous-catégorie, peut être dû à un élément précis. Le réseau sans fil lui-même peut ne jamais être en cause.

Un problème de connectivité réseau est au sens strict l'impossibilité d'atteindre **une catégorie** de ressources réseau normalement accessible par le réseau défaillant. Par exemple, si votre connexion Internet est interrompue, vous ne pourrez atteindre les ressources Internet, mais pouvez accéder aux ressources de votre WLAN. Si en revanche c'est ce dernier qui est défaillant, plus rien n'est accessible. L'impossibilité d'atteindre **une** ressource précise est un autre problème.

Le tableau suivant présente grossièrement les causes possibles des problèmes précédemment cités :

Problème	Cause probable
Impossibilité d'accéder à aucune ressource située à l'extérieur de l'ordinateur local	Défaut global de connectivité réseau : • défaillance ou mauvaise configuration de la carte réseau • défaillance ou mauvaise configuration d'un autre matériel réseau • défaillance de la connexion au réseau
Impossibilité d'accéder à toutes les ressources du réseau local (mais accès Internet possible)	Problème de configuration du réseau : Les autres périphériques possèdent-ils bien une adresse IP située sur le même sous-réseau ? Les autres périphériques sont-ils connectés et branchés ? Le pare-feu est-il correctement configuré ?
Impossibilité d'accéder à plusieurs ressources du réseau local (mais pas à toutes)	Problème de configuration du réseau : Les autres périphériques possèdent-ils bien une adresse IP située sur le même sous-réseau ? Les autres périphériques sont-ils connectés et branchés ? Ces ressources ne sont-elles pas protégées, ou le disque les hébergeant n'est-il pas défaillant ? Le pare-feu des hôtes hébergeant les ressources est-il correctement configuré ?
Impossibilité d'accéder à une unique ressource du réseau local	Est-elle bien connectée ? Son accès est-il autorisé depuis votre machine ? Le pare-feu de l'hôte hébergeant la ressource est-il correctement configuré ?
Impossibilité d'accéder à toutes les ressources Internet (mais accès au réseau local possible)	Ce n'est pas à strictement parler une défaillance du réseau local sans fil : • défaillance ou mauvaise configuration d'un matériel réseau, ici la passerelle ou le modem routeur • défaillance de la connexion Internet
Impossibilité d'accéder à plusieurs ressources Internet (mais pas à toutes)	Ce n'est aucunement une défaillance du réseau local sans fil : • un serveur extérieur peut être défaillant

Problème	Cause probable
Impossibilité d'accéder à une (et une seule) ressource Internet	Ce n'est aucunement une défaillance du réseau local sans fil : • un serveur peut être défaillant • le site peut être surchargé ou défaillant

Comme vous le voyez, la plupart des vrais problèmes de connectivité réseau sont dus à une ou plusieurs des causes suivantes :

- défaillance ou mauvaise configuration d'une ou de plusieurs cartes réseau ;
- défaillance ou mauvaise configuration d'un matériel réseau (passerelle, modem routeur, répéteur, serveur distant) ;
- défaillance de la connexion au réseau.

Il est hélas fréquent d'évoquer une défaillance du réseau dès qu'une unique ressource réseau devient inaccessible. Par exemple, un serveur DNS défaillant empêche votre ordinateur de résoudre les noms d'hôte, l'empêchant d'identifier les ressources du réseau d'après leur nom. Vous devez toujours chercher à isoler la cause du problème avant de tenter tout dépannage.

La démarche à suivre dépend bien sûr du système d'exploitation employé. Nous présentons ici les étapes à suivre essentiellement sous Windows.

Problèmes de connectivité globale

Dans cette situation, il vous est impossible d'accéder à une quelconque ressource située à l'extérieur de l'ordinateur local. Cela peut être dû à plusieurs causes, éventuellement simultanées.

Absence de connexion au réseau WiFi

❑ Étapes préalables

Deux points sont à vérifier immédiatement :

- Le point d'accès est-il bien branché et fonctionnel ?

- Si vous travaillez sur un portable, le WiFi est-il bien activé ?

Vérifiez que le travail avec un réseau sans fil est activé sur votre ordinateur. Pour économiser l'énergie, la plupart des ordinateurs portables peuvent désactiver le réseau sans fil. Cela est souvent contrôlé par un commutateur physique sur l'ordinateur. Dans d'autres cas, vous devez appuyer sur une combinaison spéciale de touches, propre à l'ordinateur (comme FN+F2) pour activer ou désactiver le dispositif. Si le dispositif sans fil est désactivé, la carte réseau apparaît dans Connexions réseau mais ne pourra découvrir un quelconque réseau sans fil. Pour plus d'informations reportez-vous à la section « Activation du WiFi sur un ordinateur portable », au chapitre 7.

❏ Vérification de la carte réseau

La première chose à vérifier est que la carte réseau sans fil est installée et dispose d'un pilote actif.

- Avec **Windows XP**, cliquez sur Démarrer > Panneau de configuration. Cliquez sur Système, choisissez l'onglet Matériel puis cliquez sur Gestionnaire de périphérique.

Astuce : accès rapide au gestionnaire de périphérique Windows

Pressez simultanément les touches Windows+Pause (Attn) ou effectuez un clic droit sur le Poste de travail et choisissez Propriétés.

- Examinez la liste des périphériques, déroulez la liste des cartes réseau. Toutes vos cartes réseau doivent apparaître, dont l'adaptateur WiFi. S'il est absent, servez-vous de l'assistant Ajout de matériel du Panneau de configuration. S'il est présent et affiche un point d'exclamation ou un point d'interrogation jaune, un problème se pose. Cliquez sur Propriétés pour en savoir plus.
  Dans la figure suivante, les pilotes de l'adaptateur réseau ne sont pas installés.

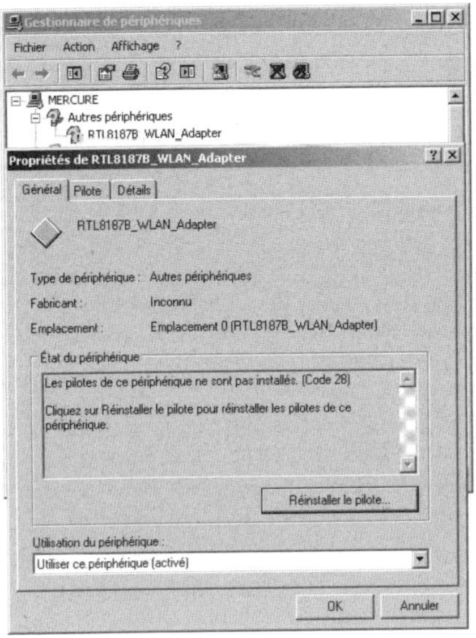

Attention !

La majorité des ordinateurs récents possèdent d'origine une carte réseau Ethernet. Ne la confondez pas avec votre adaptateur sans fil.

Dans ce cas, rendez-vous sur le site Internet du constructeur de votre adaptateur WiFi pour télécharger les pilotes de celui-ci, et reportez-vous au chapitre 7 pour installer ces pilotes.

Si votre adaptateur réseau sans fil affiche un point d'exclamation jaune, il n'a pas pu démarrer : c'est de là que vient le problème. Il peut être défaillant.

- Avec **Windows Vista**, cliquez sur Démarrer, cliquez avec le bouton droit sur Réseau, puis cliquez sur Propriétés. Cliquez sur Gérer les connexions réseau. Si votre connexion au réseau sans fil n'apparaît pas, votre carte réseau ou son pilote n'est pas installé.

- Si une carte réseau sans fil est installée, cliquez avec le bouton droit dessus dans Connexions réseau, puis cliquez sur Diagnostic. Suivez les invites qui apparaissent. Windows Vista peut être capable de diagnostiquer le problème.

Astuce : pilotes WiFi natifs

Avec Windows Vista, Mieux vaut vérifier que vous possédez des pilotes WiFi natifs, et non des pilotes WiFi hérités. Pour déterminer le type du ou des pilotes installés sur un système, exécutez la commande suivante depuis une invite de commandes : netsh wlan show drivers

Dans la sortie, recherchez la ligne intitulée « Type ». Ce devrait être soit Legacy Wi-Fi Driver soit Native Wi-Fi Driver. Si un pilote hérité est installé, contactez le fabricant de la carte réseau sans fil pour voir s'il propose un pilote Native Wi-Fi pour cette carte.

- Si la carte réseau sans fil affiche « Non connecté », tentez de vous connecter à un réseau sans fil. Dans Connexions réseau, cliquez avec le bouton droit sur la carte réseau, puis cliquez sur Connexion. Dans la boîte de dialogue Me connecter à un réseau, cliquez sur un réseau sans fil, puis sur Connecter.
- Si le réseau sans fil est sécurisé, que vous êtes invité à saisir un code mais ne pouvez vous connecter ou si la carte réseau montre indéfiniment un état Identification ou Connecté avec un accès limité, vérifiez que vous avez saisi le bon code. Déconnectez-vous du réseau et connectez-vous à nouveau à l'aide du code correct.

Astuce : Clé WPA/WEP perdue ou oubliée

Si vous avez oublié la clé WEP ou la clé WPA, la seule solution est de la modifier sur votre point d'accès ou votre routeur WiFi. Connectez-vous sur le routeur WiFi (généralement à l'aide d'un navigateur en naviguant vers l'adresse http://192.168.1.1 ou http://192.168.0.1).

Accédez dans les menus à l'onglet Sécurité : vous pourrez changer la clé de sécurisation de votre installation WiFi.

Astuce : mot de passe du point d'accès perdu ou oublié

Si vous avez également oublié le mot de passe d'accès à votre point d'accès WiFi, la première solution consiste à essayer l'identifiant et le mot de passe par défaut, précisé dans la documentation, si vous ne les avez pas modifiés (c'est mal !).

Sinon, vous devrez réinitialiser votre point d'accès avec les paramètres par défaut. Pour ce faire, reportez-vous à sa documentation. La plupart des équipements comportent un petit trou qui permet de faire un reset à l'aide d'un simple trombone ! Vous pourrez ensuite employer les identifiants par défaut. Pensez à les modifier, puis à les noter par écrit...

Si la carte réseau sans fil affiche le nom d'un réseau sans fil (au lieu de Non connecté), vous êtes connecté à un réseau sans fil.

Cela ne vous affecte pas toutefois obligatoirement une configuration d'adresse IP ni ne vous procure pas systématiquement l'accès à d'autres ordinateurs du réseau ou à l'Internet.

- Désactivez et réactivez d'abord la carte réseau : cliquez dessus avec le bouton droit, cliquez sur Désactivez, cliquez à nouveau dessus avec le bouton droit puis cliquez sur Activez. Reconnectez-vous ensuite au réseau sans fil.
- Si cela ne marche toujours pas, supprimez le réseau de votre liste de réseaux préférés, puis créez un nouveau réseau préféré en entrant à nouveau les éléments (ESSID et clé WEP/WAP) et cliquez à nouveau sur Se connecter automatiquement. Attendez quelques instants.

Si le problème persiste, d'autres causes peuvent être en jeu. Nous allons les examiner par probabilité d'apparition.

❏ Problème de signal radio

Le problème peut être dû au signal radio :

- Rapprochez l'ordinateur du point d'accès sans fil pour déterminer si cela provient de la force du signal.

Les réseaux sans fil possèdent une portée limitée et différents types d'ordinateurs possèdent des antennes de types différents, avec des portées donc également différentes. Les obstacles peuvent empêcher la connexion.

Essayez de rendre le point d'accès le plus accessible possible en enlevant les objets à proximité. Il faut également savoir que les murs porteurs ou les dalles de béton affaiblissent énormément le signal. S'il s'agit d'un point d'accès à antenne(s) orientable(s), essayez de modifier leur orientation.

À savoir : boxes

Malheureusement, la plupart des boxes sont, en matière de WiFi, bien loin d'égaler un point d'accès WiFi spécifiquement conçu à cet effet. Une des solutions possibles peut être de leur ajouter une antenne externe plus performante. Cela demande toutefois un peu de bidouillage et fait perdre toute garantie sur la boîte concernée. En outre, c'est strictement à prohiber avec une box louée, dont vous n'êtes donc pas propriétaire.

Si le problème n'est pas lié à la connexion sans fil elle-même, passez aux étapes suivantes.

❑ Problème de configuration IP

Une mauvaise configuration IP de l'ordinateur est fréquente, et peut être due à plusieurs causes. Les systèmes Windows proposent un outil en ligne de commande, appelé **ipconfig**, permettant de connaître (entre autres choses) la configuration IP de l'ordinateur.

L'utilitaire équivalent sous Linux est **ifconfig**. La sortie de cette commande donne la configuration IP pour chaque interface, ainsi un ordinateur possédant deux cartes réseau et un adaptateur sans fil possède 3 interfaces possédant chacun leur propre configuration.

➤ Pour visualiser la configuration IP de votre ordinateur Windows, choisissez Démarrer > Exécuter, puis saisissez **cmd / k ipconfig /all** (servez-vous de ifconfig sur Linux). Examinez la sortie, qui devrait ressembler à ce qui suit (seul le début, qui nous intéresse, est présenté ici) :

```
Configuration IP de Windows

     Nom de l'hôte . . . . . . . . . . : CCM
     Suffixe DNS principal . . . . . . :
     Type de nœud . .         . . . . .: Hybride
     Routage IP activé . . . . . . . . : Oui
     Proxy WINS activé . . . . . . . . : Non

Carte Ethernet Connexion au réseau local:

     Statut du média . . . . . . . . . : Média déconnecté
    Description . . . . . . . . . .    : ULi PCI Fast Ethernet Controller
     Adresse physique . . . . . . . . .: 00-40-D0-7E-82-2E

Carte Ethernet Connexion réseau sans fil:

     Suffixe DNS propre à la connexion :
     Description . . . . . . . . . . . : Ralink RT2500 Wireless LAN Card
     Adresse physique . . . . . . . . .: 00-10-60-60-65-8C
     DHCP activé. . . .  . .   . . . . : Oui
     Configuration automatique activée : Oui
     Adresse IP. . . . . . . . . . . . : 192.168.0.4
     Masque de sous-réseau . . . . . . : 255.255.255.0
     Adresse IP. . . . . . . . . . . . : fe80::210:60ff:fe60:658c %5
     Passerelle par défaut . . . . . . : 192.168.0.10
     Serveur DHCP. . . . . . . . . . . : 192.168.0.10
     Serveurs DNS . . . . . . . . . .  : 192.168.0.10
                                         fec0:0:0:ffff::1%1
                                         fec0:0:0:ffff::2%1
                                         fec0:0:0:ffff::3%1
     Serveur WINS principal. . . . . . : 192.168.0.1
     Bail obtenu . . . . . . . . . . . : mercredi 26 novembre 2008 08:23:26
     Bail expirant . . . . . . . . . . : samedi 29 novembre 2008 08:23:26
(...)
```

- Si aucune carte réseau n'est citée, l'ordinateur est dépourvu de carte réseau ou (plus probablement) de pilote valide installé. Vous avez normalement déjà éliminé cette possibilité lors des étapes précédentes.
- Si une carte réseau possède pour l'entrée Statut du média la valeur Média déconnecté, elle n'est pas connectée physique-

ment à un réseau : c'est le cas de la carte Ethernet dans la sortie précédente. Rien d'anormal, puisque vous employez la carte sans fil. Dans le cas d'une carte sans fil, cela signifie qu'elle n'est pas connectée à un réseau.

❑ Problèmes d'adresse IP

Une adresse IP est une série de chiffres (reportez-vous au chapitre 5). Ces adresses sont de type IPv4, sous la forme de quatre nombres décimaux séparés par un point, ou Ipv6, sous la forme de nombres hexadécimaux séparés par un signe deux points.

Deux types d'adresses IPv4 nous intéressent plus particulièrement :

- l'**adresse IP propre à l'ordinateur concerné**, utilisée pour la connexion au routeur (réseau interne), qui figure à la ligne Adresse IP ;
- l'**adresse IP de la station d'accès** (modem routeur ou box) ou passerelle, figurant à la ligne Passerelle par défaut.

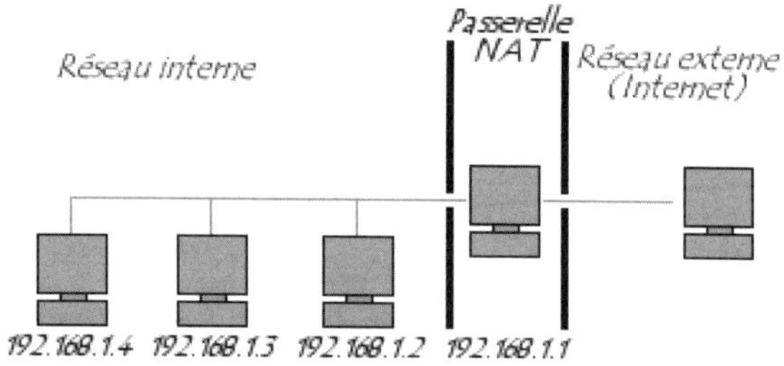

Si la sortie d'ipconfig montre pour la carte réseau à la ligne Adresse IP une adresse IPv4 située dans la plage 169.254.0.1 à 169.254.255.254, l'ordinateur possède une adresse APIPA (*Automatic Private IP Addressing*).

Cela indique que l'ordinateur est configuré pour employer un serveur DHCP mais qu'aucun serveur DHCP n'est disponible. Avec des privilèges administratifs, exécutez la commande suivante sur une invite de commandes :

```
ipconfig /release
ipconfig /renew
ipconfig /all
```

- Si la carte réseau possède toujours une adresse APIPA, le serveur DHCP est inaccessible ou sans effet. Vérifiez que la fonction DHCP est bien activée sur votre point d'accès (vous devrez sans doute connecter votre PC avec un câble réseau ou USB temporairement pour ce faire), puis redémarrez l'ordinateur ou exécutez à nouveau les commandes **ipconfig /release** et **ipconfig /renew**.
- Vérifiez ensuite que le client DHCP est activé. Cliquez sur Démarrer, choisissez Exécuter puis saisissez **services.msc**. Cherchez le service « Client DHCP », double-cliquez dessus puis modifiez si besoin est son type de démarrage en Automatique. Démarrez-le s'il n'est pas déjà en fonctionnement.
- Si le réseau n'emploie pas de serveur DHCP, configurez une adresse IPv4 statique ou alternative appartenant à votre sous-réseau (ou fournie par votre FAI).

Si toutes les cartes réseau affichent **DHCP activé : Non** dans la sortie de la commande **ipconfig /all**, elles peuvent être mal configurées. Lorsque DHCP est désactivé, l'ordinateur doit se voir attribuer manuellement une adresse IPv4 statique valide.

À savoir : attribution automatique d'adresse *via* DHCP

Si vous disposez d'un serveur DHCP sur votre routeur, vous pouvez activer celui-ci et modifier la configuration IPv4 de la carte réseau en Obtenir une adresse IP automatiquement et Obtenir les adresses des serveurs DNS automatiquement. Configurez ensuite l'onglet Configuration alternative de la boîte de dialogue Propriétés IP avec votre configuration IP statique actuelle. Pour plus d'informations sur la configuration des adresses IP, reportez-vous au chapitre 5.

S'il est conseillé pour la plupart des réseaux de fixer la configuration du client à Obtenir une adresse IP automatiquement, afin de faire affecter automatiquement une adresse *via* DHCP, des raisons de sécurité peuvent faire préférer une configuration statique sur chaque client, comme cela était évoqué au chapitre 8 traitant de la sécurité.

Examinez la sortie de la commande ipconfig et comparez l'adresse IPv4 de votre passerelle par défaut à celle de l'adresse IPv4 de la carte réseau. Elles doivent impérativement se trouver sur le même sous-réseau. Si tel n'est pas le cas, une des deux adresses est mal configurée.

Astuce

Pour savoir si une adresse IPv4 se trouve sur le même sous-réseau que celle de votre ordinateur, examinez d'abord le masque de sous-réseau. Si votre masque de sous-réseau est 255.255.255.0, comparez les trois premiers groupes de chiffres (ou octets) des adresses IPv4 (par exemple, 192.168.0). S'ils correspondent exactement, les deux adresses IPv4 sont sur le même sous-réseau. Si votre masque de sous-réseau est 255.255.0.0, comparez les deux premiers octets. Si votre masque de sous-réseau est 255.0.0.0, ne comparez que le premier octet (le premier groupe de chiffres avant le point dans l'adresse IP). Si un quelconque des nombres du masque de sous-réseau est compris entre 0 et 255, vous devez avoir recours aux mathématiques binaires et à l'opération AND pour déterminer s'ils sont sur le même sous-réseau.

- Procédez aux modifications nécessaires, puis passez à l'étape suivante.
- Vérifiez la configuration de la passerelle par défaut à l'aide de la commande suivante :

```
ping adresse_ip_passerelle_par_défaut
```

où *adresse_ip_passerelle_par_défaut* est l'adresse IPv4 de la passerelle par défaut.

Si le résultat du ping affiche « Dépassement de délai », soit l'adresse IP de la passerelle par défaut de votre ordinateur est encore mal configurée soit la passerelle par défaut est hors ligne ou bloque les requêtes ICMP. Si le résultat du Ping montre « Réponse de... », votre passerelle par défaut est correctement configurée.

Connexion WiFi intermittente ou réseau WiFi lent

Votre connexion WiFi fonctionne : vous savez donc que la configuration est correcte. Toutefois, si celle-ci se déconnecte et se reconnecte régulièrement, ou si vous trouvez votre réseau WiFi particulièrement lent, les causes peuvent être les suivantes :

❑ Problème de puissance d'émission

Procédez comme expliqué dans la section « Absence de connexion WiFi » pour tester la force du signal. Si le signal passe par l'extérieur, pensez aux conditions climatiques : une forte humidité ou pire une pluie persistante peuvent fortement réduire la portée du signal. Certains matériaux, tels que le papier ou l'eau, empêchent la propagation des ondes radio. Parfois, le simple fait d'enlever la pile de papier posée à côté de votre routeur sans fil peut permettre de gagner en puissance, donc en portée et/ou en vitesse.

❑ Proximité d'autres réseaux sans fil

Si vous possédez plusieurs appareils WiFi ou que vos voisins (d'à côté, du dessus ou du dessous) possèdent des équipements WiFi configurés sur le même canal que vous, cela crée des perturbations qui réduisent sensiblement le débit global de votre connexion WiFi. Il est alors conseillé de changer le canal d'émission par défaut du point d'accès, afin de limiter les interférences.

Par défaut, la plupart des appareils 802.11 (WiFi) sont configurés pour fonctionner sur le canal 11. Or, il existe de nombreux autres canaux autorisés en France en intérieur.

Certaines marques de récepteurs WiFi ont des préférences concernant le canal WiFi utilisé par le point d'accès. Ainsi, même à 2 ou 3 mètres du modem, certaines marques vont présenter une connexion instable. D'une manière globale, on peut alors tester quelques canaux : 5, 6, 7, 10, 11 ou 12. Les cartes Centrinos (ou plus généralement les récepteurs intégrés des portables récents) travaillent mieux sur les canaux élevés : 10 ou 11. C'est le cas également des marques Dlink, Netgear, Linksys...

Une des solutions consiste à utiliser un logiciel tel que NetStumbler afin d'obtenir la liste des réseaux WiFi de votre voisinage afin de choisir le canal le moins employé et d'améliorer la qualité du signal et donc la rapidité !

Pensez également à changer le nom du réseau (SSID) par défaut, si vous ne l'avez pas fait comme conseillé au chapitre 8 !

❑ Différence entre les canaux du point d'accès et de la carte

Normalement, votre utilitaire sans fil se charge d'identifier le **canal d'émission** et s'ajuste en conséquence. Il peut toutefois arriver qu'à la suite d'une modification le point d'accès émette sur un canal tandis que la carte écoute sur un autre canal. Il est évident que pour pouvoir communiquer tous les équipements d'un réseau WiFi doivent utiliser un même canal. Dans les réseaux WiFi en mode infrastructure (utilisant un point d'accès), celui-ci dépend du canal fixé au niveau du point d'accès.

Vous devez commencer par identifier le canal employé par votre point d'accès. Vous le faites depuis l'interface de configuration de votre point d'accès. Reportez-vous si nécessaire à la section « configuration d'un point d'accès », au chapitre 7, ou à la section « Modifier le canal par défaut d'une Livebox », plus loin dans ce chapitre. Les manipulations sont similaires pour les autres boxes ou routeurs WiFi.

Pour ajuster ou contrôler le canal employé par votre ordinateur, vous devez examiner les propriétés de la connexion sans fil active.

- Sous Windows, effectuez un clic droit sur l'icône de la connexion sans fil, dans la barre système. Choisissez Afficher les connexions réseau (XP) ou choisissez Centre réseau et partage puis cliquez sur Gérer les connexions réseau (Vista). Effectuez un clic droit sur la connexion sans fil, puis choisissez Propriétés (XP) ou Propriétés/Configurer (Vista).
- Dans cette fenêtre, cliquez sur l'onglet Avancé, puis choisissez l'option Numéro de canal WZC IBSS ou Numéro de canal (ou toute autre option similaire).

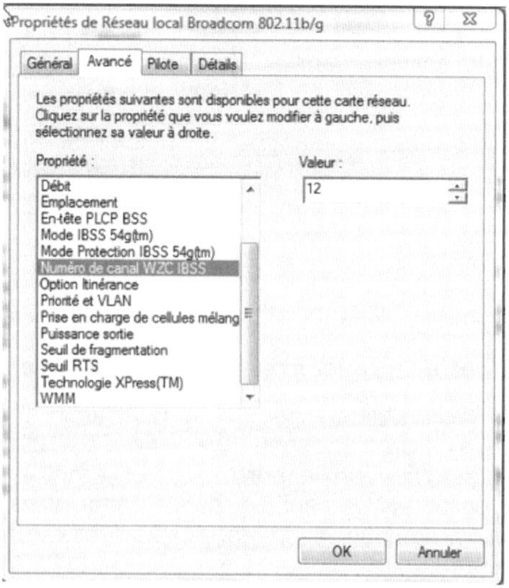

- Modifiez sa valeur, donc le canal, pour qu'il soit le même que celui que vous avez défini sur votre box ou routeur WiFi. Si les performances ne s'améliorent pas, modifiez ces canaux, mais celui défini sur la box doit toujours être le même que celui de votre ordinateur.

❑ Interférences

Le WiFi utilise une bande de fréquence étroite de 2,4 à 2,4835 GHz, de type partagée conduisant à des problèmes de cohabitation qui se traduisent par des interférences, brouillages causés par les fours à micro-ondes, les téléphones sans fil DECT, les transmetteurs domestiques, les relais, la télémesure, la télé médecine, la télé identification, les caméras sans fil, le Bluetooth, les émissions de télévision amateur (amateur TV ou ATV), etc. Tout matériel de ce type doit toujours être installé à plus d'un mètre de votre point d'accès et de votre station.

❑ Problème de mise en veille de la carte WiFi

- Sous Windows, dans les propriétés de la connexion réseau (WiFi), cliquez sur l'onglet Avancé, puis décochez l'option Autoriser le système à éteindre ce périphérique.

❑ Utilisation d'une rallonge USB

Avec les dongles (clé USB) WiFi, beaucoup de constructeurs fournissent une rallonge USB pour brancher la clé. Cette rallonge pouvant créer dans certains cas des interférences, effectuez un test sans celle-ci.

❑ Protocole réseau instable

Certains protocoles réseau (Aegis par exemple) sont relativement instables dans une connexion WiFi et peuvent engendrer des pertes de connexions. Il suffit alors de les désinstaller. Pour ce faire, il faut aller dans les propriétés de la connexion sans fil, sélectionner la ligne correspondante dans l'onglet Général, puis cliquer sur Désinstaller en dessous. Si vous rencontrez des problèmes de connectivité intermittente, une boucle Ping vous indiquera à tout moment si la connexion est active.

Exécutez la commande suivante pour démarrer une boucle Ping :

```
ping -t nomhôte
```

Remarquez que les boucles Ping ne procurent qu'une estimation approximative de la connectivité. Des paquets Ping peuvent être occasionnellement éliminés même si la connectivité est permanente. En outre, comme Ping envoie une requête plus tôt s'il a reçu une réponse qu'en cas de dépassement de délai de réponse, vous ne pouvez pas employer le ratio réponses/dépassements de délais comme indication pertinente de la disponibilité du réseau.

Conflits d'agents WiFi

Vous avez installé votre matériel WiFi sous Windows XP/Vista. Vous l'avez configuré avec votre CD fourni par le constructeur ou celui de votre FAI : tout fonctionne parfaitement.

Vous redémarrez votre ordinateur et... plus de connexion ! Vous rencontrez probablement ce qui porte le nom de **conflit d'agents WiFi**.

Windows intègre en effet nativement depuis Windows XP un agent WiFi généralement nommé **configuration zéro**. Si vous installez un autre logiciel WiFi sans avoir désactivé cette configuration zéro ou si plusieurs logiciels WiFi sont installés sur la machine (celui du matériel, celui du FAI...), vous pouvez être sûr qu'un jour ou l'autre un conflit se produira. Un de ces logiciels WiFi va prendre la main sur celui qui gère habituellement votre connexion, et empêchera l'établissement de toute connexion.

Réinstaller le logiciel règle très temporairement le problème : au prochain redémarrage, le conflit se reproduira.

Plusieurs solutions s'offrent à vous :

- Utiliser l'agent fourni natif de Windows. Il faut alors désactiver les autres agents.
- Employer exclusivement l'agent fourni par le constructeur. Il faut alors simplement désactiver l'agent natif de Windows (et éventuellement tout autre agent).

Reportez-vous pour la méthode à suivre dans les deux cas à la section « Utilitaire de configuration sans fil » du chapitre 7.

Si vous souhaitez utiliser l'agent fourni par le constructeur, vérifiez également que vous n'avez pas un agent fourni par votre FAI !

Problème d'accès à une ressource du réseau local

Vous disposez d'une connexion WiFi, mais une ou plusieurs ressources du réseau local sont inaccessibles. Ces problèmes qui ne sont pas propres aux réseaux sans fil, mais n'en sont pas moins fréquents et sont souvent imputés à tort à ces derniers !

Commencez par contrôler l'hôte qui héberge la ressource. Vérifiez qu'il est bien allumé et est connecté au réseau WiFi. Si ce n'est pas le cas, allumez-le ou reportez-vous à la section précédente pour rétablir sa connectivité. Vous pouvez ensuite vérifier sa connectivité, en employant ping depuis une invite de commande sur l'ordinateur hôte (vous devez connaître son nom ou son adresse IP). Voici un exemple :

```
ping 192.168.0.10
Envoi d'une requête 'ping' sur  avec 32 octets de données :

Réponse de 192.168.0.10 : octets=32 temps<1ms TTL=255
Réponse de 192.168.0.10 : octets=32 temps=1 ms TTL=255
Réponse de 192.168.0.10 : octets=32 temps=1 ms TTL=255
Réponse de 192.168.0.10 : octets=32 temps=1 ms TTL=255

Statistiques Ping pour 192.168.0.10:
     Paquets : envoyés = 4, reçus = 4, perdus = 0 (perte 0 %),
Durée approximative des boucles en millisecondes :
     Minimum = 0ms, Maximum = 1ms, Moyenne = 0ms
```

Vous constatez ici que l'ordinateur hôte répond. S'il n'avait pas répondu, vous auriez obtenu quelque chose comme ceci :

```
ping 192.168.0.10
Envoi d'une requête 'ping' sur 192.168.0.10 avec 32 octets de
données :

     Délai d'attente de la demande dépassé.
     Délai d'attente de la demande dépassé.
     Délai d'attente de la demande dépassé.
     Délai d'attente de la demande dépassé.

Statistiques Ping pour 192.168.0.50:
     Paquets : envoyés = 4, reçus = 0, perdus = 4 (perte 100 %),
```

Ce n'est donc pas un problème de connectivité directe. Il faut chercher autre chose...

Problème de pare-feu

De nombreuses attaques ont pour origine des connexions réseau. Pour réduire l'impact de ces attaques, de nombreux pare-feu, dont le pare-feu Windows, bloquent par défaut les blocs non demandés, ainsi que tout trafic entrant ou sortant non approuvé. Le pare-feu peut bloquer un trafic légitime s'il est incorrectement configuré. Lors du dépannage de problèmes de connectivité d'application, il est souvent nécessaire d'examiner et parfois de modifier la configuration des pare-feu du client ou du serveur. Serveur est le nom donné ici à l'hôte qui héberge la ressource concernée : ce n'est pas forcément un ordinateur qui exécute un système d'exploitation ou un logiciel serveur. Par exemple, si un ordinateur possède un dossier partagé auquel accèdent d'autres ordinateurs, il agit comme serveur vis-à-vis des autres machines, nommées clients.

Une mauvaise configuration de pare-feu peut être à l'origine de plusieurs types de problèmes de connectivité. Sur un ordinateur qui agit comme client, un pare-feu (celui de Windows ou un pare-feu personnel) peut bloquer les communications sortantes de l'application. Sur un ordinateur Vista qui agit comme serveur, une mauvaise configuration du pare-feu peut provoquer un quelconque des problèmes suivants :

- Le pare-feu bloque tout le trafic entrant pour l'application.
- Le pare-feu permet l'entrée du trafic qui provient du réseau local, mais bloque le trafic entrant qui provient d'autres réseaux.
- Le pare-feu autorise le trafic entrant lorsqu'il est connecté à un réseau avec domaine, mais le bloque lorsqu'il est connecté à un réseau public ou privé.

Les symptômes d'une mauvaise configuration de pare-feu côté client ou serveur sont identiques : les communications de l'application échouent. Pour compliquer encore le dépannage, des pare-feu réseau peuvent provoquer les mêmes symptômes. Répondez aux questions suivantes pour tenter d'identifier la source du problème :

- Pouvez-vous vous connecter au serveur depuis d'autres clients du même réseau ? Si la réponse est oui, vous rencontrez un problème de configuration de pare-feu côté client qui est probablement lié à la portée d'une exception de pare-feu.

- Pouvez-vous vous connecter au serveur lorsque le client est connecté à un type d'emplacement réseau (comme un réseau familial), mais pas avec un ou plusieurs autres types d'emplacement réseau ? Si la réponse est oui, vous rencontrez un problème de configuration de pare-feu côté client probablement provoqué par une exception configurée uniquement par un type d'emplacement réseau.
- D'autres clients du même réseau peuvent-ils se connecter au serveur à l'aide de la même application ? Si la réponse est oui, vous rencontrez un problème de configuration de pare-feu côté client probablement provoqué par une règle qui bloque le trafic sortant de l'application.
- Le client peut-il se connecter à d'autres serveurs à l'aide de la même application ? Si la réponse est oui, vous rencontrez un problème de configuration de pare-feu côté serveur : il faut ajouter une exception.

Problème général d'accès au réseau distant

Vous pouvez vous connecter au réseau WiFi, accéder aux ressources locales, mais pas accéder à des ressources distantes (généralement Internet).

Le problème ne tient pas à votre réseau WiFi, ni directement au point d'accès. Il peut provenir toutefois :

- d'une mauvaise configuration,
- d'une défaillance du modem,
- d'une défaillance de la liaison à Internet.

Vérifiez encore une fois la configuration de la passerelle par défaut à l'aide de la commande suivante :

```
ping adresse_ip_passerelle_par_défaut
```

Comme déjà évoqué, si le résultat du Ping affiche « Dépassement de délai », soit l'adresse IP de la passerelle par défaut de votre ordinateur est mal configurée soit la passerelle par défaut est hors ligne ou bloque les requêtes ICMP. Si le résultat du Ping montre « Réponse de... », votre passerelle par défaut est correctement configurée et le problème est autre.

Servez-vous de la commande Tracert pour tester la communication avec des périphériques extérieurs à votre LAN. Vous pouvez employer tout serveur situé sur un réseau distant. Mais pourquoi pas l'hôte www.CommentCaMarche.net ?

```
C:\>tracert www.CommentCaMarche.net
Détermination de l'itinéraire vers a1727.b.akamai.net [62.41.82.65]
avec un maximum de 30 sauts :

  1     1 ms    <1 ms    <1 ms  192.168.0.10
  2    58 ms    58 ms    57 ms  1.133.200-77.rev.gaoland.net
[77.200.133.1]
  3     *      251 ms     *     149.228.64-86.rev.gaoland.net
[86.64.228.149]
  4     *       70 ms    67 ms  198.220.96-84.rev.gaoland.net
[84.96.220.198]
  5    67 ms    67 ms    67 ms  193.251.216.94
  6    67 ms    67 ms    67 ms  nntr-s1-rou-1021.FR.eurorings.net
[134.222.230.153]
  7    67 ms    67 ms    67 ms  62.41.82.65

Itinéraire déterminé.
```

La ligne 1 est la passerelle par défaut. Les lignes 2 et suivantes sont les routeurs situés à l'extérieur de votre réseau local, jusqu'à l'adresse de destination.

- Si vous voyez le message « Impossible de résoudre le nom du système cible », votre serveur DNS est inaccessible. Il peut être hors ligne, l'ordinateur client peut être mal configuré ou le réseau défaillant. Si votre serveur DNS se trouve sur votre réseau local (comme affiché par la commande ipconfig /all) et qu'un Ping vers le routeur réussit, le serveur DNS est défaillant ou mal configuré. Si votre serveur DNS se trouve sur un autre réseau, le problème peut provenir de l'infrastructure réseau ou de la résolution de nom. Répétez cette étape en employant Ping pour contacter l'adresse IP du serveur DNS (telle qu'affichée par la commande ipconfig /all).

Astuce : serveurs DNS

Une bonne astuce consiste à choisir comme serveur DNS secondaire un serveur autre que ceux de votre fournisseur d'accès. Si ces serveurs sont en cause, cela vous permettra d'obtenir quand même une résolution DNS.

Une recherche Internet sur « serveur DNS »+« adresses » vous fournira les adresses de plusieurs sites qui fournissent ces adresses, dont http://www.ariase.com/fr/guides/dns-adsl.html et http://forum.macadsl.com/viewtopic.php?t=10459.

- Si rien ne répond après la ligne 1, votre passerelle par défaut ne peut communiquer avec des réseaux externes. Essayez de redémarrer la passerelle par défaut. Si celle-ci est directement connectée à l'Internet, la connexion Internet ou le périphérique qui vous connecte à l'Internet (comme un modem câble ou DSL) peuvent être défaillants. Une défaillance de la partie modem, mais pas de la partie routeur, est assez rare. Vérifiez les diodes et la ligne. Accédez à l'interface de configuration du modem routeur et examinez l'état général (voir figure suivante). Contactez votre FAI pour un dépannage complémentaire.

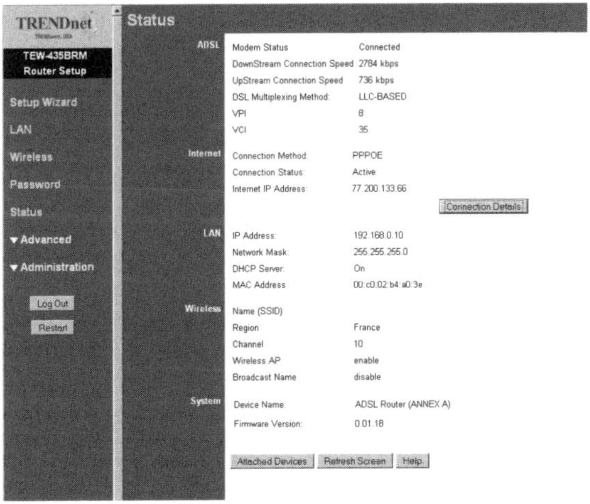

- Si un quelconque routeur au-dessus de la ligne 2 répond (peu importe si l'hôte final répond ou non), l'ordinateur client et la passerelle par défaut sont correctement configurés. Le problème provient de l'infrastructure réseau ou d'une défaillance de la connexion Internet.

Pour contrevérifier vos résultats, répétez ces étapes depuis un autre ordinateur, situé sur le même réseau. Si le deuxième ordinateur présente les mêmes symptômes, vous pouvez être certain qu'une partie de l'infrastructure réseau est défaillante. Si en revanche le second client peut communiquer avec succès sur le réseau, comparez la sortie de Ipconfig /all des deux machines. Si les adresses de la passerelle par défaut ou du serveur DNS diffèrent, essayez de configurer l'ordinateur à problème avec les paramètres de l'autre ordinateur. Si cela ne résout pas le problème, la raison en tient uniquement à l'ordinateur initial et peut indiquer un problème matériel ou de connexion Internet sur celui-ci.

Problème de liaison Internet

Commencez par vérifier que le modem est bien connecté à la prise téléphonique, et que la ligne est active. L'examen des diodes du modem (de la boîte) suffit généralement. Si la diode clignote, c'est que la liaison ADSL est en cours de resynchronisation : patientez. Si elle est éteinte, vous n'avez pas de connexion : vérifiez les branchements, et testez éventuellement la ligne avec un téléphone « normal », pour vous assurer que la ligne est active.

La position de la diode et sa couleur (ou sa variation de couleur) dépendent du matériel concerné. Dans certains cas, vous pourriez même disposer d'un affichage numérique, affichant éventuellement des codes d'erreur : reportez-vous si besoin est à la documentation de votre matériel.

De nombreux facteurs peuvent agir sur votre ligne téléphonique : une rupture de fil (intempéries, orage), la défaillance d'un matériel quelconque en amont sur la ligne, qu'il appartienne à l'opérateur historique ou à votre FAI. Les serveurs de celui-ci peuvent également être en panne. De telles pannes peuvent parfois durer plusieurs heures, et restent relativement fréquentes.

N'essayez jamais de modifier vos paramètres sans avoir vérifié que la panne ne vient pas de l'extérieur de votre réseau. Une bonne idée est généralement de disposer d'un compte alternatif, comme un accès Internet gratuit facturé uniquement au prix d'une communication locale, souscrit auprès d'un autre FAI que votre fournisseur « normal » : si vous pouvez vous connecter à l'aide de ce compte, c'est probablement que le problème est lié à votre FAI. Cela impose toutefois de disposer d'un « vieux » modem conservé au cas où...

Problème d'installations, de mises à jour et de pare-feu

Il arrive que l'installation d'un nouveau logiciel entraîne un blocage de tout ou partie des fonctionnalités Internet. Cela est particulièrement vrai pour tout logiciel de connectivité, tel qu'un produit bancaire permettant de suivre votre compte à distance, une mise à jour de votre navigateur ou de votre logiciel de messagerie, une mise à jour du logiciel de connexion de votre FAI (surtout s'il intègre un navigateur !) ou même une mise à jour de sécurité du système d'exploitation.

Une modification de pare-feu personnel peut également en être la cause, celle-ci pouvant d'ailleurs s'être effectuée à votre insu lors d'une mise à jour :

- Des incompatibilités peuvent parfois survenir. Cela a été récemment le cas avec une mise à jour de sécurité de Windows XP et ZoneAlarm[1]. La connexion devenait impossible et il avait fallu modifier les paramètres de ZoneAlarm en attendant une mise à jour de celui-ci, qui a définitivement réglé le problème.
- Si le navigateur (ou le gestionnaire de courrier) a été mis à jour, il est généralement nécessaire d'autoriser à nouveau le programme modifié à accéder à Internet. Par défaut, la plupart des pare-feu interdisent l'accès sortant aux programmes qui ne sont pas explicitement autorisés, tandis qu'un programme modifié est considéré comme nouveau programme. Vérifiez la présence de la version actuelle de votre

1. Voir http://www.francoisrodrigue.com/blogstory/2008/07/10/827-zonealarm-kb951748-pas-de-connexion-internet, http://www.theinquirer.fr/2008/07/12/les_developpeurs_de_zonealarm_resolvent_le_probleme_cause_par_le_patch_de_microsoft.html et http://forums.zonealarm.org/zonelabs/board/message?board.id=access&message.id=34074

produit dans la liste des programmes autorisés sur votre pare-feu personnel (et, éventuellement, supprimez-en les anciennes versions obsolètes).

Problème localisé d'accès au réseau distant

Problèmes de connectivité d'application

Vous pourrez parfois accéder au réseau avec certaines applications mais pas avec d'autres. Par exemple, vous pourriez pouvoir recevoir vos messages, mais non accéder à des serveurs Web. Vous pourriez pouvoir afficher des pages depuis un serveur Web distant, mais être dans l'incapacité de vous connecter à cet ordinateur avec le Bureau à distance.

Ces symptômes peuvent être dus à plusieurs causes, énumérées ici par ordre approximatif de probabilité :

- Le service distant n'est pas en cours d'exécution.
- Le serveur distant possède un pare-feu configuré qui bloque les communications de cette application depuis votre ordinateur client.
- Un pare-feu situé entre les ordinateurs client et serveur bloque les communications de cette application.
- Le pare-feu Windows de l'ordinateur local est configuré pour bloquer le trafic de l'application.
- Le service distant a été configuré pour employer un port autre que celui par défaut. Par exemple, les serveurs Web emploient traditionnellement le port TCP 80, mais certains administrateurs ont pu configurer le port TCP 81 ou un autre port.

Voici comment procéder pour résoudre problème de connectivité d'application, procédez comme suit :

- Vérifiez d'abord qu'il ne s'agit pas d'un problème de résolution de nom. Ouvrez une invite de commandes et exécutez la commande Nslookup *nomserveur*. Si Nslookup n'affiche pas une réponse similaire à ce qui suit, vous rencontrez un problème de résolution de nom.

```
nslookup http://www.commentcamarche.net
…
Réponse ne faisant pas autorité :
Nom :    http://www.commentcamarche.net
Address:  194.169.240.247
```

- Identifiez le numéro du port employé par l'application. Si vous ne savez pas quel port emploie votre application, consultez sa documentation ou contactez le service technique. Vous pouvez alternativement employer un analyseur de protocoles comme le Moniteur réseau pour examiner le trafic réseau et déterminer les numéros des ports employés.

Après avoir identifié le numéro de port, la première étape pour dépanner la connectivité de l'application consiste à déterminer si les communications réussissent sur ce port. S'il s'agit d'un port TCP, vous pouvez employer Portqry, Ttcp ou Telnet. Telnet est le moins souple de ces trois outils, mais c'est le seul inclus dans Windows Vista (bien que non installé par défaut).

Pour tester un port TCP avec Telnet, exécutez la commande suivante:

```
Telnet nomhôte_ou_adresse port_TCP
```

Par exemple, pour savoir si vous pouvez vous connecter au serveur situé à l'adresse *www.microsoft.com* (qui emploie le port 80), exécutez la commande suivante :

```
Telnet www.microsoft.com 80
```

Si la fenêtre d'invite de commande se vide ou si vous recevez du texte du service distant, la connexion a été établie avec succès. Fermez l'invite de commandes pour arrêter Telnet. Cela indique que vous pouvez vous connecter au serveur. L'application du serveur guette les connexions entrantes et aucun pare-feu ne bloque votre trafic. Plutôt que de dépanner le problème comme un problème de connectivité, vous devez envisager un problème de niveau application, tel que :

- **Problème d'authentification** : examinez le journal des événements Sécurité du serveur ou le journal de l'application pour voir s'il ne rejette pas les connexions de votre client pour cause d'éléments d'identification invalides.

- **Défaillance du service** : redémarrez le serveur. Regardez si d'autres ordinateurs client peuvent se connecter au serveur.
- **Logiciel client invalide** : vérifiez que le logiciel client qui s'exécute sur votre ordinateur est la bonne version et est configuré correctement.

Un message « Impossible d'ouvrir une connexion à l'hôte », signifie que Telnet a rencontré un problème de connectivité d'application, comme un pare-feu mal configuré. Procédez comme suit pour poursuivre le dépannage :

- Vérifiez si possible que le serveur est en ligne. Si tel est le cas, essayez de vous connecter à un autre service du même serveur. Par exemple, si vous tentez de vous connecter à un serveur sur lequel vous savez que le partage de fichiers est activé, essayez de vous connecter à un dossier partagé. Si vous pouvez vous connecter à un autre service, le problème est certainement dû à un problème de configuration du pare-feu sur le serveur.
- Tentez de vous connecter depuis d'autres ordinateurs client du réseau. Si vous pouvez vous connecter depuis un ordinateur client situé sur le même sous-réseau, le problème peut provenir de la configuration de l'application sur l'ordinateur client ou le serveur possède un pare-feu qui bloque le trafic. Alternativement, l'application serveur peut ne pas être en cours d'exécution ou être configurée pour employer un autre port.
- Ouvrez une session sur le serveur et servez-vous de Telnet pour tenter de vous connecter au port de l'application du serveur. Si vous pouvez vous connecter au serveur depuis le serveur mais pas depuis les autres ordinateurs, c'est clairement en raison d'un pare-feu situé sur le serveur. Ajoutez une exception pour l'application. Si vous ne pouvez pas vous connecter à l'application du serveur depuis celui-ci, l'application n'écoute pas les connexions ou est configurée pour guetter les connexions entrantes sur un autre port. Reportez-vous à la documentation de l'application pour savoir comment la démarrer et la configurer. Si le serveur exécute Windows, vous pouvez vous servir de Netstat pour identifier sur quels ports le serveur écoute les connexions entrantes.

Problèmes de connexion à un ou quelques sites

Vous pouvez vous connecter au réseau local, à certains sites d'Internet mais pas à d'autres.

Cela peut bien sûr être dû à la présence d'un contrôle parental ou d'un pare-feu configuré de façon à interdire l'accès à certaines adresses !

Sinon, la responsabilité n'en incombe aucunement à votre réseau et vos paramètres. Les raisons peuvent être multiples :

- défaillance d'un routeur situé sur le trajet ;
- défaillance ou indisponibilité (maintenance) du serveur hébergeant le site ;
- modification de l'adresse du site (déménagement) ;
- suppression ou inaccessibilité du site, volontairement (par exemple pour la maintenance) ou suite à un piratage.

Il vous est toutefois possible de mener les investigations un peu plus loin pour tâcher d'en savoir plus.

Commencez par effectuer un Ping vers l'adresse concernée (celle du site, pas d'une page précise), par exemple :

```
ping commentcamarche.net
```

Si la réponse est positive, la connectivité existe. Si ce n'est pas le cas, rien n'est certain : ce peut être un blocage des messages ICMP par un routeur intermédiaire. Essayez alors d'employer tracert pour suivre le cheminement des paquets :

```
tracert commentcamarche.net
```

Si vous voyez le message « Impossible de résoudre le nom du système cible », votre serveur DNS est inaccessible ou l'adresse n'existe plus. Si vous pouvez atteindre d'autres sites, c'est la deuxième solution.

Si la ou les dernières lignes avant la destination affichent trois étoiles et le message « Impossible de joindre le réseau de destination », c'est probablement que ce routeur bloque les requêtes ICMP ou est défaillant : vous ne pouvez rien conclure de définitif, et cela confirme l'échec de Ping.

Si en revanche toutes les lignes affichent une durée, avant le message final « Itinéraire déterminé », la connectivité est présente.

Vous auriez également pu employer Pathping, pour un résultat voisin, mais un peu plus lent.

Vous pouvez poursuivre la vérification à l'aide de Portqry, si vous l'avez installé sur votre système. Testez simplement la connectivité HTTP (le port 80), comme ici :

```
portqry -n www.CommentCaMarche.net -e 80
```

Si la réponse comprend LISTENING, l'hôte a répondu sur le port spécifié. Si la réponse indique NOT LISTENING ou FILTERED, le site concerné est indisponible.

Pour savoir si une page a simplement disparu ou si tout le site est inaccessible, il est souvent intéressant de « réduire » l'URL pour remonter d'un niveau sur le site. Ainsi, si la page (fictive, d'un site fictif) www.LesAlpes.fr/Météo/Lespistes.html ne répond pas, essayez d'atteindre www.LesAlpes.fr/Météo. Parfois, un simple changement de nom de la page est à l'origine d'un échec de connexion.

En conclusion, vous pouvez essayer de diagnostiquer ce type de problème de connexion à un site précis, mais vous resterez parfaitement incapable d'y remédier : seule la patience permettra d'y remédier…

Livebox Orange

Se connecter en WiFi à la Livebox

Avant de se connecter en WiFi au réseau SSID de la Livebox, quel que soit le matériel client concerné, il faut mettre celle-ci en mode Association.

Cela veut dire qu'il faut associer l'adresse MAC du périphérique concerné (la carte réseau WiFi de votre PC ou une DS ou n'importe quoi) avec la Livebox.

C'est une sécurité supplémentaire. En effet, chaque carte réseau possède comme nous l'avons déjà vu un identifiant unique : l'adresse MAC. En l'associant, la Livebox crée une liste des adresses MAC des cartes réseau que vous autorisez à se connecter à votre réseau WiFi.

Vous placez votre Livebox en mode association en appuyant sur le bouton 1, située à l'arrière sur une Inventel ou en dessous avec une Sagem.

Ci-dessous voici quatre liens du site de l'assistance d'Orange pour affiner votre configuration :

- Mise en association de la Livebox : http://assistance.orange.fr/3024.php?dub=2&
- Pour **Windows XP** : http://assistance.orange.fr/1101.php?dub=2&
- Pour **Vista** : http://assistance.orange.fr/1795.php?dub=2&
- Pour **Mac OS X** : http://assistance.orange.fr/1098.php?dub=2&

À savoir : mise en association

La mise en mode association de la Livebox ne se fait qu'une seule fois, lors de la première connexion en WiFi de chaque nouveau périphérique. Une fois son adresse MAC placée dans l'ACL de la Livebox, celui-ci pourra se connecter à nouveau à tout moment.

Modifier le canal par défaut d'une Livebox

Comme nous l'avons vu, une liaison Wi-Fi s'effectue par onde radio sur un des canaux disponibles. Si votre liaison est parasitée et que vous constatez des pertes de connexion assez fréquentes, il faut peut-être essayer de changer de canal. Voici comment procéder :

❏ Avec une Livebox Sagem

- Ouvrez Internet Explorer et saisissez l'adresse suivante : http://192.168.1.1

- Un nom d'utilisateur et un mot de passe vous seront demandés. Si vous n'avez jamais changé l'utilisateur et le mot de passe, vous les trouverez dans la notice de la Livebox. Par défaut, utilisateur : admin et mot de passe : admin. Cependant, pour des raisons de sécurité, il est préférable de changer ces valeurs ou du moins le mot de passe.
- Cliquez sur Réseaux sans fil. Des informations sur votre réseau et le numéro du canal sont affichés.
- Par défaut, le canal utilisé par la Livebox Sagem est le numéro 10.
- Ouvrez la liste déroulante et choisissez celui que vous voulez utiliser, de préférence entre les canaux 2 et 9.
- Cliquez sur le bouton Appliquer pour valider votre choix. Le canal choisi est désormais actif.
- Si vous ne constatez aucune amélioration, vous pouvez recommencer l'opération pour tenter d'obtenir une meilleure liaison.

❑ Avec une Livebox Inventel

- Ouvrez Internet Explorer et saisissez l'adresse suivante : http://192.168.1.1
- Cliquez sur Accès aux pages de configuration (accès réservé, protégé par mot de passe).

- Un nom d'utilisateur et un mot de passe vous seront demandés. Si vous n'avez jamais changé l'utilisateur et le mot de passe, vous les trouverez dans la notice de la Livebox. Par défaut, utilisateur : admin et mot de passe : admin. Cependant, pour des raisons de sécurité il est préférable de changer ces valeurs ou du moins le mot de passe.

- Cliquez sur Sécurité, dans le menu de gauche, puis sur 802.11g
- Par défaut le canal utilisé par la Livebox Inventel est le numéro 1.

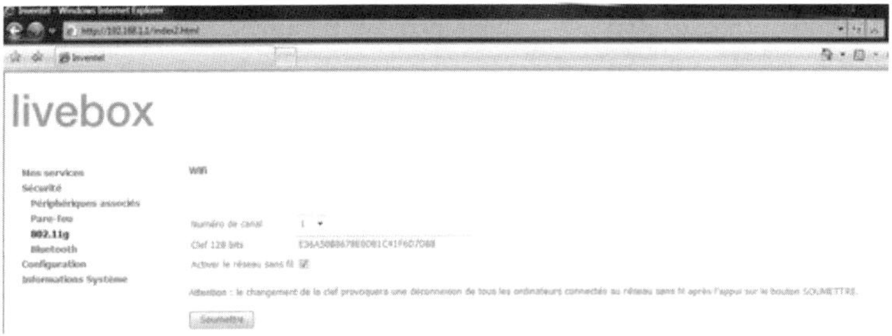

- Ouvrez la liste déroulante et choisissez celui que vous voulez utiliser, de préférence entre les canaux 2 et 9.
- Cliquez sur le bouton Soumettre pour valider votre choix. Le canal choisi est désormais actif.
- Si vous ne constatez aucune amélioration, vous pouvez recommencer l'opération jusqu'à obtenir une meilleure liaison.

Connecter un iPhone/iPod Touch en WiFi à une Livebox

Commencez par configurer l'iPod :

- Allez dans Réglages et sélectionnez WiFi. Déplacez le petit curseur WiFi vers la droite ainsi que le curseur Confirmer l'accès. Sélectionnez la petite flèche bleue du réseau puis Oublier ce réseau.
- Revenez au menu principal, choisissez Réglages puis WiFi et attendez que l'iPod recherche tous les réseaux WiFi. Cliquez sur le nom de votre réseau (pas la flèche bleue mais le nom de votre réseau).
- L'iPod demande alors un mot de passe. Ce mot de passe est la clé WEP de la Livebox (elle est située en dessous de celle-ci).
- Tapez cette clé WEP en respectant scrupuleusement la casse (les majuscules) : appuyez sur la flèche, en dessous du Q, à chaque lettre qui doit être en majuscule et sans espace.

- Ne faites pas tout de suite Rejoindre, vous devez d'abord mettre la Livebox en mode Association, comme expliqué plus haut. Mettez la Livebox en mode Association. Lorsque la diode WiFi de la Livebox clignote, sur l'iPod choisissez Rejoindre.

Attendez quelques instants que l'iPod se connecte, et voilà... vous pouvez surfer sur Internet !

Connecter une DS en WiFi à une Livebox

❑ Connexion à une Livebox Sagem

Pour pouvoir se connecter en WiFi avec une Livebox Sagem, il faut d'abord obtenir l'adresse MAC de sa DS.

- Dans le jeu, allez dans Paramètres de Wi-Fi puis Options, où vous trouverez plusieurs informations sur la DS, dont son adresse MAC.
- Vous devez ensuite l'enregistrer dans votre Livebox. Naviguez jusqu'à l'adresse http://192.168.1.1, puis dans la fenêtre qui s'affiche, entrez dans les deux champs le nom d'utilisateur et le mot de passe (par défaut, « admin » dans les deux cas). Allez ensuite dans Réseau sans fil et éditez la liste de filtrage MAC. Ajoutez-y l'adresse MAC de votre DS et sauvegardez, puis faites un test de connexion depuis votre DS.

❑ Connexion à une Livebox Inventel

- Naviguez jusqu'à l'adresse http://192.168.1.1. Dans la fenêtre qui s'affiche, saisissez le nom d'utilisateur et le mot de passe (par défaut, « admin » dans les deux cas). Vous voyez quatre rubriques à gauche : Mes services, Sécurité, Configuration, Informations système. Cliquez sur Configuration, puis cliquez sur Avancée.
- Dans les options qui s'affichent, choisissez l'option Sans Fil. Vous arrivez aux différentes clés de sécurité. Initialement, la clé est un mélange de WEP et de WAP (que la DS ne prend pas en charge). Choisissez WEP seulement, car c'est le seul type de sécurité pris en charge par la DS.
- Cliquez sur le bouton Soumettre, attendez quelques minutes le temps que le système se réinitialise puis saisissez la même clé de sécurité qu'au bas de l'appareil. Si ce n'est pas la même, allez voir dans la rubrique Sécurité.

- Saisissez la clé de sécurité et, juste avant de confirmer votre code de sécurité, prenez votre Livebox et regardez au dos : il s'y trouve deux boutons (1 et 2). Appuyez sur le bouton 1 pour mettre la Livebox en mode association, car si le mode association n'est pas enclenché pour le test de connexion, il sera impossible de se connecter et le code 51330 (ré)apparaîtra...

Vous pourrez trouver des informations supplémentaires sur le site Nintendo WiFi.

Connecter une PSP à la Livebox en WiFi

Voici comment connecter sa PSP à sa Livebox en WiFi afin de jouer en ligne. Pour configurer la Livebox :

- Saisissez http://192.168.1.1 dans la barre d'adresse de votre navigateur sur votre ordinateur.
- Entrez le nom d'utilisateur et le mot de passe de la Livebox (**admin** par défaut pour les deux, si vous ne les avez pas modifiés comme conseillé).

❑ Connexion à une Livebox Sagem

- Dans Réseau sans fil, cliquez sur Activer si le réseau sans fil n'est pas activé.
- Dans Adresse MAC, cliquez sur Éditer la liste de filtre MAC puis entrez l'adresse MAC de votre PSP (elle se situe dans Paramètres > Système > Information système de votre PSP). Entrez-la avec les deux points « : », puis cliquez sur Ajouter.

❑ Connexion à une Livebox Inventel

- Allez dans Sécurité, choisissez 802.11g, puis cochez Activer le réseau sans fil.
- Ensuite, pour mettre en association l'adresse MAC de votre PSP, appuyez sur le bouton 1 derrière la Livebox afin qu'elle recherche les périphériques en WiFi (dont votre PSP). Le temps qu'elle passe en mode Association, configurez la PSP.
- Pour ce faire, allez dans Paramètres > Paramètres réseau > Mode infrastructure > Nouvelle connexion > Scan. Sélectionnez l'adresse IP de votre Livebox, puis, si la clé WEP de la Livebox est activée, sélectionnez WEP et tapez le code de votre clé WEP (elle est marquée sous votre Livebox).

- Ensuite, choisissez Personnaliser > Automatique > Ne pas utiliser et enfin pour le navigateur Internet, vous pouvez sélectionner Ne pas utiliser, si vous ne naviguez pas sur Internet par le biais de la PSP (cela n'empêche pas la connexion à la Livebox) et vous validez.

Testez votre connexion : votre PSP est maintenant connectée à la Livebox.

1G Première génération de téléphonie mobile à fonctionnement analogique, constituée d'appareils relativement volumineux.

2G Seconde génération de réseaux mobiles : passage de l'analogique vers le numérique. Le principal standard de téléphonie mobile 2G est en Europe GSM (*Global System for Mobile Communication*).

3G Troisième génération de téléphonie mobile à un haut débit de transmission autorisant des usages multimédias tels que la transmission de vidéo, la visioconférence ou l'accès à Internet haut débit. La principale norme 3G utilisée en Europe est UMTS (*Universal Mobile Telecommunications System*).

802.11 Le standard original IEEE qui définit le support d'accès et les spécifications de la couche physique pour une connectivité sans fil qui peut atteindre 2 Mbit/s sur des réseaux locaux (LAN). Le standard 802.11 couvre les réseaux radio DSSS et FHSS ainsi que les liens infrarouges.

802.11a Révision du standard IEEE 802.11 qui définit 8 canaux dans la bande UNII (5 GHz) et prend en charge des débits de données qui vont jusqu'à 54 Mbit/s (30 Mbit/s effectifs) à l'aide de DSSS. Également nommé WiFi 5.

802.11b Révision du standard IEEE 802.11 qui fonctionne dans la bande moyenne ISM (2,4 GHz) et prend en charge des débits de données qui vont jusqu'à 11 Mbit/s (6 Mbit/s effectifs) à l'aide de DSSS. Également nommé WiFi, sa portée peut atteindre 300 m dans un environnement dégagé.

802.11c Également nommé pontage 802.11 vers 802.1d, et sans intérêt pour le grand public. Il s'agit uniquement d'une modification de la norme 802.1d pour établir un pont avec les trames 802.11 (niveau liaison de données).

802.11d Également nommé International. C'est un supplément à la norme 802.11 dont le but est de permettre une utilisation internationale des réseaux locaux 802.11. Elle consiste à permettre aux différents équipements d'échanger des informations sur les plages de fréquences et avec les niveaux de puissances autorisés dans le pays d'origine du matériel.

802.11e Travaux sur la qualité de service (QoS) dans les normes existantes. Cette norme vise à donner des possibilités en matière de qualité de service au niveau de la couche liaison de données. Elle a pour but de définir les besoins des différents paquets en terme de bande passante et de délai de transmission de manière à assurer une meilleure transmission de la voix et de la vidéo.

802.11f Travaux sur le protocole IAPP (*Inter Access Point Protocol*), qui doit permettre aux points d'accès de dialoguer entre eux. Un utilisateur itinérant pourrait ainsi changer de point d'accès de façon transparente lors d'un déplacement, quelles que soient les « marques » des points d'accès présents dans l'infrastructure réseau. Cette possibilité est appelée *itinérance* (ou *roaming* en anglais), nom parfois donné à la norme.

802.11g Révision du standard IEEE 802.11 qui fonctionne dans la bande moyenne ISM (2,4 GHz) et prend en charge des débits de données qui vont jusqu'à 54 Mbit/s à l'aide de DSSS, avec une compatibilité descendante avec 802.11b : un matériel 802.11g peut fonctionner en 802.11b.

802.11h Adoption des technologies DFS (*Dynamic Frequency Solution*) et TPC (*Transmit Power Control*), pour une conformité avec la norme 802.11 du standard européen (HiperLAN 2, d'où le h de 802.11h) et à assurer la conformité avec la réglementation européenne en matière de fréquence et d'économie d'énergie.

802.11i Standard IEEE de sécurité des réseaux sans fil développé par le groupe de travail (*Task Group*) 802.11i, sur les bandes de fréquence 2,4 GHz et 5 GHz. Combine l'emploi de 802.1x et du protocole de chiffrement TKIP/CCMP pour offrir l'authentification utilisateur, la confidentialité des données et l'intégrité sur des WLAN. Fonctionne pour les transmissions utilisant les technologies 802.11a, 802.11b et 802.11g.

802.15 Spécification des communications IEEE approuvée début 2002 pour des réseaux personnels sans fil (WPAN, *Wireless Personal Area Network*).

802.1x Standard IEEE d'authentification et de contrôle d'accès fondé sur les ports de couche 2.

A

ACL (*Access Control List*) Voir *liste de contrôle d'accès*.

ad hoc (réseau) Également nommé réseau indépendant ou IBSS (*Independent Basic Service Set*). Un réseau ad hoc est un LAN sans fil composé de stations sans fil sans point d'accès.

adresse IP Adresse réseau d'un ordinateur configuré pour employer TCP/IP. Chaque adresse IP doit être unique au sein d'un même réseau.

ADSL Technologie de transmission à haut débit sur les lignes téléphoniques existantes. Les débits vont jusqu'à 20 Mbit/s dans le sens descendant et 1 Mbit/s dans le sens remontant.

AH (*Authentication Header*) Voir *en-tête d'authentification*.

amplificateur Dispositif qui injecte de la puissance (courant continu ou DC) dans le câble radio pour augmenter le gain. Peut être uni ou bidirectionnel avec une augmentation de gain fixe ou réglable.

analyseur de performances Outil spécifique Windows souvent nommé Moniteur de performances. Il permet d'examiner des milliers de compteurs en temps réel sur différents paramètres du système, dont le réseau.

analyseur de spectre Récepteur qui identifie l'amplitude des signaux d'ensembles de fréquences sélectionnés. Utile pour découvrir les interférences et les brouillages sur des réseaux sans fil.

antenne Dispositif de transmission ou de réception d'un signal radio (RF pour *Radio Frequency*). Les antennes sont conçues pour des plages de fréquences spécifiques et possèdent des modèles de conception très divers.

antenne directionnelle Antenne pour carte ou appareil sans fil émettant un signal concentré dans une unique direction précise.

antenne omnidirectionnelle Antenne pour carte ou appareil sans fil émettant un signal dans toutes les directions. Le dipôle est l'antenne omnidirectionnelle la plus fréquente présente par défaut sur les appareils WiFi.

AP (*Access Point*) Voir *point d'accès*.

appareil mobile Équipement mobile comme un lecteur MP3 ou MP4, un assistant électronique personnel (PDA), un téléphone portable ou une machine Windows Mobile qui fonctionne de façon autonome mais peut être connectée à un ordinateur. Un grand nombre de ces appareils peuvent synchroniser les informations avec Windows.

ARP Acronyme du protocole *Address Resolution Protocol*, mais également un utilitaire qui sert à identifier l'adresse MAC qui correspond à une adresse IPv4.

assistant électronique personnel (PDA, *Personal Digital Assistant*) Appareil mobile qui dispose de fonctionnalités comme le stockage de contacts et la modification de documents. Les fonctionnalités dépendent étroitement des différents types de matériel.

attaque par force brute Méthode de piratage qui consiste à « essayer » toutes les combinaisons possibles pour déchiffrer une clé ou un mot de passe.

atténuation Perte de l'amplitude du signal radio due à la résistivité des câbles et des connecteurs, à la perte d'espace libre, aux interférences ou aux obstacles situés sur la trajectoire du signal.

authentificateur Dans 802.1x, relais entre le serveur d'authentification comme RADIUS et le demandeur. Sur des réseaux sans fils, c'est généralement le point d'accès. Des commutateurs de haut de gamme peuvent remplir cette fonction.

authentification de système ouvert Méthode d'authentification par défaut 802.11 par échange de trames d'authentification qui doivent renfermer le même ESSID pour réussir. N'offre aucune sécurité car l'ESSID est transmis en clair.

B

barre système Zone située en principe en bas à droite de l'écran, à côté de l'horloge et renfermant diverses icônes correspondant aux programmes actifs en tâche de fond.

beacon Voir *trame balise*.

BIOS (*Basic Input/Output System*) Microcode matériel exécuté par un ordinateur compatible IBM lors de son allumage.

Bluetooth (IEEE 802.15.1) Technologie WPAN lancée par Ericsson en 1994 et soutenue par le Bluetooth SIG (*Special Interest Group*). Les radios Bluetooth sont des émetteurs-récepteurs de faible puissance FHSS qui fonctionnent dans la bande ISM médiane et proposent un débit théorique de 1 Mbps pour une portée maximale d'une trentaine de mètres. Les connexions Bluetooth nécessitent un émetteur et un récepteur et peuvent être sécurisées à l'aide d'un code ou d'une clé de passe. Très peu gourmande en énergie, la technologie Bluetooth est particulièrement adaptée à une utilisation au sein de petits périphériques.

box Nom générique donné aux modem-routeurs ADSL fourni par les FAI français. Une box est fréquemment dotée ou peut être équipée d'une carte sans fil.

boucle locale Partie finale de la ligne téléphonique arrivant à l'abonné.

BSS (*Basic Service Set*) Cellule fondamentale 802.11 composée d'un unique point d'accès et des hôtes clients associés en mode infrastructure.

BSSID (*Basic Service Set Identifier*) En termes pratiques, adresse MAC côté sans fil d'un point d'accès. À ne pas confondre avec l'ESSID.

C

CCMP (*counter mode with* CBC-MAC) Protocole de chiffrement fondé sur AES prévu pour remplacer WEP et TKIP lors de la diffusion du standard définitif 802.11i. Sera exigé pour la certification WPA version 2.

certificat Mécanisme de sécurité par lequel un tiers de confiance peut certifier qu'un site Web particulier appartient bien à l'organisation dont il prétend relever.

CF (*Compact Flash*) Standard de carte fréquent sur des appareils mobiles comme des assistants électroniques personnels, des lecteurs musicaux et des téléphones portables.

clé partagée, authentification par Type d'authentification 802.11a fondé sur un défi/réponse employant une clé WEP pré-partagée. Ne procure pas une forte sécurité et sera à terme remplacé par 802.1x.

colocation Installation de plusieurs points d'accès sur un unique réseau à l'aide de fréquences sans interférences. Sert à augmenter le débit sur des réseaux sans fil.

CPL (courant porteur en ligne) Technologie qui permet de transmettre des informations numériques sur le réseau électrique existant. C'est une alternative au WiFi.

craiefiti (*warchalking*) Fait de marquer la présence et les propriétés de réseaux sans fil découverts à l'aide d'un bâton de craie ou de peinture, à l'aide d'ensemble de symboles déterminé. Un complément altruiste du *wifing* (voir craiefiti.free.fr/). Un craiefitiste (*warchalker*) est un wifiste pratiquant le craiefiti.

CRC (*Cyclic Redundancy Check*) Somme de contrôle mathématique fondamentale employée pour détecter les viols d'intégrité des données transmises. Souvent calculée en divisant la taille de la trame par un nombre premier et facile à contrefaire par les assaillants.

CSMA/CA (*Carrier Sense Multiple Access/Collision Avoidance*) Protocole de contention de couche 2 employé sur les WLAN compatibles 802.11 et par Local-

Talk de AppleTalk. CSMA/CA utilise des ACK positifs pour transmettre des trames et éviter les collisions sur les réseaux.

CTS (*Clear to Send*) Trame de contrôle 802.11 employée par le mécanisme de détection du support virtuel. La trame CTS est envoyée comme réponse à la trame RTS. Elle permet la transmission de données par l'hôte demandeur pour la période de temps déclarée dans le champ *Network Allocation Vector*.

D

dB (décibel) Unité de mesure des ratios de puissance relative en terme de gain ou de perte.

dBi Décibel par référence à une antenne isotrope parfaite.

dBm ou décibels par milliwatt 0 dBm est égal à une puissance de sortie de 1 mW à une fréquence de 1 kHz et une impédance de 600 Ω.

DCIP (disponibilité, confidentialité, intégrité, preuve) Acronyme qui répertorie les fonctions de sécurité réseau identifiées par l'ISO (référence ISO TR 13335-1). La confidentialité garantit qu'une information ne peut être accédée ou divulguée par des personnes, entités ou processus non autorisés. L'intégrité des données garantit qu'une donnée ne peut être altérée ou détruite d'une façon non autorisée, tandis que celle des systèmes : propriété garantit qu'il sera exécuté la fonction attendue de façon complète sans manipulation non autorisée volontaire ou accidentelle. Service d'authentification : permet de s'assurer de l'origine d'un message. La preuve ou non-répudiation (ou imputabilité) assure la preuve de l'authenticité d'un acte, d'une communication ou d'une transaction. Enfin, la disponibilité permet d'assurer l'accessibilité des informations.

débit Quantité d'infos circulant par unité de temps. Le débit se mesure en kilobits par seconde (kbit/s) ou en mégabits par seconde (Mbit/s).

DECT (*Digital Enhanced Cordless Telephone*) Anciennement *Digital European Cordless Telephone*. Norme de téléphonie sans fil numérique sur la bande 1,88 à 1,9 GHz. Conçue pour une gamme large d'utilisations, cette norme est aujourd'hui principalement utilisée pour des communications vocales.

Découverte du réseau Dispositif de travail en réseau de Windows Vista qui permet d'identifier les ordinateurs situés sur le réseau.

déni de service (DoS), attaque de Type d'attaque capable de mettre en panne, de bloquer ou de pénaliser le fonctionnement d'un service, d'un hôte ou de tout le réseau.

DHCP (*Dynamic Host Configuration Protocol*) Protocole réseau qui sert à fournir automatiquement des informations d'adresse IP et les détails apparentés, dont un masque de sous-réseau, une passerelle par défaut et les adresses de serveurs DNS.

dictionnaire, attaque par Attaque qui vise à découvrir les éléments d'identification d'un utilisateur, par comparaison du mot de passe et du nom d'utilisateur à une liste de mots d'un dictionnaire jusqu'à l'identification des valeurs correctes.

DNS (*Domain Name System*) Standard réseau pour la résolution de noms de réseau hiérarchiques conviviaux en adresses TCP/IP.

dongle Dispositif en forme de petit boîtier, qui est branché sur l'un des ports USB de l'ordinateur pour fournir l'interface WiFi.

DSSS (*Direct Sequence Spread Spectrum*) Une des deux approches pour élargir le spectre de transmission du signal radio. Avec DSSS, le flux du signal transmis est divisé en petits morceaux, alloués chacun sur un canal à fréquence large. Au point de transmission, un signal de données est combiné avec une séquence de bits à ratio de données plus élevé, divisant le signal selon un ratio d'élargissement.

E

EAP (*Extensible Authentication Protocol*) Protocole d'authentification souple conçu à l'origine pour l'authentification PPP et employé par le standard 802.1x. EAP est défini par la RFC 2284.

EAP, méthodes Types de mécanismes d'authentification spécifiques au protocole EAP (*Extensible Authentication Protocol*). EAP-MD5, EAP-TLS, EAP-TTLS, EAP-PEAP et EAP-LEAP sont des méthodes EAP classiques.

EAPOL (*EAP over LANs*) Encapsulation des trames EAP sur des réseaux sans fil. Défini autrement pour les réseaux Ethernet et Token ring.

EIRP (*Effective Isotropic Radiated Power*) Puissance isotrope rayonnée équivalente (PIRE). Puissance de sortie sans fil réelle sur l'antenne, calculée comme IR + gain de l'antenne.

en-tête d'authentification (AH, *Authentication Header*) Protocole IPSec qui vérifie l'authenticité des paquets IP, sans toutefois procurer de confidentialité des données.

ESS (*Extended Service Set*) Réseau de BSS (*Basic Service Set*) interconnectés à l'aide d'un même SSID.

ESSID (*Extended Service Set ID*) Identifiant de 32 caractères de long (au format ASCII) qui sert de nom à un réseau compatible 802.11. Il doit être connu par un hôte souhaitant s'associer au WLAN. Souvent abrégé en SSID.

ESSID fermé Masquer le ESSID par suppression de la chaîne de valeur du ESSID des trames de balise et de réponse d'exploration. Comme le filtrage d'adresses MAC, facilement contourné par des attaquants.

Ethernet Protocole de communication permettant à des ordinateurs de communiquer entre eux, sur un réseau local *via* des câbles et des cartes spécifiques. L'Ethernet de base permet de communiquer à 10 Mbit/s ou 100 Mbit/s.

ETSI (*European Telecommunications Standards Institute*) Institut européen des normes de Télécommunication (**http://etsi.org**). Organisme à but non commercial qui produit des standards et des règlements de télécommunication employés en Europe.

F

FAI (fournisseur d'accès Internet) Correspond au terme anglophone ISP (*Internet Service Provider*).

FCC (*Federal Communications Commission*) Agence gouvernementale américaine indépendante, dépendant directement du

Congrès. La FCC établit les règles pour toutes les communications inter-états et internationales.

FHSS (*Frequency Hopping Spread Spectrum*) Une des deux approches pour élargir le spectre de transmission du signal radio. Caractérisée par un signal de transport qui saute de façon pseudo-aléatoire de fréquence en fréquence sur une large bande définie.

filtre DSL Inséré entre la prise gigogne (prise en forme de T) et un appareil téléphonique (téléphone, minitel, modem) le filtre sépare les hautes fréquences destinées au modem ADSL, des basses fréquences destinées au téléphone (la voix).

FIPS (*Federal Information Processing Standard*) Standards et règles édictés par le NIST (*National Institute of Standards and Technology*) pour utilisation gouvernementale aux États-Unis.

firewall Voir *pare-feu*.

firmware Voir *micrologiciel*.

fournisseur d'accès Désigne une entreprise qui commercialise l'accès à Internet. Intermédiaire indispensable entre un particulier et le Web.

freeware Contraction de *free software*. Logiciel gratuit ou graticiel.

Fresnel, zone de En termes simplifiés, zone elliptique autour de la ligne droite entre deux émetteurs récepteurs sans fil. Elle ne doit pas être obstruée à plus de 20 % pour conserver un lien sans fil de relativement bonne qualité.

FTP (*File Transfer Protocol*) Protocole de transfert standard de fichiers sur Internet.

G

gain Augmentation de l'amplitude du signal radio, estimée en décibels.

Gestionnaire de tâche Utilitaire de Windows Vista qui permet de suivre les performances ainsi que les applications, processus et services en cours d'exécution.

GPS (*Global Positionning System*) Système de géolocalisation par satellite, permettant de connaître les coordonnées terrestres d'un appareil mobile ou d'un véhicule.

GSM (*Global System for Mobile Communication*) Standard de téléphonie mobile 2G le plus employé en Europe au début du XXIe siècle.

H

hérité Terme appliqué à du matériel ancien généralement non compatible *Plug&Play* ou à un pilote ou une application ancienne. Matériel et logiciels hérités sont souvent source de problèmes.

HiperLAN2 (*HIgh Performance Radio LAN 2.0*) Norme européenne élaborée par l'ETSI (*European Telecommunications Standards Institute*), qui permet d'obtenir un débit théorique de 54 Mbps sur une zone d'une centaine de mètres dans la gamme de fréquence comprise entre 5,15 et 5,3 GHz.

HMAC *(Hash-based Message Authentication Code)* Code d'authentification de message fondé sur un hachage.

Homeplug V1.0.1 Unique standard existant, d'origine américaine, pour le CPL. C'est un standard qui ne concerne que les installations *indoor* et qui n'est pas interopérable avec les solutions *outdoor* existantes à ce jour. Tous les matériels commercialisés en France respectent (en principe) ce standard.

HomeRF (*Home Radio Frequency*) Technologie WPAN lancée en 1998 par le HomeRF Working Group (formé notamment par les constructeurs Compaq, HP, Intel, Siemens, Motorola et Microsoft). Débit théorique de 10 Mbps avec une portée d'environ 50 à 100 m.

HTTP (*HyperText Transfer Protocol*) Le principal protocole fondé sur TCP/IP employé pour accéder aux sites web.

HTTPS (*HyperText Transfer Protocol Secure*) Version sécurisée du protocole HTTP employé pour accéder à des sites web. Le protocole prend en charge l'emploi du chiffrage et de certificats pour protéger des données sensibles.

I

IBSS (*Independent Basic Service Set*) Ensemble formé par les différentes stations d'un réseau sans fil en mode ad hoc.

ICV (*Integrity Check Value*) Somme de calcul simple (RC) calculée sur une trame 802.11 avant le chiffrement WEP.

IEEE 802.11 Norme initiale sur le sans-fil. Souvent employé par extension pour toutes les normes de technologie sans fil dérivant de la norme initiale IEEE 802.11.

IEEE 802.15.1 Voir *Bluetooth*.

IKE (*Internet Key Exchange*) Standard de protocole de gestion de clé traditionnellement employé par IPSec.

IMAP (*Internet Message Access Protocol*) Protocole qui permet le téléchargement et la gestion des courriels. Il comporte plusieurs améliorations par rapport à POP3 et est pris en charge par Windows Mail.

infrarouge Technologie WPAN à portée limitée à quelques mètres avec des débits pouvant monter à quelques mégabits par seconde. Cette technologie, largement employée en domotique (télécommandes), souffre des perturbations dues aux interférences lumineuses. Voir *IrDA*.

interférence Peut être due à d'autres réseaux sans fil 802.11, 802.15 ou non compatibles 802, mais également à tout autre matériel émettant sur la bande de 2,4 GHz : téléphones sans fil, appareils de surveillance d'enfants, caméras de surveillance, fours à micro-ondes et, éventuellement, brouilleurs intentionnellement installés par des personnes malveillantes.

Internet Ensemble de réseaux informatiques reliés entre eux par le protocole de communication IP.

Intranet Réseau informatique privé à l'intérieur d'une organisation, réservé en général aux collaborateurs d'une même entreprise.

ipconfig/ifconfig Outils de base du travail en réseau, respectivement pour Windows et Linux, qui fournissent de précieuses informations sur la configuration des cartes réseau d'un ordinateur.

IPSec (*Internet Protocol Security*) Protocole d'intégrité et de confidentialité de données standard de couche 3.

IPv4 (*Internet Protocol v4*) Version standard du standard IP employé sur l'Internet et les réseaux locaux.

IPv6 (*Internet Protocol v6*) Version plus récente du standard IP qui propose plus d'espace de noms, des performances et une sécurité améliorées ainsi que d'autres fonctionnalités.

IR (*Intentional Radiator*) Matériel de transmission radio avec son câblage et ses connecteurs, mais sans l'antenne. Défini par la FCC pour la mise en œuvre de la législation sur la puissance d'émission.

IrDA (*Infrared Data Association*) Association à but non lucratif formée en 1995 qui propose des standards pour la qualité et l'interopérabilité de matériels de travail en réseau infrarouge et par extension son standard de communication qui permet le transfert d'informations entre ordinateurs et autres périphériques. Il a recours à des ondes infrarouges qui doivent disposer d'une ligne de vie dégagée entre l'émetteur et le récepteur. L'IrDA regroupe plus de 150 membres.

ISM (*Industrial, Scientific, Medical*) Bandes de fréquences autorisées par la FCC qui peuvent être employées par des dispositifs radio industriels, scientifiques et médicaux sans qu'une licence ne soit nécessaire. Ces bandes comprennent les fréquences de 902 à 928 MHz, de 2,4 à 2,5 GHz et de 5,725 à 5,875 GHz.

ISP (*Internet Service Provider*) Fournisseur d'accès Internet (FAI).

itinérance (*roaming*) Le fait pour des utilisateurs de se déplacer librement dans la zone de couverture d'un réseau. Cela peut impliquer de passer d'un point d'accès à l'autre, mais également simplement de pouvoir se trouver parfois dans des zones d'obscurité par rapport au réseau.

IV (*Initialization Vector*) En cryptographie, autre entrée binaire non secrète de chiffrement connue ou prévisible en clair destinée à introduire une variante cryptographique supplémentaire. Les vecteurs d'initialisation peuvent en outre servir à synchroniser l'équipement cryptographique.

K

kit de connexion Ensemble d'éléments livré par le fournisseur d'accès qui permet d'installer correctement la box et d'ouvrir la connexion Internet.

Ko (kilo-octets) Unité mesurant la capacité de stockage d'une mémoire ou d'un disque. Un octet est formé de 8 bits (information binaire notée 0 ou 1). 1 Ko = 1 024 octets.

L

LAN (*Local Area Network*) Voir *réseau local*.

LDAP (*Lightweight Directory Access Protocol*) Protocole qui procure une interface à des applications de gestion et de navigation pour autoriser l'accès au service d'annuaire X.500.

ligne de vue Ligne de visibilité directe entre deux antennes.

liste de contrôle d'accès (ACL, *Access Control List*) Mécanisme de sécurité qui contrôle le trafic qui entre ou sort du réseau.

lobes Champs électriques émis par une antenne. Également nommés *faisceaux*.

M

maliciel Logiciel malveillant susceptible de provoquer de nombreux problèmes système, dont une baise des performances, des problèmes de fiabilité et des pertes de données. Ce terme regroupe des produits comme les logiciels publicitaires, les logiciels espions, les virus et les chevaux de Troie.

masque de sous-réseau Paramètre TCP/IP qui permet de déterminer quelles adresses réseau se trouvent sur le même réseau local.

Mbit/s (mégabits par seconde) Unité de vitesse de transmission des données. 1 Mbit/s = 1 million de bits par seconde.

MIB (*Management Information Base*) Spécification de paramètre de périphérique en notation de syntaxe abstraite (ASN, *Abstract Syntax Notation*). Employée par SNMP pour le suivi et l'audit de l'état de périphériques, ainsi que pour des tâches de configuration à distance.

MIC (*Message Integrity Check*) HMAC employé par le standard de sécurité 802.11i pour garantir l'intégrité et l'authentification des paquets.

micrologiciel (*firmware*) Logiciel incorporé à un matériel par le constructeur. Peut souvent être mis à jour ultérieurement, en fonction des évolutions techniques et/ou des corrections de bogues éventuels.

modem MOdulateur-DEModulateur. Matériel qui transforme des signaux numériques en signaux analogiques (et réciproquement) pour transmission sur des câbles téléphoniques.

Moniteur réseau (Network Monitor 3) Outil Windows aussi puissant que complexe d'analyse des communications réseau. C'est un analyseur de protocole ou renifleur capable de capturer chaque octet transféré vers et depuis un ordinateur qui exécute Windows Vista.

MS-CHAP (*Microsoft Challenge Handshake Authentication Protocol*) Protocole de chiffrement faible propriétaire Microsoft.

N

Nblookup.exe Outil Windows de ligne de commande de diagnostic de problèmes de résolution de nom WINS.

Nbtstat.exe Outil Windows de ligne de commande pour le dépannage de problèmes de résolution de nom NetBIOS.

Net.exe Outil de ligne de commande utile pour modifier les paramètres de configuration du réseau, démarrer et arrêter les services et examiner les ressources partagées.

Netstat.exe Outil de ligne de commande qui permet de connaître les connexions TCP actives sur la machine sur laquelle la commande est activée et ainsi obtenir la liste de l'ensemble des ports TCP et UDP ouverts sur l'ordinateur. Fournit également des statistiques sur un certain nombre d'autres protocoles (Ethernet, IPv4, TCP, UDP, ICMP et IPv6).

NetStumbler Utilitaire Windows de découverte active du réseau, en envoyant une trame de requête de sondage et en attendant les réponses de l'exploration. Il existe des produits similaires pour les autres systèmes d'exploitation.

nœud masqué Client sans fil capable de communiquer avec le point d'accès, mais pas avec tout autre client sans fil du même WLAN. La présence de nœuds masqués provoque des collisions et des retransmissions en nombre excessif sur un réseau sans fil.

Nslookup.exe Principal outil Windows de ligne de commande d'isolation de problèmes de résolution de nom DNS depuis le client concerné.

O

octet Unité de mesure de la quantité d'informations et de la capacité de mémoire. Elle correspond à 8 bits. On utilise généralement les multiples : Ko (kilo-octet, mille octets), Mo (méga-octet, un million d'octets), Go (giga-octet, un milliard d'octets).

OFDM (*Orthogonal Frequency Division Multiplexing*) Technique de codage de couche physique par multiplexage de plusieurs sous-canaux de données plus lentes en un unique canal rapide combiné. Employé par les réseaux compatibles avec les standards 802.11a et 802.11g.

P

pare-feu (*firewall*) Système de protection qui empêche les pirates du Web de s'introduire dans un micro.

passerelle par défaut Adresse TCP/IP à laquelle sont envoyées toutes les communications destinées à un sous-réseau non local.

passerelle sans fil Périphérique de connectivité de haut de gamme sans fil vers câblé qui prend en charge plusieurs dispositifs évolués, avec éventuellement une fonction de pare-feu, de routeur, de QoS, de concentrateur VPN et de serveur d'authentification. Un point d'accès évolué.

PathPing.exe Utilitaire qui aide au dépannage de grands réseaux, ou en cas d'impossibilité d'atteindre un hôte précis. Permet le diagnostic de problèmes de résolution de nom, de connectivité réseau, de routage et de performance réseau.

PCI (*Peripheral Component Interconnect*) Standard de bus local (interne) permettant de connecter des cartes d'extension sur la carte mère d'un ordinateur.

PCMCIA (*Personal Computer Memory Card International Association*) Ou **PC Card**. Format de carte d'extension ultra-plat, dédié aux ordinateurs portables et à d'autres périphériques (comme les Livebox, Freebox, Neufbox).

PDA (*Personal Digital Assistant*) Voir *assistant électronique personnel*.

Peer-to-Peer (P2P) Technologie de mise en relation directe d'ordinateurs à distance. Dans ce type de réseau, les ordinateurs sont connectés les uns aux autres sans passer par un serveur central. Le peer-to-peer que l'on peut traduire librement par d'égal à égal, est très utilisé pour le téléchargement et la diffusion de fichiers (musiques et vidéos).

perte en espace libre Diminution de l'amplitude du signal radio due à la dispersion du signal. C'est normalement la plus grande cause de perte d'énergie sur un réseau sans fil.

pigtail Connecteur qui relie une prise de connexion propriétaire d'un matériel sans fil aux connecteurs radio standards. Une source perpétuelle de problèmes et d'échecs dans des configurations mobiles comme les équipements des wifistes.

Ping (*Packet INternet Groper*) Un des outils les plus simples et les plus connus d'administration de réseau. Permet, grâce à l'envoi de paquets, de vérifier si une machine distante répond et, par extension, qu'elle est accessible par le réseau.

PIRE Puissance isotrope rayonnée équivalente. Voir *EIRP*.

PnP (*Plug and Play*) Se dit d'un périphérique qu'il suffit de brancher pour qu'il fonctionne, c'est-à-dire ne nécessitant ni adaptation spécifique, ni paramétrage.

point d'accès (AP, *Access Point*) Dispositif de connectivité de couche 2 qui constitue l'interface entre réseaux câblés et sans fil et contrôle les paramètres de travail en réseau des réseaux sans fil.

point d'accès logiciel Fonction de point d'accès mise en œuvre sur un matériel client sans fil qui utilise les capacités de point d'accès de son pilote matériel.

point d'accès public (*hotspot*) Zone couverte par un réseau sans fil d'accès public. Généralement trouvé dans des aéroports, des hôtels, des restaurants et autres endroits publics.

polarisation En WiFi, orientation physique d'une antenne par rapport au sol. Peut être horizontale ou verticale.

pont sans fil Périphérique de couche de liaison aux données qui connecte des LAN câblés par l'intermédiaire de supports sans fil.

Portqry Permet de déterminer si un hôte distant est disponible et accessible en émettant directement des requêtes vers les ports de ses services critiques.

PPTP (*Point-to-Point Tunneling Protocol*) Protocole très classique de mise en tunnel propriétaire Microsoft.

PRNG (*Pseudo-Random Number Generator*) Générateur de nombres pseudo-aléatoires.

PSK (*Pre-Shared Key*), mode Mode de sécurité WPA fondé sur la distribution d'une clé prépartagée entre tous les hôtes du WLAN, lorsque la distribution de clé *via* 802.1x n'est pas disponible.

PSM (*Power Save Mode*) Mode de fonctionnement de périphérique client 802.11 dans lequel le périphérique se met en veille pour des brefs instants et écoute passivement les trames de balises (BSS) ou ATIM (IBSS). Lors de la réception d'une trame de balise avec un champ TIM défini ou d'une trame ATIM, le client s'éveille et récupère les données. Une fois tous les paquets reçus, le client se remet en veille.

Q

QoS (*Quality of Service*) Capacité à garantir le fonctionnement d'un service à un utilisateur.

R

RADIUS (*Remote Access Dial-In User Service*) Protocole et service d'authentification réseau multifonctions qui possède de nombreuses mises en œuvre et constitue un standard de fait.

recherche active Méthode par laquelle les périphériques clients découvrent les réseaux sans fil. Implique la diffusion par le client d'une trame de requête d'exploration et la réception d'une trame de réponse d'exploration contenant les paramètres du réseau ayant répondu.

réflexion Lorsqu'une onde radio rencontre un obstacle, tout ou partie de l'onde est réfléchie, avec une perte de puissance, selon un angle égal à l'angle d'incidence (comme pour la lumière).

répartition de spectre Technique de modification radio qui répartit la puissance du signal sur une bande de fréquence plus large que ce qui est nécessaire pour transporter les données échangées.

répéteur Matériel électronique qui amplifie un signal numérique et étend ainsi la distance maximale entre deux nœuds d'un réseau. Il ne travaille qu'au niveau physique (couche 1 du modèle OSI) et ne peut donc interpréter les paquets d'informations (contrairement à un routeur).

réseau local (LAN, *Local Area Network*) Réseau généralement limité à un bâtiment ou emplacement. Les frontières d'un réseau local sont habituellement gérées par un unique individu ou organisation.

réseau sans fil (*wireless network*) Réseau dans lequel au moins deux périphériques peuvent communiquer sans liaison filaire.

réseau sans fil ad hoc Réseau sans fil créé directement entre des ordinateurs sans devoir recourir à un point d'accès sans fil.

RF (*Radio Frequency*) Terme générique pour toutes les technologies fondées sur la radio.

RFC (*Request For Comments*) Ensemble de documents qui font référence auprès de la Communauté Internet et qui décrivent, spécifient, aident à l'implémentation, standardisent et débattent de la majorité des normes, standards, technologies et protocoles liés à Internet et aux réseaux en général. Il en existe actuellement plus de 2000. Vous pourrez trouver de nombreuses RFC traduites en français à partir de l'adresse **http://abcdrfc.free.fr/**.

RFMON, mode Également nommé *mode surveillance*. Mode de fonctionnement d'un périphérique client 802.11 qui permet la capture et l'analyse de trames 802.11.

roaming Voir *itinérance*.

routeur Équipement d'interconnexion de réseaux informatiques permettant d'assurer le routage des paquets entre deux réseaux ou plus afin de déterminer le chemin emprunté par un paquet de données.

RTS (*Request to Send*) Type de trame de contrôle 802.11 employé par le mécanisme de contrôle de support virtuel. Lorsque ce mécanisme est employé sur le réseau 802.11, une trame RTS doit être envoyée par une station qui souhaite envoyer des données avant que la transmission ne soit autorisée à se dérouler.

RTS/CTS, protocole Mise en œuvre pratique du contrôle du support virtuel sur les réseaux 802.11. Emploie une poignée de main à quatre voies RTS => CTS => Données => ACK. Le protocole RTS/CTS est souvent employé pour éviter le problème des nœuds cachés.

S

SD (*Secure Digital*) Standard de stockage fréquent sur de nombreux matériels mobiles comme les assistants électroniques personnels, les lecteurs MP3 et les téléphones portables.

serveur Ordinateur fournissant des services, par exemple le stockage de données, la distribution de pages web à d'autres ordinateurs sur le réseau, etc.

SIM (*Subscriber Identity Module*) Permet d'identifier l'usager d'un terminal mobile (la plupart du temps un téléphone portable) de façon unique.

SNR (*Signal-to-Noise Ratio*) Ratio signal/bruit. Rapport entre la force du signal reçu et le bruit de fond radio.

SOHO (*Small Office/Home Office*) Nom donné à de petits réseaux ou installations informatiques, dans de petites structures ou pour des usages personnels.

spyware Petit programme espion contenu dans certains programmes. Il transfère vos données personnelles vers des régies publicitaires *via* Internet. Il existe des logiciels anti-*spyware*.

SSID (*Service Set Identifier*) Abréviation largement employée d'ESSID, le nom d'un réseau sans fil.

SSID de diffusion Champ d'identification vierge dans les trames de gestion 802.11, dans la pratique synonyme au ESSID « Any ». Signifie que tout client peut se connecter au WLAN.

STP (*Spanning Tree Protocol*) Protocole de couche 2 défini par les standards 802.1d conçu pour éviter les boucles de commutation sur un réseau qui possède plusieurs commutateurs et des connexions redondantes.

T

TIM (*Traffic Indication Map*) Champ des trames de balise 802.11 qui sert à informer les clients en veille de la présence de données mises en tampon prêtes à leur être envoyées.

TKIP (*Temporal Key Integrity Protocol*) Protocole de chiffrement fondé sur RC4 dépourvu de la plupart des faibles du WEP statique original. TKIP est une partie facultative du standard 802.11i qui présente une compatibilité descendante avec WEP et n'exige pas de mise à niveau matérielle.

Tracert Outil de diagnostic des réseaux présent sur la plupart des systèmes d'exploitation (appelé **Traceroute** sous Linux), permettant de déterminer le chemin suivi par un paquet et de dresser une cartographie des routeurs présents entre une machine source et une machine cible.

trame balise (***beacon***) Trame de contrôle envoyée régulièrement par tout point d'accès ou pont sans fil donnant des informations sur son BSSID, ses caractéristiques et éventuellement son ESSID.

U

UMTS (***Universal Mobile Telecommunications System***) Principale technologie de téléphonie mobile 3G employée en Europe.

UNC (***Universal Naming Convention***) Standard de méthode de dénomination pour accéder aux ressources d'un ordinateur *via* le réseau. Un chemin UNC comprend le nom de l'ordinateur et un chemin d'accès vers la ressource partagée. Par exemple, \\Ordinateur01\DossierPartagé.

UNII (***Unlicensed National Information Infrastructure***) Segment des bandes radio autorisées par FCC pour un emploi sans licence. Comprend les fréquences de 5,15 à 5,25, de 5,25 à 5,35 et de 5,725 à 5,825 GHz.

USB (***Universal Serial Bus***) Bus informatique *Plug&Play* à transmission série servant à brancher des périphériques informatiques à un ordinateur.

V

Virtual Carrier Sense Méthode de contrôle du support qui utilise un champ NAV (*Network Allocation Vector*) de trames 802.11 comme minuteur pour la transmission de données sur le WLAN. Le minuteur est fixé à l'aide du protocole RTS/CTS.

VLAN (***Virtual Local Area Network***) Fonctionnalité qui permet la séparation des domaines de diffusion sur une couche de liens de données à l'aide du balisage de trame Cisco ISL ou de 802.1q. Un routeur est nécessaire pour relier des VLAN distincts.

VoIP (***Voice on IP***) Utilisation d'Internet pour véhiculer des informations vocales, comme une communication téléphonique.

VPN (***Virtual Private Network***) Réseau privé virtuel.

W

WDS (***Wireless Distributed System***) Élément d'un système sans fil composé de BSS (*Basic Service Sets*) interconnectés pour former un ESS (*Extended Service Set*).

WEP (***Wired Equivalent Privacy***) Dispositif de sécurité 802.11 facultatif qui utilise le chiffre de flux RC4 pour chiffrer le trafic sur un réseau sans fil. Plusieurs failles de WEP sont publiées et largement connues.

WIDS (***Wireless IDS***) Système de détection d'intrusion capable de détecter des viols de sécurité sans fil de couche 1 et de couche 2.

Wi-Fi (*Wireless Fidelity*) Standard de certification de Wi-Fi Alliance (*Wireless Ethernet Compatibility Alliance*) qui garantit une bonne interopérabilité entre produits 802.11 et offre des débits allant jusqu'à 54 Mbps sur une distance de plusieurs centaines de mètres.

WiFi Norme de réseau sans fil rapide et à moyenne portée utilisée pour créer des réseaux de micros sans la contrainte du câblage ; appelée également 802.11a, b, g... ou AirPort (Apple). Ce système repose sur des ondes radio d'une fréquence de 2,4 GHz.

Wi-Fi Alliance Organisation qui certifie l'interopérabilité de périphériques 802.11 et soutient Wi-Fi™ comme standard global de compatibilité des LAN sans fil.

WiMAX Norme de réseau métropolitain sans fil la plus connue, permettant d'obtenir des débits de l'ordre de 70 Mbps sur un rayon de plusieurs kilomètres.

WINS (*Windows Internet Naming Service*) Protocole de résolution de nom NetBIOS (*Network Basic Input/Output System*) qui remplit pour les noms NetBIOS une fonction similaire à DNS pour les noms d'hôtes. La résolution de nom WINS a été pendant de nombreuses années la méthode d'identification mutuelle la plus fréquente des ordinateurs Windows sur un réseau.

WLAN (*Wireless Local Area Network*) Réseau local sans fil permettant de couvrir l'équivalent d'un réseau local d'entreprise, soit une portée d'environ une centaine de mètres.

WMAN (*Wireless Metropolitan Area Network*) Réseau métropolitain sans fil connu sous le nom de *boucle locale radio* (BLR). Les WMAN sont fondés sur la norme IEEE 802.16. La boucle locale radio offre un débit utile de 1 à 10 Mbps pour une portée de 4 à 10 km, ce qui destine principalement cette technologie aux opérateurs de télécommunication.

World Wide Web Toile d'araignée mondiale. Application phare d'Internet permettant de consulter des pages écrites en HTML (lues par un navigateur) ou de charger divers documents. Aussi nommée Web, WWW, ou toile.

WPA (*Wi-Fi Protected Access*) Sous-ensemble de sécurité de la certification d'interopérabilité Wi-Fi qui a recours aux dispositifs standards de 802.11i et procure un niveau de chiffrage élevé à des connexions à des réseaux sans fil.

WPAN (*Wireless Personal Access Network*) Réseau personnel sans fil, également réseau individuel sans fil ou réseau domestique sans fil de faible portée (quelques dizaines de mètres). Ce type de réseau sert généralement à relier des périphériques à un ordinateur sans liaison filaire ou bien à permettre la liaison sans fil entre deux machines très peu distantes.

Z

ZigBee (IEEE 802.15.4) Technologie WPAN qui permet d'obtenir des liaisons sans fil à très bas prix et avec une très faible consommation d'énergie. Débits pouvant atteindre 250 kbit/s avec une portée maximale de 100 m environ.

A

B

C

D

E

F

G

H

I

K-L

M

N

O

P

Q

R

S

T

U

V

W

Z

052569 - (I) - (5) - OSB 90° - ARC - JME

Imprimerie Nouvelle – 45800 Saint-Jean de Braye
N° d'Imprimeur : 428185Z – Dépôt légal : avril 2009

Imprimé en France